U0055303

紅色的纏鬥
毛澤東與蔣介石

【下卷】

葉永烈 著

下卷・目錄

・毛蔣爭霸錄・ 毛澤東與蔣介石

第七章 風雲多變 025

國共關係陷入僵局
蔣介石想找台階下台
毛澤東在參政會得了大面子
蔣介石夫婦笑宴周恩來夫婦
蔣介石出任中國戰區盟軍最高統帥
毛澤東以「感冒」爲由第四次拒晤蔣介石
蔣介石、林彪重慶談判
共產國際的解散如同「新聞原子彈」爆炸
毛澤東成爲名符其實的中共最高領袖
毛澤東抓住張滌非，來了個「質問國民黨」
蔣介石的《中國之命運》引起一番風波
蔣介石出席開羅「三巨頭」會議
赫爾利邀毛澤東去重慶會晤蔣介石
赫爾利和蔣介石的雙簧
對台戲：中共「七大」和國民黨「六全」大會

下卷・目錄

第八章　重慶談判　089

毛澤東說「蔣介石在磨刀」
妙棋乎？刁棋乎？
各方關注延安棗園的動向
毛澤東決策親赴重慶
毛澤東的八角帽換成了巴拿馬盔式帽
棗園、桂園、林園
國共兩巨頭歷史性的握手
初次會談風波驟起
國共談判在山城艱難地進行著
各方關注桂園「何先生」的行蹤
「毛詩」引起的「《沁園春》熱」
毛澤東臨別前山城突然響起槍聲
周恩來冷靜平息「謀殺」風波
毛澤東握別蔣介石

下卷・目錄

第九章 國共決戰 149

《雙十協定》只是「紙上的東西」
迷航的飛機洩露了蔣介石的天機
大規模內戰正「不宣而戰」
馬歇爾充當了「調解人」的角色
緊張時刻發生緊張事件
毛澤東笑稱蔣介石是「紙老虎」
毛澤東用林沖戰略對付蔣介石
蔣介石爲「光復中共赤都」興高采烈
毛澤東笑謂胡宗南「騎虎難下」
蔣介石下令「通緝」毛澤東
毛澤東稱蔣介石爲「匪」
蔣介石步上中華民國總統寶座
大決戰前夕雙方摩拳擦掌
東北之敗使蔣介石氣得吐血
五十五萬蔣軍受殲淮海
古都北平在沒有硝煙中交接

下卷·目錄

第十章　風捲殘雲　211

毛澤東和蔣介石新年對話
毛澤東斥責蔣介石求和是虛僞的
蔣介石忍痛宣告「引退」
李宗仁「代行總統職務」
毛澤東論蔣介石、李宗仁優劣
國民黨代表團在北平受到冷遇
「百萬雄師過大江」
毛澤東通向李宗仁的「暗線」
蔣介石在上海差一點被活捉
國共之戰已進入「殘局」
別了，司徒雷登！
毛澤東在北京主持開國大典
蔣介石對中國大陸的最後一瞥

下卷·目錄

第十一章 隔著海峽 267

蔣介石只能實行第三方案
蔣介石對退往「美麗島」作了周密部署
蔣介石迫使李宗仁讓位
蔣介石反思失敗的原因
美國政府既「拋蔣」又「棄台」
朝鮮的槍聲使蔣介石喘了一口氣
毛澤東的解放台灣和蔣介石的反攻大陸
「克什米爾公主號」的迷霧
周恩來在萬隆首次提出解決台灣問題
章士釗和程思遠各負特殊使命
曹聚仁爲北京和蔣經國牽線
蔣介石派出宋宜山密訪北京

第十二章 未完的棋 314

萬炮齊轟金門震驚了世界
金門成了毛澤東和蔣介石爭鬥的焦點

下卷·目錄

葉飛透露出炮打金門的內情
曹聚仁在緊張時刻出現在北京
戲劇性的炮擊金門
毛澤東的經濟失誤使蔣介石幸災樂禍
毛澤東笑謂李宗仁歸來「誤上賊船」
曹聚仁穿梭於北京—香港—台北
「文革」狂潮中的毛澤東和蔣介石
毛澤東和蔣介石都著手安排身後事
季辛吉密訪北京如同爆炸了原子彈
台灣被逐出聯合國成了太平洋中的孤舟
尼克森眼中的毛澤東和蔣介石
毛澤東派章士釗赴港「重操舊業」
毛澤東和蔣介石都垂垂老矣
蔣介石自知不起口授遺囑
病危的毛澤東給華國鋒寫了「你辦事，我放心」
鄧小平和蔣經國繼續著那盤沒完的棋
後記 381

圖為毛澤東當選中華人民共和國副主席時，在主席臺上發言之景。
（左起：劉少奇、朱德、宋慶齡、李濟琛、張瀾、高崗）

中國共產黨和中華人民共和國領導人在天安門城樓檢閱臺上。

蔣介石於一九四三年發表他的著作《中國之命運》，時年五十六歲。

一九四三年，開羅會議時，蔣介石偕夫人宋美齡與美國總統羅斯福、英國首相邱吉爾合影。

毛澤東在重慶和談時，向國民黨軍方要人陳誠握手言歡，
中為美國大使赫爾利。

和美國記者安娜・路易斯・斯特朗的談話

（一九四六年八月）

斯特朗問：你覺得中國的問題，在不久的將來，有政治解決、和平解決的希望沒有？

毛答：這要看美國政府的態度。如果美國人民拖住了幫助蔣介石打內戰的美國反動派的手的話，和平是有希望的。

問：如果美國除了它所已經給的以外不再幫助了[1]，那末蔣介石還可以打多久？

答：一年以上。

問：蔣介石在經濟上可能支持那樣久嗎？

答：可以的。

問：如果美國說明此後不再給蔣介石以什麼幫助了呢？

答：在現時還沒有什麼徵象，表示美國政府和蔣介石有任何在短時期內停止戰爭的願望。

問：共產黨能支持多久？

答：就我們自己的願望說，我們連一天也不願意打。但是如果形勢迫使我們不得不打的話，我們

和美國記者安娜・路易斯・斯特朗的談話　一一八九

一九四六年八月，毛澤東與美國記者安娜・路易斯・斯特朗談話，提出了「一切反動派都是紙老虎」的著名論斷。右為美安娜・路易斯・斯特朗。

美國派馬歇爾調停國共戰爭，結果成立邊打邊談的三人軍事小組，左起張治中、馬歇爾及周恩來。

蔣介石於一九四八年四月，以二千四百三十票當選為中華民國第一任總統。圖為五月二十日就職典禮上與夫人宋美齡之合影。

（上）「美國駐華軍事顧問團」在訓練國民黨政府軍隊。

（下）美國海軍陸戰隊進入天津市區。

蔣介石、李宗仁以正副總統身分接待外賓，
左為美國參議員霍夫曼。

國共兩黨談判期間，戰火仍暗中持續。

毛澤東、朱德在紅軍大學。前排左起第二人毛澤東，（三）朱德、（四）林彪、（五）何長工、（六）周子昆。後排左起第一人楊得志、（三）楊梅生、（四）陳賡、（五）賀子珍、（六）姚喆。

共軍渡過老淮河，向陳家港據點進發。

一九四五年春，共軍在高郵湖東側三垛至河口地圖伏擊，
殲退國民黨軍一千八百餘人。

蔣介石、毛澤東、李宗仁的三角抗爭，在國軍於金門古寧頭大勝後出現變化，李宗仁出局，蔣介石穩固了臺灣局面，與毛澤東隔海對峙。圖為蔣介石與此戰有功的高魁元合影。

蔣介石巡視金門大膽島。

第七章　風雲多變

國共關係陷入僵局

在一九四一年一月十八日，中國各報差不多都在頭版以醒目的大字標題，報導了觸目驚心的皖南事變。

不過，那時的中國報紙，大都控制在蔣介石手中。各報紛載的，除了消息之外，所登都是清一色的蔣氏文告，即《國民政府軍事委員會關於解散新四軍的通電》和《國民政府軍事委員會發言人談話》。

中共掌握的報紙，大體限於延安，很難進入國民黨統治區，在那裏產生影響。唯一突破「防線」的中共報紙，是在重慶印行的《新華日報》。不過，《新華日報》也要受國民黨的新聞檢查，稿件只有經過審查同意才能刊登。

這天，《新華日報》有關皖南事變的新聞稿，全被國民黨的新聞檢查官扣押，只得臨時採用巧妙的調包的手法，在第二版刊出周恩來的題詞：

「為江南死國難者致哀」。

另外，在第三版，還醒目地刊載周恩來一首詩的手跡：

「千古奇冤，江南一葉，同室操戈，相煎何急。」

後來，毛澤東在看到這份不平常的報紙之後，曾致電周恩來：「報紙題字亦看到，爲之神往。」各國駐華記者也紛紛發出急電，報告中國政局的重大變化。

來自各國的反應，隨著各國的立場不同，而對皖南事變作出不同的評價。

美國的反應出人意料。紐約《先驅論壇報》的社論指出，皖南事變是「極大的不幸」，認爲國民黨稱中共爲「心腹大患」、日本爲「癬疥之疾」，是極其錯誤的。

美國駐華使節詹森拜見蔣介石，表達了這樣的態度：「我一向認爲，共產黨問題不應導致大規模的互相殘殺，美國人民及其政府對中國維持獨立生存的能力極爲關切。」

美國對皖南事變不悅，是因爲美日關係已極度緊張。美國不希望中國內戰削弱了抗日力量。

英國的立場和美國一致。英國政府通過駐華大使卡爾把意見告訴蔣介石：「內戰只會加強日本的攻擊。」

蘇聯的反應則在意料之中。蘇聯支持中共，理所當然反對皖南事變。蘇聯駐華大使館武官崔可夫明確表示：「對於所發生的事件，我無論如何也無法接受。」

一月二十五日，蘇聯駐華大使潘友新會見蔣介石，指出：「對於中國來說，內戰將意味著滅亡。」

美、英、蘇三國採取反對立場，使蔣介石由「三喜臨門」轉爲「三不歡迎」。

日本當然歡迎中國內戰。早在皖南事變發生之前的一個多月，日軍駐滬軍部參謀長櫻井便已赴南京，與駐華日軍司令西尾壽造制訂了計劃，其中有一條：

「對散駐京滬杭地區之新四軍，決迫其向皖南退卻，並設法使其與中央部隊自相火並。」最妙的反應來自汪精衛。他說了一句「名言」：

「數年來蔣介石未作一件好事，惟此次尚屬一個好人。」

國內也一片嘩然。叫好者固然不乏其人，但國民黨左派人士發出一片反對聲。其中，最爲激烈的是宋慶齡、何香凝，尖銳地抨擊了蔣介石。

美國華僑領袖司徒美堂的一句批評蔣介石的話，最爲概括：

「自毀長城，自促國亡。」

態度最強硬的，自然是中共。毛澤東在公開發表《命令》和《談話》中，明確指出：

「中國共產黨已非一九二七年那樣容易受人欺騙和容易受人摧毀。中國共產黨已是一個屹然獨立的大政黨了。」

毛澤東還接連對中共內部作出指示：

「蔣介石已將我們推到和他完全對立的地位，一切已無話可說。」（一月二十日致周恩來電）

「蔣介石一月十七日命令是全國性突然事變的開始，是全面投降與全面破裂的開始。」（一月二十三日致劉少奇電）

「人家已宣布我們叛變，我們決不能再取遊移態度，我們決不能再容忍，我們決不能怕破裂，否則我就要犯嚴重錯誤……我們是只有和他對立一途，因爲我沒有別的路。」（一月二十五日致周恩來電）

「蔣一月十七日命令及談話，對我們甚爲有利，因爲他把我們推到同他完全對立的地位，因爲

破裂是他發動的，我們應該捉住一月十七日命令堅決反攻，跟蹤追擊，絕不游移，絕不妥協。」

（同上，另一電）

面對著只有日本、汪精衛和國民黨右翼發出的稀稀落落的掌聲，面對著來自國內外的一片譴責聲，面對著毛澤東的強硬態度，蔣介石不能不收斂了一些。

一月二十七日，蔣介石在重慶中央紀念週發表講話，那姿態處於守勢。雖說他仍堅持十天前「一・一七」文告的立場，但他的講話調子明顯變軟了。蔣介石說：

「這次新四軍因為違抗命令，襲擊友軍，甚至稱兵作亂，破壞抗戰，因而受到軍法制裁，這純然是為了整飭軍紀。除此以外，並無其他絲毫政治或任何黨派的性質夾雜其中，這是大家都能明白的……」

蔣介石的意思是這回皖南事變，只侷限於新四軍，他並不準備與中共決裂。

蔣介石還擺出「家長」的架勢說道：

「新四軍乃是國民革命軍之一部，而本席乃是國民革命軍的統帥。我常說我們國民革命軍是一個大家庭，所以我平時看待自己的部下，猶之於家長之看待子弟，子弟良好，固然是家長的榮幸，如果子弟不良，亦就是家長的恥辱。……」

蔣介石的講話中居然還談起了聖經——他和宋美齡結婚之後，已成了基督教徒。蔣介石以虔誠的基督教徒的口氣說道：

「大家看過聖經新約的，都知道基督的教條，訓勉一般人，對於罪人，須要饒恕他七十個七次的罪過，而現在新四軍的罪過，早已超過了七十個七次以上。我們就以耶穌的寬大為懷，對於這種

怙惡不悛，執迷不悟的軍隊，也決不能再隱忍，再饒恕，否則就是我們自己的犯罪，就是我們貽害國家，要成為千古罪人。」

蔣介石的講話，缺少幽默感，倒也不乏「生動」！

毛澤東當即讀了蔣介石的講話，他在三天後——一月三十日，毛澤東在致周恩來的電報中，作出反應：「蔣二十七日演講已轉入辯護（防禦）態度，可見各方不滿，他已賊膽心虛……」

皖南事變使國共關係陷入了僵局。中共中央政治局在一月二十九日作出《關於目前時局的決定》，對皖南事變作出了這樣結論性的正式評價：

「蔣介石發動的皖南事變及一月十七日宣布新四軍叛變的命令，是全國性突然事變與全面破裂的開始，是西安事變以來中國政治上的巨大變化，是大地主大資產階級由合作到破裂的轉折點。」①

蔣介石想找台階下台

不過，即使國共關係近於冰點的時候，蔣介石和毛澤東都還保持著克制：蔣介石沒有借皖南事變繼續大打；毛澤東沒有借皖南事變大鬧。

國共雙方都面臨著一個共同的外敵——日本。蔣介石要顧忌各方的批評，毛澤東要考慮大敵當前。國共大打，「漁翁」日本得利。這樣，國共雙方都下不了大分裂的決心。

毛澤東的反擊，只是在政治上，在輿論上，大造聲勢。如毛澤東所言，「政治上取攻勢，軍事上暫時仍取守勢。」蔣介石呢？也只侷限於新四軍，只侷限於說新四軍「違抗軍令」，這把火沒有燒到八路軍，沒有燒到整個中共。

毛澤東在一月二十五日致周恩來、劉少奇、彭德懷的電報中，便作出這樣「有節」的策略規定：「蔣現尚未提及八路與中共，故我們亦不提及整個國民黨及中央軍，八路及中共人員亦不公開出面，看蔣怎樣來，我們便怎樣去，在這點上我們仍是防禦的。」

一月二十八日，毛澤東在黨內指示文件中，又提醒給蔣介石留點「面子」。毛澤東寫道：「惟在蔣沒有宣布全部破裂時（宣布八路及中共叛變），我們暫時不公開提出反蔣口號，而以當局二字或其他暗指方法代蔣介石的名字……」

正是由於蔣介石和毛澤東都在互相指責中保持了克制，使國共瀕於大破裂的局面，終於得以挽回。

最使蔣介石尷尬的是，就在他的「一・一七」命令發佈之後，日軍居然便在二十四日把蔣介石的湯恩伯部隊十五萬人包圍於平漢鐵路以東！這表明，蔣介石一旦與毛澤東大決裂，日本便會大舉進攻！

日本陸相東條英機在三十日發表講話，聲稱：

「蔣政權內部打架，固然不能抗戰，但日本決不能依賴國共糾紛，而是要依賴自己的力量來解決中國事件。」

日本的態度，也使蔣介石不能不考慮和中共重新和好。

不過，國共關係從冰點漸漸昇溫，要有一個過程。最初，雙方都彆彆扭扭，冷冷淡淡，圓睜怒眼，板著面孔。

周恩來在這陰晦寒冷的時刻，機警地指出：蔣介石一下子下不了台，正在尋找台階……

毛澤東也很清楚時局的轉變。他在二月十四日致周恩來的電報中，作出判斷：

「蔣從來沒有如現在這樣受內外責難之甚，我亦從來沒有如現在這樣獲得如此廣大的群眾（國內外）。」

「目前形勢是有了變化的，一月十七日以前，他是進攻的，我是防禦的；十七日以後反過來了，他已處於防禦地位，我之最大勝利在此。」

「反共不會變，高潮可能下降，剿共可能停止。」

「目前國共是僵局（如陳布雷所說），但時間不會久，敵大舉進攻之日，即僵局變化之時……」

真是尷尬人偏遇尷尬事。蔣介石正在找台階下台之際，碰上了棘手的難題：

早在皖南事變前十來天，公佈了第二屆國民參政會參政員名單。其中，中共參政員依然是毛澤東等七人。同時還公佈第二屆國民參政會第一次會議將在一九四一年三月一日開幕。眼下，三月一日逐漸臨近，而中共卻表示如果蔣介石不接受「十二條」，他們就不出席會議。蔣介石本來是以國民參政會來裝潢民主的，中共不出席會議，理所當然使蔣介石尷尬不堪。

中共的「十二條」，早在一月二十二日《中國共產黨中央革命軍事委員會發言人對新華社記者的談話》中，就明明白白地開列了：

一，懸崖勒馬。停止挑釁；
二，取消一月十七日的反動命令，並宣布自己是完全錯了；
三，懲辦皖南事變的禍首何應欽、顧祝同、上官雲相三人；
四，恢復葉挺自由，繼續充當新四軍軍長；
五，交還皖南新四軍全部人槍；
六，撫恤皖南新四軍全部傷亡將士；
七，撤退華中的「剿共」軍；
八，平毀西北的封鎖線；
九，釋放全國一切被捕的愛國政治犯；
十，廢止一黨專政，實行民主政治；
十一，實行三民主義，服從《總理遺囑》；
十二，逮捕親日派首領，交付國法審判。②

顯而易見，毛澤東所開列的這十二條，是蔣介石所萬萬不能接受的。

其實，毛澤東心裏也很明白，蔣介石是不可能接受這十二條的。毛澤東在二月二十四日致周恩來的電報中，說了一句頗爲微妙的話：

「用蔣介石的手破了一條缺口的國共關係，只有用我們的手才能縫好，我們的手即政治攻勢，即十二條，除此再無別的妙法。」

「我們目的，不在蔣承認十二條或十二條之一部份，他是不會承認的（當然對黨內外群眾都不

如此說，仍是要求蔣承認），而在於以攻勢打退攻勢。」

「對於一個強力進攻者把他打到防禦地位，使他不再進攻了，國共好轉的可能性就有了。」

這就是說，在毛澤東看來，他的十二條，乃是一種「政治攻勢」。

毛澤東索性把這「政治攻勢」鬧大：讓周恩來以中共七參政員的名義，把這十二條乾脆送交國民參政會秘書長王世杰，要求國民參政會加以討論！

周恩來還說明，在這十二條未得裁奪之前，中共參政員礙難出席！

在這一「政治攻勢」面前，蔣介石顯得被動。雖說蔣介石想約周恩來一談，但聖誕節的那次談話猶在耳邊……於是，只好請國共談判的元老張沖出馬。

毛澤東在參政會得了大面子

張沖是周恩來的老朋友了。在反反覆覆的國共談判中，他們建立了友誼。

張沖在二月十九、二十兩天，來見周恩來，並不斷給周恩來打電話、寫信，請求周恩來暫且撤回給王世杰的公函，以便給蔣介石一點面子，並由他從中安排周恩來和蔣介石見面。

張沖對周恩來說：「蔣是吃軟不吃硬的，結果必致翻臉。」

周恩來答曰：「反正已經半翻臉了。下一步不過是下討伐令，全國清黨！至於見蔣，必不能得出什麼結果。」

周恩來拒絕見蔣介石，使正在尋找台階的蔣介石失去了台階。

可是，國民參政會的開幕日子已迫在眉睫。蔣介石顯得十分焦急。

無可奈何，二月二十五日，張沖只得在早晨急急拜晤周恩來，一口氣談了三小時。

當天，周恩來在給毛澤東的電報中，這樣描述：

「我堅決告訴他，七參政員公函不能撤回。他苦苦哀求，甚至說：為了國家計，他跪下都可以。我說這不是個人問題，而是政治問題。在新四軍問題後，政治壓迫，軍事進攻，我們確無讓步可能。張說：一朝中總有秦檜、岳飛，我們是忠，他們是奸；我們要顧大局，他們是不顧大局的……彼此僵了三小時。……張之唯一的要求，是出席參政會。」

張沖差一點給周恩來跪下來了，還是不行。

周恩來搖頭，實際上是毛澤東在搖頭；周恩來不鬆口，實際上是毛澤東不鬆口。

張沖要跪下，實際上是蔣介石要跪下；張沖求饒，實際上是蔣介石求饒。

翌日，張沖又來。顯然，他又奉蔣介石新的指令而來。

果真，張沖降低了條件，說：「七位中共參政員不出席會議，可否請正在重慶的其中的兩位——董必武、鄧穎超出席會議？」

周恩來依然搖頭，說道：「萬做不到。這樣做，將成爲歷史上的滑稽劇！」

張沖又退了一步，說：「如果連董、鄧都不出席會議，那麼可否選毛澤東進入主席團名單？」

周恩來答曰：「這豈不成了單相思！」

張沖再退一步：「那就在董、鄧兩人之中，去一個人出席會議也好。」

周恩來挖苦道：「國民黨請客，被請者是『奸黨』，而且還要『奸黨』去捧場，豈有此理！」

張沖連忙解釋說：「罵你們是『奸黨』的人，不代表中央。我是代表中央說話的。」

張沖所說的中央也就是蔣介石。張沖也請周恩來轉告他的中央，亦即毛澤東。

周恩來答道：「一切談判，我都報告中央的。中央說，中共參政員出席會議的希望是決不會有的。」

即便是周恩來如此嚴詞拒絕，蔣介石在第二天還是說：「參政會開會，中共參政員必不可少。」

蔣介石派張沖「三請」周恩來，周恩來仍拒見蔣介石！

蔣介石無可奈何，又派兩批特使，前去動員董必武、鄧穎超出席會議，依然無效。

蔣介石明白，毛澤東是以中共參政員拒不出席，來表示對皖南事變的抗議。也正因為如此，他千方百計要拉中共參政員出席會議。

會議開幕的前一天，蔣介石的侍從室不斷給王世杰打電話，探聽消息，詢問中共參政員是否出席會議。

三月一日上午，第二屆國民參政會在重慶開幕。當天，周恩來在給毛澤東的電報中，這樣寫及中共的勝利：

「此次參政會我們得了大面子，收了大影響。蔣親提主席名單，昨夜今朝連續派兩批特使迎董、鄧，一百多名國民黨員鴉雀無聲，任各小黨派代表提議，最後延期一天，蔣被打得像落水狗一樣，無精打彩的講話。全重慶全中國全世界在關心著、打聽著中共代表究否出席，人人都知道延安掌握著團結的人是共黨中央。毛同志的威信，在兩個參政員及我們的態度上表現出來了。」

也就在這份電報中，周恩來罵蔣介石為「大流氓」：

「如出席，太便宜這個大流氓！」

當然，毛澤東這一著棋，使蔣介石嘗到了皖南事變的苦果。三月六日，蔣介石在會上作了《中共七參政員不出席參政會之說明》的長篇報告。這是他出於無奈，不得不對毛澤東提出的「十二條」作出正面答覆。

蔣介石對毛澤東的「十二條」作出分析：「綜觀他的內容，大概可分為『軍事』、『政治』與『黨派』三部份。」蔣介石逐一進行答覆。這樣，毛澤東的「十二條」、中共的立場，也就廣為人知了。

關於中共，蔣介石稱之為「在野黨」。他說：「就黨派來說，現在國內黨派，由於歷史演進的結果，事實雖有執政黨與在野黨之分，以及各黨大小與歷史久暫之不同，但其精神是一律平等，尤其在民意機關國民參政會之內，更應該人人平等。」

照蔣介石這麼說，國民黨和共產黨之間的區別，只不過一個是執政黨，一個是在野黨，而兩黨是平等的。這等於完全承認了中共的合法、平等的地位，而不再是「共匪」了。

蔣介石在講話中，雖然指責了中共一番，但也不得不作出了保證：

「以後決無『剿共』的軍事，這是本人可負責聲明而向貴會保證的。」

蔣介石又一次呼籲，請毛澤東等中共七參政員出席會議。蔣介石說：「希望參政員諸君本著精誠團結，共同禦侮的精神，懇切向毛澤東、董必武等參政員勸勉，使中國共產黨能切實改變他過去的態度與行動，各中共參政員能在參政會內共聚一堂，精誠團結……」

也就在這一天，蔣介石以國民參政會名義，致電中共七位參政員，再一次敦促出席會議。

毛澤東當即在三月八日，以中共七位參政員的名義，致電國民參政會，回敬了蔣介石。毛澤東在電報中雖未指名道姓，卻尖銳地指責了蔣介石：

「中共參政員，對於歷次參政會，無一次不出席，亦為諸先生所共見。惟獨本次參政會，則有礙難出席者在。蓋中共參政員，為政府所聘請，而最近政府對於中共，則幾視同仇敵，於其所領導之軍隊則殲滅之，於其黨員則捕殺之，於其報紙則扣禁之，尤以皖南事變及一·一七命令，實為抗戰以來之巨變，其對國內團結，實有創巨痛深之影響。」

毛澤東還例舉了一系列事實，說明了不能赴會的原因：

「新四軍被稱為叛軍矣，八路軍被稱為匪軍矣，共產黨被稱為奸黨矣，而延、渝道上打倒共產黨，抗日與剿匪並重，剿匪不是內戰等等驚心動魄之口號，被正式之官府與正規之軍隊大書於牆壁矣。似此情形，若不改變，澤東等雖欲赴會，不獨於情難堪，於理無據，抑且於勢有所不能。」

蔣介石實在被動透了。在中共參政員拒不出席的情況之下，他還不得不選舉董必武為常駐參政員。

毛澤東笑謂蔣介石是「阿Q主義」！

蔣介石夫婦笑宴周恩來夫婦

國民參政會剛剛結束，蔣介石便說要約見周恩來——離那血肉橫飛的皖南事變不過兩個月！

這一回，毛澤東罵蔣介石爲「大流氓」了！毛澤東在三月十二日致周恩來的電報中說：

「蔣介石似非對我妥協一下不可。這個大流氓，實際是欺軟怕硬的。」

毛澤東可以說是摸透了蔣介石的脾氣。張沖稱蔣介石是「吃軟不吃硬」，其實蔣介石不是那麼回事。恰恰相反，如毛澤東所言，蔣介石是「欺軟怕硬」。毛澤東採取那麼強硬的態度，中共參政員拒不出席國民參政會，結果蔣介石反而軟了，反而要約見周恩來！

這一回，周恩來去了。爲了緩和氣氛，宋美齡也出面陪同。

那是在三月十四日。蔣介石一見周恩來，打哈哈，說道：「兩月多未見面，由於事忙，參政會前，因不便未見。」

由於翌日周恩來有一電報給毛澤東，匯報與蔣介石見面的情況，所以如今可以從那份電報中查到蔣介石的原話。

周恩來寫道：「蔣談話目的在和緩對立空氣，粉飾表面。」

蔣介石說：「現在開完會，可以談談。」

蔣介石問起了毛澤東，向周恩來打聽毛澤東的意圖。周恩來寫道：

「（蔣）問延安有否電來，我答沒有。他要我電延，問最近意見。我告訴他，問題總要解決才有辦法。」

然而，當周恩來一提起「新四軍事件」（亦即皖南事變），蔣介石便「置不答」。

於是，周恩來只能就一些小問題跟蔣介石談談，諸如發軍餉、《新華日報》的發行等等。周恩來問起了葉挺。他說：「聞葉希夷已到，我要見他。」

蔣介石即答：「尚未到。當去查。如到，可見。」

話不投機，雙方敷衍著。冷冷地談了半個多小時就結束了。倒是宋美齡出面，說是下星期請周恩來吃飯。

這樣，蔣介石總算跟周恩來見了面。

周恩來在致毛澤東的電報中，如此估價蔣介石的這一次會見：

「其法寶仍是壓、嚇、哄三字。壓已困難，嚇又無效，現在正走著哄字。」

在接到周恩來電報的當天，毛澤東便從延安覆電。毛澤東並不完全同意周恩來的分析。毛澤東指出：「蔣之表示，不完全是哄，有部份讓步以謀妥協之意，因國內外形勢不容許他不讓步。」

看來，毛澤東對蔣介石的判斷，比周恩來更正確些。

十一天後——三月二十五日，由宋美齡出面宴請周恩來、鄧穎超，由蔣介石、賀耀祖、張沖作陪。既然是「夫人外交」，又是「餐桌談判」，氣氛自然輕鬆得多。一邊頻頻勸酒，一邊「討價還價」。論酒量，蔣介石根本不是周恩來的對手；論談判，蔣介石也略輸周恩來一籌。

周恩來剛剛離開宴席，便給毛澤東發電報：

「今天見面仍只是表面上的輕微緩和，實際上要看他是否真正做些緩和的事。」

不管怎麼說，這一回宴請，表明國共關係從大破裂的危險境地挽回了，從冰點開始回昇了，從

雨雪交加轉為陰天，從怒目圓睜到略帶微笑。

從此，皖南事變掀起的軒然大波，終於得以漸漸平伏。

一九四一年五月八日，毛澤東以中共中央名義，寫了黨內指示文件《關於打退第二次反共高潮的總結》。毛澤東總結了蔣介石的手法，曰「一打一拉」。毛澤東這樣刻劃蔣介石：

「在反共方面，既要反共，甚至反到皖南事變和一月十七日的命令那種地步，又不願意最後破裂，依然是一打一拉政策。」

毛澤東指出，中共要用這樣的方針對付蔣介石的「一打一拉」：

「我黨的方針，便是『即以其人之道，還治其人之身』，以打對打，以拉對拉，這就是革命的兩面政策。」毛澤東強調：「和國民黨的反共政策作戰，需要一整套的戰術，萬萬不可粗心大意。」

既然要「以拉對拉」，蔣介石在「拉」中共了，毛澤東也就來了個「拉」蔣。

一九四一年六月十二日，以毛澤東、朱德，王稼祥、葉劍英共同署名的一份中共內部文件，明確指出：「目前我黨方針是拉蔣抗戰」。

毛澤東在七月八日致劉少奇的電報中，則這樣概括蔣介石的方針和中共的對策：

「乘機取利，制日制共，是蔣的方針。因此我們對蔣還是既不讓又不攻的方針。」

成天價跟蔣介石打交道，毛澤東對蔣介石的剖析，可以說入木三分了。

蔣介石出任中國戰區盟軍最高統帥

蔣介石「拉」毛澤東，毛澤東「以拉對拉」，也「拉」蔣介石一把。國共關係也就在這你「拉」我「拉」之中，得以緩和。

不過，這時的國共關係，不冷也不熱，不好也不壞。

就在這時節，兩樁在凌晨發生的突然事件，改變了世界的格局。

一是一九四一年六月二十二日凌晨四時，一百九十個師、三千七百多輛坦克、四千九百多架飛機、一百九十多艘艦艇，趁著人們正在酣睡的時刻，突然朝蘇聯撲來。一個半小時之後，亦即清晨五時半，德國駐蘇聯大使這才在莫斯科向蘇聯政府遞交了宣戰書……

二是一九四一年十二月七日凌晨，大批日本飛機突然飛臨美國在太平洋地區的主要海空軍基地珍珠港，擊毀擊傷美機二百六十多架，美艦十八艘。翌日，美國對日本宣戰。同日，英國對日本宣戰。

這兩樁發生在凌晨的「不宣而戰」的事件，導致德國、日本、意大利和美國、英國、蘇聯的公開對抗。既然中國是日本的敵國，中國也就成了美、英、蘇的盟友。

十二月八日凌晨，正在重慶郊區黃山鄉別墅的蔣介石接到國民黨中宣部副部長董顯光的電話，獲知日軍偷襲珍珠港，急急忙忙趕往重慶。上午八時，蔣介石召集國民黨中央常委特別會議。蔣介石說：「我國對日宣戰，已無問題，手續亦甚容易……」

說來難以令人置信，自一九三七年「七·七」抗戰全面爆發以來，已有四年半時間，日軍已經

吞噬了中國的大部國土，蔣介石政府尙未對日正式宣戰呢！直至此時，才發表正式文告，對日、德兩國宣戰，即《對日宣戰之文告》、《對德宣戰之文告》。

不過，蔣介石倒頗有頭腦，建議中、美、英、蘇四國在亞洲建立某種軍事同盟會議。當天下午，蔣介石召見美、英、蘇駐華大使高思、卡爾、潘友新，把宣戰書和建議書交給了他們。

美國總統羅斯福熱烈支持蔣介石的建議。美國正在與日本交戰，很希望能把日本的主要兵力拖在中國。英國首相邱吉爾也認爲蔣介石的建議不錯。只是史達林稱正忙於對德作戰，尙顧不上東線的日本——其實，那是因爲蘇聯和日本在一九四一年四月簽訂了「中立條約」，日本答應不進犯西伯利亞一線。

既然是蔣介石建議，蔣介石也就充當東道主。十二月二十三日，東亞聯合軍事會議在重慶召開。美國派出勃里特少將、馬格魯德少將，英國派出韋維爾元帥、鄧尼思少將，中國派出何應欽、商震，會議由蔣介石主持。

這是蔣介石第一回主持重要的國際性會議。中國第一次以大國形象出現在國際舞台上。

德、日、意三國，曰「法西斯軸心國」。既然德、日、意三國結盟，那麼反對他們的國家勢必也要結盟。

由美、英、蘇、中四國領銜，一九四二年元旦，二十六個國家代表齊聚美國華盛頓，簽訂反對法西斯軸心國的《聯合國家宣言》，結成國際反法西斯統一戰線。於是，這二十六個國家曰「盟國」，又稱「反軸心國」。後來又有十九個國家加入這一統一戰線。

在簽署宣言時，四個領銜國放在最前面。美國總統羅斯福所擬的草稿上，最初的四國順序是

美、中、蘇、英，中國名列第二。後來才改成美、英、蘇、中。雖說這麼一來，中國名列第四。不管怎麼排，蔣介石政府畢竟進入了「四強」之列，蔣介石也就進入了同盟國「四巨頭」之列——與羅斯福、邱吉爾、史達林並列齊名了。蔣介石在國際上的聲望，猛然昇高了。

一九四二年一月三日，是蔣介石終生難忘的日子。這天，盟國第一最高區域統帥部成立。這一統帥部之下設中國戰區，羅斯福提議蔣介石出任中國戰區盟軍統帥部最高統帥。中國戰區除中國外，還包括越南、泰國等。

蔣介石在這天的日記上，這麼寫道：

「我國簽字於共同宣言，羅斯福總統特別對子文表示：歡迎中國列爲四強之一。此言聞之，但有慚惶而已！」

翌日，蔣介石電覆羅斯福，表示「同意就斯職」，並決定設統帥部於重慶。爲了表示對美國的感謝，蔣介石還致電正在美國的宋子文，洽請羅斯福遴選美國高級將領擔任中國戰區參謀長。

一月五日，蔣介石在重慶就任中國戰區盟軍最高統帥。

蔣介石在他的《元月反省錄》中，以欣慰的筆調寫道：

「二十六國共同宣言發表後，中、英、美、蘇四國已成爲反侵略之中心，於是我國遂列爲四強之一，再自我允任中國戰區最高統帥之後，越南、泰國亦劃入本區內。國家之聲譽及地位，實爲有史以來空前未有之提高，甚恐受虛名之客，能不戒懼乎哉？」

不久，美國參謀總長馬歇爾派出了他的好友、陸軍中將史迪威，出任中國戰區盟軍統帥部參謀長。

自從出任中國戰區盟軍最高統帥，蔣介石對於抗日也就變得積極。他以駐雲南的國民革命軍第五、第六、第六十六三個軍，組成遠征軍，開赴緬甸，協助英軍抗日。這在國民黨的作戰史上是空前的。不過，蔣介石在與史迪威的合作中，卻常生芥蒂。

原本，羅斯福總統遴選史迪威出任中國戰區總參謀長，可謂最佳人選。史迪威比蔣介石年長五歲，高高的個子，一團頭髮像一頂船形帽似的戴在頭上。他是美國佛羅里達人，畢業於西點美國陸軍軍官學校，卻居然能講一口漢語，也認得中國的方塊字。他給中國士兵訓話時，會用漢語說起中國宋朝名將岳飛如何抗擊入侵的金兵，也會講越王句踐如何臥薪嚐膽，終於復仇的故事……

史迪威能夠成爲中國通，是因爲他早在一九一九年就來到中國，擔任駐華美軍的語言教官，特地取了「史迪威」這中文名字。他在中國幹了三年，於一九二六至一九二八年再度來華，擔任美軍駐天津第十五步兵團的營長。自一九三五年至一九三九年，擔任美國駐華使館武官，對中國的抗戰極其熟悉。這一回，是他第四次奉派來華，身分更高了。他向蔣介石報到時，逐一說明了自己的多項職務：美國總統代表，駐華美軍司令官，中國戰區總參謀長……

這位史迪威將軍，天生的傲慢，又天生的尖刻。在蔣介石看來，他是統帥，史迪威不過是參謀長；在史迪威看來，他固然是參謀長，更是美國總統的代表。

史迪威要全權指揮那支在緬甸的國民黨遠征軍，蔣介石卻非要在重慶遙控指揮不可。史迪威罵蔣介石指揮無能，蔣介石則認爲史迪威越權。史迪威見到蔣介石的光頭中間有一條稜，看上去像花生，便在背地裏稱蔣介石爲「花生」，而把蔣介石手下那一大幫將領，稱之爲「一籃子花生」……

不管史迪威怎麼奚落蔣介石，蔣介石畢竟是最高統帥。蔣介石向來就主張「三個一」。最高統帥的頭銜無疑大大提高了他作爲中國最高領袖的聲譽。

宋美齡作爲中國的「第一夫人」，於一九四二年十一月飛抵美國。她在美國住了半年多。英語流利的她，擅長外交。她在美國奔走，呼籲支持中國抗日。她曾在美國國會發表演說。美國報紙對她一片盛讚：

「議員們被她的優雅風度、嫵媚和智慧迷住了！在議員們長達四分鐘的起立歡呼之後，她才開始講話……」

毛澤東以「感冒」為由第四次拒晤蔣介石

就在蔣介石就任中國戰區盟軍最高統帥之際，毛澤東於一月八日給周恩來發來電報：

「我們方針是鞏固自己，沉機觀變。」

國共關係不好不壞，不冷不熱，相對穩定。蔣介石躍爲國際領袖，毛澤東則在延安一邊「沉機觀變」，一邊「鞏固自己」。

毛澤東正是爲了「鞏固自己」，在延安作了一系列報告，開展了著名的延安大整風：

一九四一年五月作《改造我們的學習》；

一九四二年二月一日作《整頓黨的作風》；

一九四二年二月八日作《反對黨八股》；

一九四二年五月作《在延安文藝座談會上的講話》；

……

毛澤東的這一系列報告，強調要整頓中共的黨風、學風、文風，亦即整頓「三風」。

中共自一九二一年七月創建，至一九三五年一月遵義會議，經歷了「一右三『左』」的「左」搖右晃。自從遵義會議後確立了毛澤東爲中共領袖（**名義上的中共總負責為張聞天**）之後，又忙於東征西戰，坐不下來。直至此時，毛澤東抓住了國共關係相對穩定之機，「鞏固自己」，開展延安整風，整頓思想、整頓組織、整頓軍隊、整頓文藝。

對於中共而言，延安整風，使中共經歷了一個脫胎換骨的過程。毛澤東呢？他正是在這一過程中，把他的思想、理論系統化，形成了眾所周知的「毛澤東思想」。

就在國共關係平平穩穩的日子裏，忽然從蔣介石嘴裏傳出不平常的信息：他要邀請毛澤東去西安，在那裏跟他見面！

屈指算來，這是蔣介石第四回邀請毛澤東了：頭一回，邀毛澤東到南京見面；第二回，請毛澤東來武漢；第三回，約毛澤東赴西安。這一回，又是要約見毛澤東於西安。

蔣介石發出這一信號，是在一九四二年八月十四日，蔣介石在重慶約見周恩來。蔣介石說起一個星期以後他要去西安：「想在西安約毛澤東先生一晤。請你速電延安。」

蔣介石說畢，又趕緊說道：「當然，如不便則不必，如不便則不必。」

蔣介石把這句話重複了一遍，爲的是他知道毛澤東輕易不會離開延安的——前三回毛澤東不來，已經證明了這一點。

周恩來當即電告毛澤東。周恩來以爲，「在態度上看不出有何惡意」，但是「其目的未可測」。

蔣介石爲什麼又邀毛澤東會面呢？毛澤東在此前致周恩來的一份電報中，曾對抗戰以來的國共關係，作了總的分析：

國內關係總是隨國際關係為轉移。第一次反共高潮發生於德蘇協定、蘇芬戰爭及英美反蘇時期。第二次反共高潮發生於德蘇協定繼續存在、英美關係仍未好轉而軸心則成立三國同盟時期。自蘇德戰起，英美蘇好轉，直至今天，國共間即沒有大的衝突。這個時期，又分兩段，在英美蘇未訂具體同盟條約及漢緬路未斷以前，蔣的親蘇和共決心仍是未下的；在此以後，他才下決心。

毛澤東提及的「滇緬路」，即雲南至緬甸的滇緬公路。當時，是蔣介石的咽喉之路。因爲蔣介石偏居於西南一隅，英、美的軍用物資沿滇緬公路源源運往重慶。四月二十九日，日軍佔領了緬甸臘戌，切斷了滇緬公路，卡住了蔣介石的咽喉。雖說英美從此改爲空運，一則空運運量有限，二則飛機要飛越喜馬拉雅山，運輸十分困難。蔣介石不得不倚重經蘇聯而來的陸路運輸。

親蘇必親共。蔣介石也就希冀改善與中共的關係。這麼一來，國共關係要從不冷不熱轉熱，從不好不壞轉好，蔣介石也就向毛澤東遞上了橄欖枝。

蔣介石先是在七月二十一日約見周恩來，提出重開國共談判。毛澤東在七月三十一日致劉少奇的電報中，這樣談及國共關係的新趨勢：

「最近恩來見蔣談的還好，蔣已重新指定張治中、劉爲章和我們談判，另指定卜士奇任日常聯絡，蔣之聯絡參謀繼續來延安，都是好轉徵兆，但不能求之過急。」③

這樣，正是在國共關係好轉之際，蔣介石提出了與毛澤東晤會。

畢竟張學良的遭遇給人們留下的印象太深了，周恩來深知毛澤東是不可能去西安見蔣介石的，於是，向中共中央提出兩種方案：

第一方案，毛澤東稱病，派林彪爲代表，到西安去見蔣介石。

第二方案，要求蔣介石帶周恩來去西安，周恩來再由西安飛延安，陪一中共中央代表前來西安見蔣。這一代表可以是林彪，或朱德。

在周恩來看來，第二方案，如派出的是朱德，蔣介石也許會同意。

毛澤東採用了第一方案，又兼及第二方案。

毛澤東要「稱病」，稱什麼病呢？這一時期，毛澤東身體不錯，不大生病。上一回，毛澤東沒有去武漢，稱的是牙病；這一回，毛澤東則稱感冒——雖說時值盛暑，似乎不大會感冒。

八月十七日，中共中央書記處給周恩來發來電報：

「毛現患感冒，不能啓程，擬派林彪同志赴西安見蔣，請徵蔣同意。如能徵得蔣同意帶你至西安，你回延面談一次，隨即偕林或朱赴西安見蔣則更好。」

據云，這份電報是康生所擬，經毛澤東同意後，以中共中央書記處名義發出。

周恩來接到電報後，即把中共中央書記處的電報意思告訴蔣介石侍從室，轉告蔣介石。

不過，毛澤東斟酌再三，以為蔣介石已經「三請」，此次還是以一見為好。何況當時蔣介石「看不出有何惡意」。於是，毛澤東在八月十九日致電周恩來，改變了主意：

「依目前形勢，我似應見蔣。」

毛澤東還告訴周恩來，他是否見蔣，中共中央還在研究之中，未作最後決定。

周恩來仍以為，蔣介石和毛澤東會面的時機尚未成熟——再說「張學良第二」的可能性並非沒有，因為不久前的皖南事變記憶猶新。在收到毛澤東的電報後，周恩來於當天致電毛澤東：

「最好林或朱先打開局面，如蔣約林或朱隨其來渝，亦可答應，以便打開局面，轉換空氣；一俟具體談判有眉目，你再來渝，便可見渠。」

毛澤東閱周恩來電報，還是以為以見蔣為好，「有益無害」。毛澤東八月二十九日、九月三日兩度致電周恩來，與他切磋此事：

「蔣到西安時，決先派林見蔣，然後我去見他。依目前國際國內大局，我去見蔣有益無害，俟林見蔣後即確定我去時間。」

「趁此國際局勢有利機會及蔣約見機會，我去見蔣，將國共根本關係加以改善。這種改善如果做到，即是極大利益，哪怕具體問題一個也不解決也是值得的。蔣如約我到重慶參加十月參政會，我們應準備答應他。」

「林彪準備在蔣電約後即動身去，我則在林去後再定去西安日期。」

周恩來反覆考慮之後，於九月五日覆一長電給中共中央書記處，詳陳己見。周恩來仍然以為：「見蔣時機尚未成熟。」

周恩來陳述了如下理由：

（一）蔣雖趨向政治解決，但他之所謂政治是要我們屈服，決非民主合作；

（二）蔣對我黨我軍的觀念仍為非合併即全部消滅；

（三）蔣對人的觀念仍包藏禍心（即打擊我黨領導，尤其對毛，西安事變後尚想毛、朱出洋，時至今日猶要葉挺太太勸葉悔過自新，吾屢次請回延不理，此次我在電答時提到願回延接林或朱出來亦不許），因此可說他對我黨我軍及民主觀念並無絲毫改變。

次之，在局勢方面，並非對我有利：

（一）蔣對局勢的看法，一面承認日寇有續攻中國可能，而英美一時無大力援華，且反內戰，但何（應欽）等卻看到蘇聯今日處境需要對華讓步，英美亦須中國拖住日本，他正好藉此依他的想法解決西北及國內問題。

（二）中共「七七」五週年宣言，本是我黨歷年主張的發展，而他卻認為由於蘇聯讓步，中共亦不得不屈服。

（三）毛出為謀改善根本關係，而蔣則利用此機會打擊地方和民主勢力，以陷我於孤立。

因此，蔣毛見面的前途可能有兩個：

一、表面進行得很和諧，答應解決問題而散。

二、約毛來渝開參政會後，藉口留毛長駐渝，不讓回延（此著萬不能不防）。若如此，於我損失太大。我們提議林出勿將話講死，看蔣的態度及要解決的問題如何，再定毛是否出來。

周恩來的電報，是打給中共中央書記處，由康生收下。毛澤東見到周恩來這一電報，以爲有理，遂打消了與蔣介石會晤的念頭。這樣，毛澤東第四次婉拒蔣介石的會晤之邀。

不過，毛澤東在八日給周恩來的電報中，仍表示：林彪見蔣時，可表明「我極願見蔣」。毛澤東以爲，「目前似已接近國共解決懸案」的「好時機」。

蔣介石、林彪重慶談判

一九四二年九月十四日，林彪作爲毛澤東的代表，和伍雲甫、周勵武一起離開延安，乘汽車前往西安。

天有不測之風雲。那卡車在山道上顛簸，出了故障。當林彪來到西安之時，已是十七日傍晚五時，蔣介石已離去……

經毛澤東同意，林彪前往重慶，會晤蔣介石。

於是，也就開始了「蔣介石——周恩來、林彪重慶談判」。

林彪乃一員武將，且性格內向，不擅言談，不擅外交。何況那時林彪只是一位師長，人稱「林師長」，跟身爲最高統帥的蔣介石地位相差懸殊。毛澤東怎麼會派林彪作爲談判代表呢？

毛澤東精於用人之道。他派出了林彪，原因有二：

其一，林彪乃黃埔軍校第四期學生，與蔣介石有著師生之誼，說得上話；

其二，平型關一戰，使林彪名震中國，有著「抗日名將」之譽，在國民黨統治區也受人敬重。

那時，林彪從蘇聯回來不久。林彪在蘇聯養傷，一住便是三年多……

林彪受傷，事出偶然。那是一九三八年三月一日，在山西隰縣北面，林彪正帶著戰士在對日軍進行偵察。爲了便於接近日軍陣地，林彪和戰士們全穿上了日軍的軍服——反正在平型關戰鬥中，繳獲一大批日軍軍服，有的是！

林彪一副日軍軍官打扮，腰挎日本指揮刀，騎著大洋馬，神氣活現。他萬萬沒有想到，國民黨閻錫山部隊把他們真的當成了日軍！一陣槍響之後，才知是誤會，卻已爲時太晚，林彪已倒在血泊裏！

林彪的傷勢頗重，子彈從右脅進，右背出，肺及脊骨嚴重受傷。毛澤東聞訊，急派醫生從延安趕去，護送林彪回到延安。半年之後，又送林彪去蘇聯醫治。直到一九四二年一月五日，林彪才從蘇聯回到蘭州，轉往延安……

林彪奉毛澤東之命來到重慶時，已是十月七日。毛澤東爲林彪制訂的與蔣介石的談判方針是「重在緩和關係，重開談判之門」。

重慶上清寺曾家巖，那裏有座求精中學。中學隔壁有一幢灰磚二層小樓，名曰「桂園」。那裏

是張治中的私宅。在重慶的軍政要人之中，這樣的住宅算是中等的。十月十三日午後，蔣介石忽地光臨張宅。當蔣介石步入會客室時，除了主人張治中之外，兩位濃眉客人已在那裏等候。其中濃眉舒展者乃周恩來，另一位八字濃眉者乃林彪。

蔣介石選擇了張治中家作爲會談地點，並選定張治中爲談判代表，是因爲張治中在黃埔軍校時，與周恩來有著深誼，又是林彪的老師。

林彪見了蔣介石，口稱「校長」，表明他不忘當年黃埔軍校師生情。林彪首先向蔣介石轉達了毛澤東的問候。林彪說，毛澤東很希望一晤蔣介石，只是不巧他「適患傷風未來」。蔣介石當即表示對毛澤東「病情」的關心，並託林彪代他轉達對毛澤東的問候。如此這般，在「轉達」之中，結束了寒暄。

緊接著，談話進入了主題。林彪在表示了中共擁護蔣介石爲民族領袖之後，便談及中共中央關於「三停」、「三發」、「兩編」的意見。

「三停」，即停止全國軍事進攻，停止全國政治進攻，停止對新華日報的壓迫；

「三發」，即釋放新四軍被俘人員（亦即發人），發餉，發彈；

「兩編」，即允許中共領導下的軍隊，編爲兩個集團軍。

蔣介石聽罷，說了這麼一番話：

「我對團結統一是有誠意的，這不是政治手段，希望大家在統一政令下工作。國內政治問題，我希望整體解決，而且越快越好，也不要零零碎碎，拖拖拉拉。只要我一天活著，我就會爲此努力。我會奉行公道原則，不會讓你們吃虧，這點可放心。」

蔣介石還就國共關係說道：

「中共是愛國的、有思想的，有許多的人才，國家也愛惜人才，並一視同仁。過去合作革命五年，不料十年內戰，時光白白過去了，這是教訓，若國共問題解決，國家必能一日千里。」

林彪見蔣介石說得如此慷慨，便提起了新四軍，希望蔣介石能夠承認如今以陳毅為代軍長的新四軍。不料，這話觸動了蔣介石的心病，他不悅道：「承認新四軍，等於不承認政府。你今後不要跟我提新四軍了。再提我是不聽的！再提我是不聽的！」

說罷，蔣介石意識到自己的話說得太直了，又趕緊對林彪說：「因為你是我的學生，所以我有什麼，就跟你說什麼。對別人我就不說了。」

林彪跟蔣介石的第一次會談，就這樣不了了之，結束了。

就在林彪到達重慶不久，國民黨聯絡參謀鄭延卓到達延安。毛澤東和鄭延卓談了兩次。鄭在延安住了兩星期。

當鄭延卓打算回重慶之際，請毛澤東親筆修書一封，交他帶給蔣介石。毛澤東當著他的面，寫了這麼一封信給蔣介石：

介公委員長政席：

前承寵召，適感微恙，故派林彪同志晉謁。嗣後如有垂詢，自當趨轅聆教。鄭委員延卓來延，宣布中央德意，惠及災黎，軍民同感。此間近情，已具告鄭兄，託其轉陳，以備採擇。鄭兄返渝之便，特肅寸楮，借致悃忱。

林彪到了重慶，卻想不到，這一回的會談，竟變成了馬拉松會談。一談就談了八個來月！國民黨方面，常常由張治中出面，會談也就在張治中家裏。

後來，張治中這麼回憶：

「周、林一道來，談談歇歇，歇歇談談，前後經過八個月之久。」

林彪「虛此一行」。會談拖拖拉拉，沒有什麼成果。毛澤東在一九四三年一月十六日致周恩來、林彪的電報中指出，蔣介石「除面子問題外，是否還有借以拖延之目的？」

這樣，一九四三年六月四日，周恩來、林彪在會見張治中時提出，林彪要回延安，希望行前一晤蔣介石。

其實，這時毛澤東已決定周恩來也一起回延安，但周恩來未向張治中提及——因爲自皖南事變後，周恩來多次希望回延安匯報，蔣介石總是「挽留」。

六月七日，周恩來、林彪會見蔣介石。周恩來當面向蔣介石提出與林彪一起回延安，蔣介石答應了。

這樣，闊別延安三年的周恩來，終於有機會「回家」了！

六月二十八日，周恩來、林彪、鄧穎超等一百多人乘卡車離開重慶，經西安返回延安。一路風雨，到達延安已是七月十六日了。

中共留下董必武在重慶主持工作。

共產國際的解散如同「新聞原子彈」爆炸

周恩來這一回下決心離開重慶，是因爲五月二十四日中共中央書記處給他發來重要電報：

「共產國際解散，中央即將開會討論中國的政策，請你即回延安。」

共產國際解散，如同一顆「新聞原子彈」爆炸，在世界上形成極其強烈的衝擊波！

共產國際是列寧在一九一九年創立的。共產國際，人稱「世界共產黨」，它是世界各國共產黨的上級組織，它和各國共產黨之間是領導和被領導的高度統一的上下級關係。

中共是在共產國際代表的幫助和參與下成立的。三十多年來，中共和其他共產黨一樣，都是在共產國際的領導下開展工作的。

共產國際決定解散的消息，最初是從蘇聯《真理報》上透露出來的。那是一九四三年五月十五日，共產國際主席團作出了關於解散共產國際的決定。五月二十三日，共產國際給中共發來電報，徵求中共中央的意見。也就在這一天，蘇聯《真理報》便把共產國際主席團的決定公開發表了！

毛澤東收到共產國際的電報，當即給正在重慶的周恩來發去那份要他速返延安的電報……

共產國際在作出的決定中，用這樣一句話來概括解散的原因：

「共產國際這種集權形式的國際組織已經不能適應各國共產黨的進一步發展。」

毛澤東在五月二十六日，作了《關於共產國際解散問題的報告》。毛澤東向中共黨員，這樣說明解散共產國際的原因：

「馬列主義的原則，是革命的組織形式應該服從革命鬥爭的需要。如果組織形式已經與鬥爭的

需要不適應時，則應該取消這個組織形式。現在共產國際這個革命的組織形式，已經不適合鬥爭的需要了，如果還繼續保存這個組織形式，便反而妨礙各國革命鬥爭的發展。現在需要的是加強各國共產黨，而無需這個國際的領導中心了。……」

共產國際解散的消息一公佈，引起了世界反共勢力的狂喜。他們發動了強大的宣傳攻勢：

「共產國際完蛋了，各國共產黨也將完蛋！」

「共產國際的解散，意味著共產主義日末途窮！」

消息傳到中國，蔣介石理所當然地興高采烈。從五月底開始，國民黨報紙進行了對中共的集中攻擊：

「共產國際的解散，證明了所謂階級鬥爭，所謂世界革命路線之根本錯誤。」

「中共是由共產國際用『人工方法』炮製出來的，是靠人家盧布豢養而存在的。」

「中共應該有同樣的覺悟，放棄割據，交還軍隊，在民族利益的大前提下，服從一個領袖，一個政府。」

蔣介石明明白白地對周恩來說：「共產國際解散了，國民黨希望共產黨能夠合併於國民黨。」

蔣介石想乘機「招降中共」。他在周恩來、林彪離開重慶前夕，親筆寫信給毛澤東，透露了招降之意。他還通過張治中轉告林彪：

「國民黨在共產國際解散後，擬有兩個方案：一是中共交出軍權、政權，以取得黨的合法化；二是國共兩黨合一。」

最為耐人尋味的是，戴笠制訂了《對中共方案》，提出「第三國際（註：即共產國際）解散

後，本黨對中共應有之對策」。這一方案指出：

「莫斯科正式公佈解散第三國際後，各國共黨之政治地位及組織策略均將發生重大分化，中共為世界革命之派系，現已逐漸失去國際勢力支援，其政治號召力必將失去或減低，中共份子之動搖心理亦必隨之而劇烈。本黨應把握此有利時機求中共問題之徹底解決。」

戴笠的對策分政治、軍事、黨務、宣傳、特務五個方面，非常詳盡。其中特別提出：

「選派大員赴延安談判，並分化毛澤東與留俄派陳紹禹……」

連戴笠都已注意到利用毛澤東和王明（陳紹禹）之間的矛盾！

戴笠在「特務」項中指出：「派員與留俄派陳紹禹、秦邦憲接洽，提高陳秦政治地位，借以達到孤立毛澤東派，鼓勵留俄派分化之目的。」另外，還用這樣的口氣提及毛澤東：「派員赴延安談判，並叫中共負責人毛澤東來渝。」

也就是說，戴笠要「叫」毛澤東來重慶！

戴笠的方案中，還有一條，叫「以共制共」：

「爭取共黨中之覺悟份子與動搖份子，準備於必要時運用蛻化方式號召再組織共黨或另組新黨，達到以共制共之目的。」

看來，戴笠要把日本對付國民黨的一套辦法，來對付中共……

毛澤東成為名符其實的中共最高領袖

其實，這一回蔣介石全然錯估了形勢，打錯了算盤。

共產國際的解散，對於毛澤東來說，無異於少了一個「婆婆」！

往日，中共作爲共產國際的下級，任何重大的決策都要向共產國際請示，獲得同意之後才能行動。共產國際遠在莫斯科，並不很了解中國的實際情況。確實，那樣的「集權領導」，往往捆住了毛澤東的手腳——雖說毛澤東也並不完全聽命於共產國際。如今，共產國際的解散，反而使毛澤東感到輕鬆，不必再聽命於莫斯科。

爲了適應共產國際解散的局面，中共已預作措施。一九四三年三月二十日，中共中央政治局通過了極爲重要的決定，即《中央機構調整及精簡決定》。對於毛澤東來說，這一決定是歷史性的。

中共中央政治局決定設立政治局主席一職。「政治局推定毛澤東同志爲主席。」

另外，「書記處重新決定由毛澤東、劉少奇、任弼時三同志組成之，澤東同志爲主席。」

這樣，毛澤東正式成爲中共領袖——雖說自遵義會議以來，毛澤東已是實際上的中共領袖，但名義上的總負責是張聞天。

《決定》中有一句極爲重要的話：

「會議中所討論的問題，主席有最後決定之權。」

這樣，毛澤東便在政治局中擁有「最後決定之權」（雖說文件中最初是指在書記處會議上擁有「最後決定之權」）。毛澤東擁有這「最後決定之權」，直到他走完人生的最後的路程。

這樣，中共在共產國際面臨解散之際，推出了自己富有權威的領袖——毛澤東。

劉少奇被確定爲毛澤東的副手。劉少奇在一九四三年七月六日延安《解放日報》上發表《清算黨內的孟什維主義思想》一文，熱情讚頌毛澤東：

「在二十二年長期艱苦複雜的革命鬥爭中，終於使我們的黨，使我們的無產階級與我國革命的人民找到了自己的領袖毛澤東同志。」

劉少奇稱頌毛澤東是「在各種艱苦複雜的革命鬥爭中久經考驗的，完全精通馬列主義戰略戰術的、對中國工人階級與中國人民解放事業抱無限忠心的堅強偉大的革命家」。

這時的毛澤東，正好步入「知天命」之年。

由於共產國際的解散，中共加強了對於自己領袖毛澤東的宣傳和讚頌。

一九四三年七月八日，延安《解放日報》發表王稼祥的《中國共產黨與中國民族解放的道路》，首先提出了「毛澤東思想」的概念。從此，毛澤東思想被作爲中國共產黨的指導思想，廣爲宣傳。這樣，共產國際的解散，並非蔣介石所以爲的毛澤東倒了「後台」而「搖搖欲墜」，卻是毛澤東的領袖地位因此而加強。

當周恩來回到延安，他在一九四三年八月二日中共中央辦公廳舉行的歡迎大會上，發表了對毛澤東的熱情讚詞：

「我們黨二十二年的歷史證明：毛澤東同志的意見，是貫串著整個黨的歷史時期，發展成爲一條馬列主義中國化、也就是中國共產主義的路線！

「毛澤東同志的方向，就是中國共產黨的方向！」

此時，張國燾、王明敗北，毛澤東在中共的領袖地位完全鞏固；誠如此時蔣介石在國民黨內的地位完全鞏固。

毛澤東抓住張滌非，來了個「質問國民黨」

也就在這個時候，蔣介石發表了堪稱「蔣介石主義」的代表作——《中國之命運》。

《中國之命運》的主旋律，可以用一句話來概括，那就是書中強調的：

「沒有中國國民黨！那就是沒有了中國。」

蔣介石說：「國民黨一本我民族固有的德性，以情感道義與責任義務，為組黨的精神。他絕不像其他黨派，用機巧權術，或殘忍陰謀，而以利害自私為結合的本能。」

蔣介石以為，「中國的命運完全寄托於中國國民黨。」

《中國之命運》還「迂迴」攻擊「新式軍閥」、「新式割據」以及「奸黨」、「奸軍」等等。不言而喻，指的是中國共產黨。

《中國之命運》出版之後，成為國民黨統治區各機關、團體、軍隊、學校必須通讀的文件。人人要讀，人人要學。此書初版二十萬冊，不久，印至一百萬冊。

《中央日報》發表社論《讀〈中國之命運〉》，作出高度評價：

「這個大著已經指出了中國革命建國的南針，已經照耀了中國獨立自由的大道。」

三青團通過宣言，稱頌《中國之命運》是「我們革命建國的方向，以至個人修身立業的大道。」

《中國之命運》的出版，與國民黨關於共產國際解散所掀起的「解散中共」宣傳，匯成一股反共浪潮。也就在這時，蔣介石要胡宗南調集了四、五十萬軍隊，分兵九路，打算以閃電的速度進攻延安。

七月七日，原本是中國抗戰的紀念日。一九四三年的「七・七」，國民黨部隊卻炮擊陝甘寧邊區關中軍分區，打響了內戰的炮聲。

蔣介石掀起了抗戰以來的第三次反共高潮。國共關係又驟然吃緊了。

毛澤東決定予以反擊，以防皖南事變重演。

七月九日，延安三萬人集會，發表通電，向全國呼籲制止內戰。朱德、劉少奇出席了大會。大抵考慮到給國共關係留點餘地，毛澤東沒有出席大會。

畢竟蔣介石吃過皖南事變那國內外一片譴責聲的苦頭，一聽延安的浩大聲勢，蔣介石懾於輿論壓力，於七月十日下令胡宗南部隊停止行動。

七月十三日，毛澤東在致彭德懷的電報中寫道：「我宣傳閃擊已收效……使蔣害怕不得不改變計劃。」

也就在這個時候，毛澤東極為巧妙地抓住國民黨中央通訊社所發的一條小小的電訊，大做文章，進行回擊。

那是在七月六日，新華社在重慶發出一條這樣的電訊：

【新華社重慶六日電】此間國民黨機關中央通訊社於七七紀念前夕，發表了一個破壞團結的新聞，該新聞稱：「西安各文化團體曾於第三國際解散後舉行座談會，討論國際形勢，並經決議聯名電延安毛澤東先生，促其自覺，及時解散共黨組織，放棄邊區割據。」電文已於六日登出。

同日新華社又發一電訊，詳述西安「新聞」：

【新華社西安六日電】確息，六月十二日西安勞動營訓導處長復興社特務頭子張滌非，召集西安文化團體開座談會，張滌非主席宣布利用共產國際解散是打擊中共之必要，並提議打電報給毛澤東。張特務頭子當從衣袋內取出其預制之電文，內容首述第一次歐戰第二國際解散，第二次歐戰第三國際解散，證明馬列主義「破產」。次述第三國際解散為加強盟國團結，中共應解散以加強中國的團結。到會者懾於特務威風，不敢說話。當由張滌非說道，此稿應即送有關各機關簽名，五天內不答覆者即為默認，有增刪意見者可以註明，以便最後修改拍出。此次偽造民意會議，共開十分鐘。被邀者三十餘團體，但到會者只有九人，其中有秦風日報、華北新聞、工商報、三青團讀者導報、圖書審查會各一人。此外有李翼燕、王季高、李庵等人，均係CC特務頭子。

延安《解放日報》在七月八日刊載了以上兩條消息，加上了大標題《特務機關破壞團結假造民意竟敢提出「解散共產黨交出邊區」》。

七月十二日，延安《解放日報》在頭版頭條的地位，發表了重要社論，那標題便火辣辣的：《質問國民黨》。這篇社論後來收入《毛澤東選集》，人們方知乃毛澤東手筆。

一開頭，毛澤東便指出：

「近月以來，中國抗日陣營內部，發生了一個很不正常很駭怪的事實，這就是中國國民黨領導的許多黨政軍機關發動了一個破壞團結的運動。這個運動是以反對共產黨的姿態出現，而其實際，則是反對中華民族和反對中國人民的。」

緊接著，毛澤東便提到了國民黨中央通訊社那條電訊。毛澤東批駁道：

「我們親愛的國民黨先生們，你們在第三國際解散之後所忙得不可開交的，單單就在於圖謀『解散』共產黨，但是偏偏不肯多少用些力量去解散若干漢奸黨和日本黨。這是什麼緣故呢？當你們指使張滌非寫電文時，何以不於要求解散共產黨之外，附帶說一句還有漢奸黨和日本黨也值得解散呢？」

「難道你們以爲共產黨太多了嗎？全中國境內共產黨只有一個，國民黨卻有兩個，究竟誰是多了的呢？」

毛澤東對「國民黨先生們」如此進言道：

「『鷸蚌相持，漁人得利』，『螳螂捕蟬，黃雀在後』，這兩個故事，是有道理的。你們應該和我們一道去把日本佔領的地方統一起來，把鬼子趕出去才是正經，何必急急忙忙地要來『統一』

這塊巴掌大的邊區呢?大好河山，淪於敵手，你們不急，你們不忙，而卻急於進攻邊區，忙於打倒共產黨，可痛也夫!可恥也夫!」

毛澤東對「國民黨先生們」進行了一系列質問。最後，毛澤東的筆鋒直指蔣介石。毛澤東寫道:

「正式向中國國民黨總裁蔣介石先生提出要求，請你下令把胡宗南的軍隊撤回河防，請你取締中央社，並懲辦漢奸張滌非。」

毛澤東抓住中央社那麼一條消息，抓住了張滌非，做了那麼一篇大文章!

蔣介石的《中國之命運》引起一番風波

毛澤東緊接著又部署新的輿論反攻——批判蔣介石的《中國之命運》。

據陳伯達對筆者談及，那時他正擔任毛澤東政治秘書。毛澤東忽然找他和幾位「秀才」說:

「蔣介石給你們出題目了，叫你們做文章呢!」

於是，根據毛澤東的意見，陳伯達、范文瀾、艾思奇、齊燕銘也就分頭著手寫文章。

陳伯達花了三天三夜，寫出了《評蔣介石先生的〈中國之命運〉》，原擬作為《解放日報》社論發表。毛澤東審閱了全文，改標題為《評〈中國之命運〉》，這樣既簡練，又稍稍照顧了蔣介石的面子。另外，改署陳伯達個人名字。

據陳伯達回憶，文章開頭一段，是毛澤東親筆所加：

中國國民黨總裁蔣介石先生所著的《中國之命運》還未出版的時候，重慶官方刊物即傳出一個消息：該書是由陶希聖擔任校對的。許多人都覺得奇怪：先生既是國民黨的總裁，為什麼要讓自己的作品，交給一個曾經參加過南京漢奸群、素日鼓吹法西斯、反對同盟國、而直到今天在思想上仍和汪精衛千絲萬縷地糾合在一起的臭名遠著的陶希聖去校對呢？難道國民黨中真的如此無人嗎？《中國之命運》出版後，陶希聖又寫了一篇歌頌此書的文章，中央週刊把它登在第一篇，這又使得許多人奇怪：為什麼中央週刊這樣器重陶希聖的文章？難道蔣先生的作品非要借重陶希聖的文章去傳佈不成？總之，所有這些，都是很奇怪的事，因此，引起人們的驚奇，也就是人之常情了。④

毛澤東加了這一段話，一開始便點出陶希聖爲蔣介石捉刀之事，再點明陶希聖的身分，貶了《中國之命運》。這種「毛澤東筆法」，頗爲辛辣。這跟他抓住張滌非，來了個《質問國民黨》是一樣的。

陶希聖原名匯曾，筆名方峻峰，畢業於北京大學法律系，在北京大學等校擔任過教授。他曾跟隨汪精衛逃離重慶，並在「汪記」國民黨裏擔任中央宣傳部部長。後來，他與汪精衛產生矛盾，於一九四〇年一月，與高宗武一起逃到香港，揭露了汪日密約。一九四二年初，他回到重慶，出任國民黨中央宣傳副部長、蔣介石侍從室第五組組長、《中央日報》總主筆。

陳伯達的文章，於七月二十一日刊於延安《解放日報》。當天，中共中央宣傳部便發出「關於廣泛印發〈評《中國之命運》〉的通知」，全文如下：

各中央局、中央分局，並轉各區黨委：

陳伯達同志〈評《中國之命運》〉一文，本日在《解放日報》上發表，並廣播兩次。各地收到後，除在當地報紙上發表外，應即印成小冊子（校對勿錯），使黨政軍民幹部一切能讀者每人得一本（陝甘寧邊區印一萬七千本），並公開發賣。一切幹部均須細讀，加以討論。一切學校定為必修之教本。南方局應設法在重慶、桂林等地密印密發。華中局應在上海密印密發。其他各根據地應散發到淪陷區人民中去。一切地方應注意散發到國民黨軍隊中去。應趁此機會作一次對黨內黨外的廣大宣傳，切勿放過此種機會。

中央宣傳部

國民黨的中宣部把蔣介石的《中國之命運》列爲「必讀之課本」，中共的中宣部則把陳伯達的〈評《中國之命運》〉列爲「必修之教本」，兩個中宣部在那裏唱對台戲。

同日，毛澤東在致重慶董必武的電報中，指出：

「本日公佈陳伯達駁斥蔣著《中國之命運》一書，以便在中國人民面前從思想上、理論上揭露蔣之封建的買辦的中國法西斯體系，並鞏固我黨自己和影響美英各國，各小黨派，各地方乃至文化

界各方面。」

這麼一來，蔣介石的第三次反共高潮，很快被打下去。這一回，國共雙方不是在戰場上較量，卻是在打「宣傳戰」——蔣介石不能不輸毛澤東一籌！

值得順便提一筆的是，針對蔣介石《中國之命運》中的「主題曲」，即「沒有國民黨，就沒有中國」，延安《解放日報》在一九四三年八月二十五日來了針鋒相對的社論，題曰《沒有共產黨，就沒有中國》。

後來，有人由此編了一首歌《沒有共產黨，就沒有中國》。這首歌唱開來了，連毛澤東和江青所生的女兒李訥也學會了，在家中唱了起來。毛澤東一聽，以爲不妥，因爲中國早在有了共產黨之前早就有中國——顯然，「沒有共產黨，就沒有中國」存在語病。於是，毛澤東建議增加一個「新」字，即「沒有共產黨，就沒有新中國」。

一字之易，看得出毛澤東文筆之嚴謹。這首歌，迄今仍在中國大陸傳唱著，只是已很少有人知道這首歌最初是從蔣介石《中國之命運》的論戰引起、以及毛澤東過問這首歌……

雖說國共「宣傳戰」在報刊上「炮火連天」，毛澤東在七月十三日致彭德懷的電報中卻很冷靜地表示：「保持國共一年和平，我黨即可能取得極有利地位。」

在一九四四年二月四日毛澤東致董必武的電報中，則稱：

「觀察今年大勢，國共有協調之必要與可能……」

這樣，國共關係在緊張了一陣子之後，又開始不好不壞、不冷不熱了……

蔣介石出席開羅「三巨頭」會議

一九四三年十月二十八日，對於蔣介石來說，是異常興奮的一天。

這天，蔣介石收到了美國總統羅斯福的電報，「祈極守秘密」。是什麼事如此秘密？宋美齡把電報譯給蔣介石聽：

「莫斯科會議，至今進行甚速，極望其會議結果能有裨於各方，我正促成中、英、蘇、美同盟之團結。我尚不知史達林能否與我相晤，但在任何情況下，我極望與閣下及邱吉爾能及早會晤於某處，時間爲十一月二十日至二十五日之間。我想亞歷山大當爲一良好地點，……會議日期爲三日。」

這就是說，羅斯福要邀請蔣介石出席「四巨頭」會議。

羅斯福電報中所說的「莫斯科會議」，是指一九四三年十月十九日，美、英、蘇三國外長在莫斯科舉行的會議。中國外交部長沒有應邀出席。後來，根據羅斯福的提議，要發表《四強宣言》，邀請中國駐蘇大使傅秉常出席並簽字。

羅斯福除了組織發表《四強宣言》外，又提議召開四強首腦會議，亦即「四巨頭」會議。於是，羅斯福給蔣介石發來了那份電報。

說實在的，那時的中國領土大部份落入日本手中，稱中國爲「強國」，把蔣介石列爲「四巨頭」之一，有點名不符實。不過，也正因爲這樣，收到羅斯福的邀請電，蔣介石喜出望外。

羅斯福的電報中，特地提及了史達林，不知史達林是否願意出席「四巨頭」會議？

羅斯福的猜測不是多餘的。果真，史達林不願出席「四巨頭」會議。其中的原因，是史達林不願意跟蔣介石坐在一起開會。

是史達林看不起蔣介石，或是由於中共的關係，不願跟蔣介石坐在一起？

其實，其中的原因和一九四二年十二月蘇聯不願參加在重慶召開的聯合軍事會議一樣：蘇聯和日本在一九四一年四月簽訂了中立條約。史達林不願與日本惡化，以免腹背受敵，日本和德國東西夾攻蘇聯。這樣，史達林不願跟蔣介石坐在一起，以免過份刺激日本。

於是，羅斯福只得採取非常特殊又非常巧妙的辦法：他、邱吉爾先和蔣介石在開羅會談，然後，再由他、邱吉爾和史達林在德黑蘭會談。也就是說，把「四巨頭」會談拆成兩次不同的「三巨頭」會談，避免了史達林和蔣介石坐在一起。

一九四三年十一月十七日，那位令蔣介石頭痛不已的參謀長史迪威從重慶飛往開羅。翌日，蔣介石偕夫人宋美齡離開重慶飛往開羅。

開羅西南郊豪華的米那赫斯飯店，一下子成了貴賓雲集之處。飯店的總統房裏，分別住著羅斯福、邱吉爾和蔣介石。從窗口便可遠眺著名的胡夫金字塔。美、英、中三國高級官員們也住在這家飯店，以至於「浴室都緊張起來了」。四週，英國駐紮重兵保護。一門門高射炮，高翹著炮筒，日夜監視著天空。

這下子，蔣介石真的成了世界政壇巨頭，而宋美齡則以中國第一夫人的身分，以幹練的才華、以優雅的風姿、以嫻熟的英語，周旋於巨頭之間。蔣介石夫婦在開羅，正處於政治生涯的顛峰。一幀歷史性的照片，成了開羅會議的縮影：羅斯福穿著深色西裝，卻敞著襯衫領子，沒有繫領帶；邱吉爾一身白西裝，足蹬一雙白皮鞋，領帶繫得整整齊齊；蔣介石一身戎裝，戴白手套，拿著大蓋帽；宋美齡則一身黑旗袍，加一件白色短外套。

羅斯福、邱吉爾、蔣介石在開羅，簽訂了《中美英三國開羅宣言》。

羅斯福在和蔣介石的交談中，再三表示：美國不希望陷入中國內戰的陷阱，要求蔣介石能與延安「共產黨人組成一個聯合政府」，以求聯合起來共同抗日。

蔣介石和宋美齡於十一月二十七日離開開羅。翌日，羅斯福、邱吉爾便和史達林在德黑蘭會晤。史達林對開羅宣言表示同意。於是，十二月一日，開羅宣言正式發表。

蔣介石開羅歸來，春風滿面。確實，開羅之行，不僅提高了蔣介石的國際地位，也提高了中國的國際地位。中國由此爭得「四強」之一的地位，爲後來中國成爲聯合國常務理事國打下了基礎。

就這一點來說，蔣介石爲提高中國的國際地位做了好事。

開羅會議是在世界反法西斯戰爭勝利的前夕召開的。進入一九四四年，世界形勢大變：

美國部隊在日本控制下的塞班島、菲律賓等登陸，日軍在太平洋戰爭中連連敗北。日本東條英機內閣不得不因戰爭失利而下台，繼任的小磯內閣也處於四面楚歌之中。

英、美部隊於這年六月在法國北部諾曼底登陸，開闢了第二戰場。

八月二十五日，法國首都巴黎光復。

蘇軍則重創德軍，把他們趕出了國土，並長驅直入波蘭、羅馬尼亞、保加利亞、匈牙利、南斯拉夫。九月蘇軍攻入德國。

在中國，日軍卻爲了打通中國大陸交通線，在河南、湖南、廣西發動大規模的進攻，亦即豫湘

桂戰役……這只是日軍的垂死掙扎。中國抗日戰爭的勝利，已是指日可待。

不過，蔣介石跟史迪威的矛盾，卻日益白熱化。史迪威認爲蔣介石這「花生」以及那「一籃子花生」都不行，太無能。中國軍隊必須由他全權指揮。蔣介石豈能容忍這美國佬如此放肆？一個參謀長，怎麼可以不把統帥放在眼裏？史迪威甚至在回國述職時對羅斯福總統說：「不管這『花生』是否同意，假如不在中國的最高指揮權上做點文章，我們就白費勁了。」

羅斯福總統對史迪威持支持態度，這使蔣介石極爲不快。

其實，不光是史迪威如此，就連一九四四年六月來華訪問的美國副總統華萊士也向羅斯福報告：「蔣充其量只是一個短期可以依靠的人物。人們不相信他具有治理戰後中國的智慧或政治力量。」

羅斯福再度重申了他在開羅會議時對蔣介石說過的態度，希望國共合作。羅斯福託華萊士向蔣介石轉告：國共兩黨黨員終究都是中國人，是朋友。朋友之間總有可以商量的餘地。如果雙方不能夠一致，可以找一個朋友來調解。他可以「充當那個朋友」。

羅斯福的話，使蔣介石不悅。

羅斯福總統在一九四四年七月六日、九月十八日，兩度給蔣介石發電報，告知他要把史迪威晉陞爲上將，而且「使他在你的直接指揮下統率所有中國軍隊和美國軍隊」。

九月十九日，在接到羅斯福的第二次電報時，史迪威在給他夫人的信中得意洋洋地寫道：

「我用魚叉，對準小人物，猛地刺去，刺了個透心涼！」

蔣介石則在當天的日記中咬牙切齒地寫道：

「實爲余平生最大之恥辱也。」

就在蔣介石和史迪威吵得不可開交的時候，美國總統的特使帕特里克·赫爾利少將來到中國。赫爾利支持蔣介石，促使羅斯福轉變了態度。一九四四年十月五日，羅斯福總統終於下達了召回史迪威的命令。

這下子，史迪威氣壞了。他罵羅斯福是「橡皮腿」——立場不穩。可是，已無濟於事，「花生」畢竟戰勝了他。

這下子，蔣介石興高采烈。他稱這是羅斯福總統送給他的「雙十節」賀禮——自從一九一一年十月十日在武昌爆發辛亥革命，十月十日便定爲中華民國的國慶日。

蔣介石在一九四四年雙十節發表演說，強調了抗戰即將勝利，暗示要著手反共。

毛澤東當即予以反駁。翌日，新華社發表評論《評蔣介石在雙十節的演說》，乃是出自毛澤東的手筆。毛澤東強烈地抨擊了蔣介石：

「蔣介石的演說在積極方面空洞無物，他沒有替中國人民所熱望的改善抗日陣線找出任何答案。在消極方面，這篇演說卻充滿了危險性。蔣介石的態度越變越反常了，他堅決地反對人民改革政治的要求，強烈地仇視中國共產黨，暗示了他所準備的反共內戰的藉口。但是，蔣介石的這一切企圖是不能成功的。如果他不願意改變他自己的作法的話，他將搬起石頭打自己的腳。」

赫爾利邀毛澤東去重慶會晤蔣介石

高高的個子，文質彬彬，蓄著尖尖的灰白鬍子，臉上總是掛著微笑，赫爾利給人一種謙和的印象，不像史迪威那麼傲慢。

赫爾利雖是少將，最初卻是文官。他在華盛頓大學獲得法學博士學位，當過多年的律師。他的溫文的舉止，是律師職業所鑄成的。後來，他參加了第一次世界大戰，成了上尉，捲入軍界。二十年代末，他在胡佛總統時代擔任陸軍部長，並於一九三一年來華訪問。

一九四三年起，赫爾利擔任美國駐紐西蘭公使。

一九四四年八月，羅斯福總統派赫爾利作爲他的私人代表來華，最初的使命是「促使蔣介石同史迪威之間確立有效的和諧的關係，以便史迪威行使對於歸他調遣的中國軍隊的指揮權。」兩個月後，他接替高思出任美國駐華大使。

赫爾利對於蔣介石的態度，跟史迪威截然不同。他跟蔣介石第一次見面，就強調「擁護委員長是中國的領袖」，對蔣介石頗爲尊重，不像史迪威那樣嘟嘟囔囔譏稱蔣介石爲「花生」。

蔣介石正被史迪威弄得十分狼狽。他馬上意識到，這位赫爾利是用來打敗史迪威的王牌！於是，加緊了對赫爾利的拉攏。

蔣介石這一著果然靈驗。赫爾利給羅斯福發電報，強調蔣介石「是一個統帥幾百萬軍隊，抗日已經七年的國家元首」。他認爲，美國總統不應該支持史迪威，而應該支持蔣介石。失去蔣介石，就失去中國的抗日力量，這對於正在與日本作戰的美國來說，是至關重要的。

羅斯福聽進了赫爾利的意見，下令調回史迪威，使蔣介石長長地舒了一口氣。

羅斯福委派魏德曼中將繼任史迪威的職務。畢業於西點軍官學校的魏德曼是一位職業軍人，來華之前是東南亞戰區副參謀長。魏德曼從他的前任史迪威的覆轍中汲取了教訓，對蔣介石十分尊重。這當然使蔣介石更爲歡欣，也就更爲感謝赫爾利。

一九四四年十一月七日，正當延安慶賀蘇聯十月革命節的時候，一架美國專機降落在延安機場。赫爾利興沖沖走下飛機。「新官上任三把火」。赫爾利這一回要充當國共之間調停人的角色，以表明他要在中國幹出點成績。

周恩來和包瑞德在機場迎接這位穿著畢挺軍服、胸前掛滿勳章的美國總統私人代表。包瑞德乃美軍上校，在這年七月二十二日起，以美軍觀察組組長的身分來到延安，組員之中有美國駐華使館二等秘書謝偉思。

翌日，中共與美方的談判在延安展開。看在赫爾利是美國總統私人代表的面上，中共派出了最強大的談判陣營：毛澤東、朱德、周恩來。美方的代表是赫爾利和包瑞德。

赫爾利此時顯出律師本色。他說，他作爲美國總統羅斯福的代表，只求幫助中國內部的團結，對於國共兩黨不偏不倚。他希望能夠「統一中國的軍事力量」，以利抗日；也希望能給中共以合法的地位。他要作爲國共兩黨的中間調停人。

赫爾利帶來了他事先擬好的文件《爲著協定的基礎》，共五條。他唸了起來。

赫爾利唸罷，毛澤東並不對這五條發表意見，卻問：「這五條是你的意見，還是委員長的意見？」

赫爾利答：「是我的意見。」

毛澤東追問道：「委員長同意嗎？」

赫爾利答：「已經同意。」

毛澤東和蔣介石打過多年交道，深知這些條件如果事先沒有得到蔣介石的同意，那麼，討論這些條件等於白費時間。後來的事實表明，毛澤東這一判斷是完全正確的。

赫爾利那五條，應當說還是比較公允的。毛澤東對這五條作了一些修改，赫爾利也表示能夠接受。修改後的五條，正式定名為《中共與中國政府的基本協定》。

於是，在十一月十日中午十二時四十五分，在延安王家坪舉行了簽字儀式。作為律師，赫爾利精通這一套：文件一式兩份，每份留好三個簽名的地位，即毛澤東、蔣介石以及「見證人」赫爾利。毛澤東和赫爾利，一個用毛筆，一個用鋼筆，在文件上簽了名。剩下的一個空白處留待蔣介石簽名。

這份《中共與中國政府的基本協定》，其中的中國政府指的是國民政府。協定全文如下：

一，中國政府、中國國民黨與中國共產黨應共同工作，統一中國一切軍事力量，以便迅速擊敗日本與重建中國。

二，現在的國民政府應改組為包含所有抗日黨派和無黨無派政治人物的代表的聯合國民政府，並頒佈及實行用以改革軍事政治經濟文化的新民主政策，同時，軍事委員會應改組為由所有抗日軍隊代表所組成的聯合軍事委員會。

三，聯合國民政府應擁護孫中山先生在中國建立民有民治民享之政府的原則，聯合國民政府應實行用以促進進步與民主的政策，並確立正義、思想自由、出版自由、官論自由、集會結社自由、向政府請求平反冤抑的權利、人身自由與居住自由，聯合國民政府亦應實行用以有效實現下列兩項權利：即免除威脅的自由和免除貧困的自由之各項政策。

四，所有抗日軍隊應遵守與執行聯合國民政府及其聯合軍事委員會的命令，並應為這個政府及其軍事委員會所承認，由聯合國得來的物資應被公平分配。

五，中國聯合國民政府承認中國國民黨、中國共產黨及所有抗日黨派的合法地位。

中國國民政府主席　蔣中正

中華民國三十三年十一月十日

中國共產黨中央委員會主席毛澤東（簽字）

中華民國三十三年十一月十日

北美合眾國大總統代表　赫爾利（見證人）（簽字）

中華民國三十三年十一月十日

協定簽畢，赫爾利顯得異常興奮，彷彿大功告成——雖說蔣介石尚未簽字。

赫爾利在簽字儀式的前一天，曾對毛澤東發出邀請，企望毛澤東隨他一起飛往重慶，和蔣介石會談，並出席蔣介石的簽字儀式。赫爾利再三說：

「我以美國的國格來擔保毛主席及其隨員在會見後能安全地回到延安。」見到毛澤東沒有正面答覆，他又趕緊補充道：

「不管毛主席、朱總司令或周副主席，無論哪一位到重慶去，都將成爲我的上賓，由我們供給運輸，並住在我的房子裏。」

只要毛澤東點一下頭，他就能和蔣介石會晤。赫爾利的專機正停在延安機場上。

這一回，毛澤東卻搖頭了。這樣，十一月十日中午，當赫爾利的專機從延安起飛時，坐在機艙裏的不是毛澤東，而是周恩來。同機而行的還有包瑞德。

赫爾利的公文包裏，裝著毛澤東託他轉致羅斯福總統的一封信，全文如下：

羅斯福總統閣下：

我很榮幸的接待你的代表赫爾利將軍。在三天之內，我們融洽的商討一切有關團結全中國人民和一切軍事力量擊敗日本與重建中國的大計。為此，我提出了一個協定。

這一協定的精神和方向，是我們中國共產黨和中國人民八年來在抗日統一戰線中所追求的目的之所在。我們一向願意和蔣主席取得用以促進中國人民福利的協定。今一旦得赫爾利將軍之助，使我們有實現此目的之希望，我非常高興的感謝你的代表的卓越才能和對中國人民的同情。

我們黨的中央委員會已一致通過這一協定之全文，並準備全力支持這一協定而使其實現。我黨中央委員會授權我簽字於這一協定之上，並得到赫爾利將軍之見證。

我現託赫爾利將軍以我黨我軍及中國人民的名義將此協定轉達於你。總統閣下，我還要感謝你為著團結中國以擊敗日本並使統一的民主的中國成為可能的利益之巨大努力。

我們中國人民和美國人民一向是有歷史傳統的深厚友誼的。我深願經過你的努力與成功，得使中美兩大民族在擊敗日寇，重建世界的永久和平以及建立民主中國的事業上永遠攜手前進。

中國共產黨中央委員會主席
毛澤東
一九四四年十一月十日於延安

在離開延安之際，赫爾利給毛澤東寫了這麼一封感謝信：

中國延安
中國共產黨中央委員會主席
毛澤東先生
我的親愛的主席：

我感謝你的光輝的合作與領導。這種合作與領導表現在你率領你的政黨提出協定上，這一協定你已授權於我帶給蔣介石主席，我同樣感謝你要我轉交美國總統的卓絕的

信件。

閣下，請信賴我對於你用以解決一個最困難的問題的智慧和熱忱的品質，深感愉快。你的工作，是對於統一中國的福利及聯合國家的勝利的貢獻。

這一光輝的合作精神，不僅將繼續於戰爭的勝利中，而且將繼續於建立持久和平與重建民主中國的時期中，這是我們的懇切願望。

美國總統代表
美國陸軍少將
赫爾利

赫爾利和蔣介石的雙簧

到了重慶，果真不出毛澤東所料，蔣介石不願在那空白的地位上簽名。儘管赫爾利聲稱那五條曾事先徵得過蔣介石的同意，實際上蔣介石並不同意。蔣介石譏諷赫爾利是「大傻瓜」。

十天之後，蔣介石終於作出了反應。他提出了三條反建議，作爲新的國共談判方案：

一、國民政府先將中共軍隊加以改編，承認中共爲合法政黨。

二、中共應將一切軍隊移交國民政府軍委會統轄，國民政府指派中共將領以委員資格參加軍委會。

三、國民政府之目標為實現三民主義之國家。

蔣介石的三條，迴避了聯合政府問題，也就迴避了要害問題。這下子，把毛澤東和赫爾利已經簽好的文件變成一張廢紙。蔣介石很明確地表示：中共要求聯合政府，他不能接受，因為他不是波蘭流亡政府。

毛澤東得知蔣介石的三條之後，於十一月二十一日當天電覆周恩來，指出蔣介石的方案是「黨治不動，請幾個客，限制我軍。」

蔣介石通過他的代表王世杰，又一次提出，希望毛澤東到重慶來，跟蔣介石當面談判。周恩來當即作了說明：

「毛澤東同志很願出來。他曾向軍事委員會駐延安的聯絡參謀及赫爾利將軍說過他很願出來。但他出來必須能夠解決問題，而不是為了辯論。現在聯合政府問題不能解決，所以還不是他出來的時候。」

會談陷入了僵局。十二月七日，周恩來和董必武飛回延安，準備出席在翌日召開的中共六屆七中全會。包瑞德同機而行。飛機在飛過西安之後，好久不見延安的標誌——山頂上的寶塔。周恩來意識到駕駛員迷航了。他走過去對包瑞德說：「上校，我覺得有點不對頭了。下面的地形是我完全陌生的。再說這時我們也應該到延安了。我想我們現在是在向西飛行，而不是向北。」

包瑞德朝窗外一看，也發覺不對，有點慌了。這時，周恩來說：「讓駕駛員拐個一百八十度的大彎後向前飛，就可以飛到一條河的上空，那條河就是渭河。然後，再朝北飛行。」周恩來彷彿成了領航員。

駕駛員照著周恩來指點的方向飛行，果真走出了迷航。機翼下出現了寶塔。機艙裏人們都稱讚起周恩來，周恩來卻說：「我來來回回跟國民黨談判，總是飛這條路，成了『老經驗』啦。可惜，我飛了那麼多個來回，國共談判還在『迷航』之中。」

確實，國共談判反反覆覆、起起伏伏，依然在兜圈子。

在周恩來、董必武回延安之後，由王若飛在重慶跟國民黨談判。十二月十二日，毛澤東和周恩來從延安給王若飛打來聯名電報：

「犧牲聯合政府，犧牲民主原則，去幾個人到重慶做官，這種廉價出賣人民的勾當，我們決不能幹，這種原則立場我黨歷來如此。希望美國朋友不要硬拉我們如此做……」⑤

在一九四五年元旦到來之際，蔣介石發表了元旦廣播。他說：

「我覺得我們國民大會的召集，不必再待之戰爭結束以後，……我現在準備建議中央，一俟我們軍事形勢穩定，反攻基礎確立，最後勝利更有把握的時候，就要及時召開國民大會，頒佈憲法，……歸政於全國的國民。」

毛澤東在一月三日，便以「延安權威人士」的名義，寫出了《評蔣介石元旦廣播》。毛澤東以極爲尖刻的語言，對蔣介石的元旦廣播嗤之以鼻：

「蔣氏及其一群的所謂『國民大會』早已臭名遠播，不搬還可藏拙，搬出一次就會臭氣大發一次。孟子說道：『西子蒙不潔，則人皆掩鼻而過之。』西子是個美人，蒙了不潔，人皆掩鼻。一個獨夫渾身浸在糞缸裏，怎能叫中國人民不掩著鼻子開跑步呢！若欲人不掩鼻，除非洗掉大糞。」⑥

毛澤東又在那裏罵蔣介石「獨夫」了！凡是這類字眼出現在毛澤東筆下之時，便是國共關係寒暑表裏的水銀柱急劇瑟縮之際。

在周恩來回延安之後，赫爾利幾度邀請周恩來到重慶，繼續談判。一九四五年一月二十四日，周恩來又飛重慶。

在赫爾利的斡旋下，國共再開談判。

二月十三日，在赫爾利的陪同下，周恩來會晤蔣介石。蔣介石的一句話，深深激怒了周恩來，致使周恩來三天後就回延安去了。蔣介石說了這麼一句話：

「聯合政府是推翻政府，黨派會議是分贓會議。」

蔣介石說到這個地步，還有什麼可談的呢？

就在這個時候，美國朋友赫爾利的態度也變了。他原來聲稱充當國共之間調解人，保持不偏不倚的立場。如今，他倒向了蔣介石，實行「扶蔣反共」。

毛澤東敏銳地察覺赫爾利的變化——在毛澤東看來，以爲赫爾利原本戴的是「假面具」，現在露出真相。

一九四五年春，赫爾利和魏德曼回美國述職。赫爾利在美國各種公眾場合發表談話，扶蔣反共：

「只要向蔣介石的中央政府提供數量較小的援助，共產黨在中國的叛變就可以鎮壓下去。」

「美國只同蔣介石合作，不同中共合作。」

羅斯福總統表示接受赫爾利的對華政策。也就在這個時候，羅斯福總統於四月十二日因腦溢血溘然逝世，副總統杜魯門繼任美國總統。

毛澤東以新華社評論的名義，發表了《赫爾利和蔣介石的雙簧已經破產》和《評赫爾利政策的危險》，猛烈地抨擊了赫爾利：

「美國的赫爾利，中國的蔣介石，在以中國人民爲犧牲品的共同目標下，一唱一和，達到了熱鬧的頂點。」

「在同一個赫爾利的嘴裏，以蔣介石爲代表的國民黨政府變成了美人，而中共則變成了魔怪。」

對台戲：中共「七大」和國民黨「六全」大會

毛澤東和蔣介石都估計到抗戰勝利已是可望可及。作爲政治家，他們都在考慮下一步棋：抗戰勝利之後，該怎麼辦？

毛澤東和蔣介石不約而同走了同一步棋：召開黨的全國代表大會。屈指算來，中共該開第七次全國代表大會。用中共的習慣，稱「七大」；國民黨則該開第六次全國代表大會。以國民黨習慣，稱「六全」大會。

頗爲有趣的是，中共「七大」和國民黨「六全」大會，幾乎同步召開！

中共「七大」開幕比國民黨「六全」大會開幕要早，閉幕要晚：中共「七大」在一九四五年四月二十三日至六月十一日召開，開了近五十天；國民黨「六全」大會則自五月五日至二十一日，只

開了半個月。

中共「七大」在延安楊家嶺新落成的中央大禮堂召開，主席台正中掛的是毛澤東和朱德兩人並肩的側面像；國民黨「六全」大會在重慶浮圖關中央幹校召開，主席台正中掛的是孫中山正面像。

中共「七大」高懸的標語爲「在毛澤東的旗幟下勝利前進」，而國民黨「六全」大會的標語依然是「革命尚未成功，同志仍須努力」。

「起來，饑寒交迫的奴隸。起來，全世界受苦的人……」中共「七大」在《國際歌》中開始；「三民主義，吾黨所宗。以建民國，以建大同。……」國民黨「六全」大會則在《中國國民黨黨歌》聲中開始。

出席中共「七大」的正式代表爲五百四十七人，候補代表二百零八人；出席國民黨「六全」大會的正式代表五百七十九人，特准代表一百六十一人。

對於中共和國民黨來說，這次全國代表大會都是空前的。

中共「六大」是在一九二八年召開的，那時中共只有四萬多名黨員；時隔十七年才召開「七大」，中共黨員已猛增至一百二十一萬，已是一個大政黨了！

早在一九三八年九月的中共六屆六中全會上，便已作出了《關於召集七次全國代表大會的決議》。在一九四〇年十二月，中共中央曾打算在翌年一月召開「七大」。十二月六日中共中央致周恩來的電報中，便有一句：「『七大』開會在即，你及項英均須一月十五日前到延。」⑦只是由於皖南事變突然爆發，使中共「七大」不得不推遲。這一推，就推遲了五年……。

國民黨也走過了曲折的路：國民黨的「四全大會有三個之多——蔣介石在南京、胡漢民在廣

州、汪精衛在上海各自召開了各自的「四全」大會。好不容易在一九三五年十一月算是召開「五全」大會，開幕之日便爆出汪精衛在與中委們合影時被刺的新聞，而胡漢民則拒絕出席會議。

至於國民黨「六全」大會，居然也有兩個！那個汪精衛的國民黨，於一九三九年八月二十八日，在上海極司斐爾路（今萬航渡路）七十六號秘密召開了「六全」大會。蔣介石得知，斥之為「偽『六全』大會」！

耐人尋味的是，陶希聖既參加那個汪記國民黨「六全」大會，又出席了蔣介石的國民黨「六全」大會。

中共「七大」和國民黨「六全」大會的主題，都是為抗戰勝利之後怎麼辦，制訂黨的方針政策。毛澤東在中共「七大」作了題為《兩個中國之命運》的開幕詞和題為《論聯合政府》的政治報告。

毛澤東提出了中共的政治路線：

「放手發動群眾，壯大人民力量，團結全國一切可能團結的力量，在我們黨的領導之下，為著打敗日本侵略者，建設一個光明的新中國，建設一個獨立的、自由的、民主的、統一的、富強的新中國而奮鬥。」

毛澤東指出，中共的方針是：

「廢止國民黨的一黨專政，建立民主的聯合政府。」⑧

蔣介石在國民黨「六全」大會上作了《政治總報告》，制訂了國民黨的方針：

「今天的中心工作在於消滅共產黨！日本是我們國外的敵人，中共是我們國內的敵人！只有消

滅中共，才能達成我們的任務。」⑨

大會對外發表了《對中共問題之決議案》，稱中共「不奉中央之軍令政令」，「武裝割據，破壞抗戰，危害國家。」

對內秘密印發《本黨同志對中共問題之工作方針》，稱毛澤東提出的聯合政府為「企圖顛覆政府，危害國家」要求國民黨「整軍肅政，加強力量」。

潘公展做了《關於中共問題的特別報告》，則稱「與中共之鬥爭，已無法妥協。今日之急務，在於團結本黨，建立對中共鬥爭之體系。……當前對中共之爭論，應集中反駁聯合政府，反駁抗日戰爭中有兩條路線的論調，反駁中共具體綱領，與反對解放區人民代表大會。」

國民黨「六全」大會拒絕了毛澤東的關於聯合政府的主張，通過了《關於國民大會召集日期案》，確定「國民大會於一九四五年十一月十二日召開，並由大會通過憲法」。

毛澤東則反對召開國民大會，加以駁斥道：

「他們準備把一條繩索套在自己的脖子上，並且讓它永遠也解不開，這條繩索的名稱就叫做『國民大會』。他們的原意是把所謂『國民大會』當作法寶，祭起來，一則抵制聯合政府，二則維持獨裁統治，三是準備內戰理由。」

這麼一來，蔣介石反對毛澤東提出的聯合政府；毛澤東又反對蔣介石提出的國民大會。重慶和延安，兩個大會尖銳地對立著。

中共「七大」通過修改黨章，確定毛澤東思想為全黨指導方針。

國民黨「六全」大會則通過《中國國民黨總章》，改總裁代行總理職權為行使總理職權。蔣介

石可以按個人手令裁奪全國黨、政、軍、財一切事務。

中共「七大」和國民黨「六全」大會唱的是對台戲。毛澤東和蔣介石分別為中共、國民黨制訂抗戰勝利後的政策。眼看著八年抗戰即將畫上句號，一場新的鬥爭又將開始……

注釋

①《中共中央文件選集》第十三卷。
②《毛澤東選集》第二卷。
③《中共黨史教學參考資料》第十七冊。
④陳伯達等著〈評《中國之命運》〉，新華書店晉察冀分店一九四五年版。
⑤《中共中央文件選集》第十四卷。
⑥一九四五年一月四日延安《解放日報》。
⑦《中共黨史教學參考資料》第十六冊。
⑧《毛澤東選集》第三卷。
⑨國民黨中央黨部檔案，中國第二歷史檔案館藏。

第八章　重慶談判

毛澤東說「蔣介石在磨刀」

來得快，去得也快。一九四五年隨著夏日的到來，世界的歷史進程以高節奏向前推進：

四月二十八日，墨索里尼被處決；

四月三十日，蘇軍把紅旗插上柏林市中心的德國國會大廈。希特勒和他的情婦伊娃布朗自殺於德國總理府地下室；

五月八日深夜，在柏林郊區卡爾斯霍爾斯特，舉行了德國無條件投降儀式。德國全權代表凱特爾在無條件投降書上簽字，並於九日零點生效；

七月中旬，一千多架美國艦載飛機空襲東京；

八月六日上午八時十五分，美國兩架B-29型轟炸機在日本廣島上空擲下第一顆原子彈；

八月八日，蘇聯對日本宣戰；

八月九日，蘇聯紅軍一百五十七萬人、三千四百多架飛機、五千五百多輛坦克在遠東總司令華西列夫斯基的指揮下，向駐守中國東北的七十五萬日本關東軍發動總攻；

同日，美軍在日本長崎市投下第二顆原子彈。這兩顆原子彈使四十五萬日本平民傷亡；

八月十日下午七時五十分，日本外相東鄉茂德通過電台廣播，宣布日本政府無條件投降；八月十五日上午九時，日本天皇裕仁廣播《停戰詔書》，正式宣布無條件投降。

從此，中國八年抗戰，畫上了句號。爆竹聲震撼著華夏大地，中國人民淚眼含笑，歡呼這一歷史性的勝利。

蔣介石和毛澤東都對這一歷史性的勝利發表演說。毛澤東是八月十三日，在延安幹部會議上發表題爲《抗日戰爭勝利後的時局和我們的方針》的演說；蔣介石則是八月十五日在重慶中央廣播電台，發表題爲《抗戰勝利對全國軍民及全世界人士廣播演說》。往常，毛澤東的文稿出自他自己筆下，這是眾所週知的，而蔣介石的文稿出自陳布雷筆下，這也是人所共知的；這一回，蔣介石一反慣例，自己執筆寫了演說稿。

蔣介石的演說是公開發表的，是歡呼式的：

「我要告訴全世界的人們和我國的同胞，相信這個戰爭是世界上文明國家所參加的最後一次戰爭。我們所受到的凌辱和恥辱，非筆墨和語言所能罄述。但是，如果這個戰爭能夠成爲人類歷史上的最後戰爭，那麼對於凌辱和恥辱的代價的大小和收穫的遲早，是無須加以比較的……」

「我相信今後地無分東西，人不論膚色，所有的人們都一定像一家人一樣親密地攜手合作。這個戰爭的結束，必然會使人類發揚互諒互敬的精神，樹立相互依賴的關係……」

但是，歡呼聲中夾雜著爭吵聲。抗日的勝利，意味著中日對抗的結束，而國共矛盾由此加劇。

蔣介石在八月十一日下達三道命令：

一道命令給國民黨軍隊，要求「各戰區將士加緊作戰努力，一切依照既定軍事計劃與命令，積

極推進，勿稍鬆懈」；

一道命令給中共領導的第十八集團軍總部，要求「所有該集團軍所屬部隊，應就原地駐防待命」；

一道命令給所有僞軍，要他們「維持治安」，只接受國民黨部隊的收編。

蔣介石這三道命令，理所當然地引起毛澤東的憤慨。於是，出現了一個有趣的現象：署明「第十八集團軍總司令朱德」致蔣介石的電報，如今收入《毛澤東選集》——因爲那電報是毛澤東寫的！

以朱德名義於十三日致蔣介石的電報，那語調是毫不客氣的：

「我們認爲這個命令你是下錯了，並且錯得很厲害，使我們不得不向你表示，堅決地拒絕這個命令。因爲你給我們的這個命令，不但不公道，而且違背中華民族的民族利益，僅僅有利於日本侵略者和背叛祖國的漢奸們。」

同日，毛澤東又以新華社評論員名義發表評論《蔣介石在挑動內戰》，那語調更是如刀似劍，稱蔣介石爲「中國法西斯頭子獨夫民賊」。

同日，毛澤東發表了題爲《抗日戰爭勝利後的時局和我們的方針》的演說，闡述抗戰勝利後中共的方針。由於是在黨內會議上演講，毛澤東說得直截了當。

毛澤東這樣論及他的政治對手蔣介石：「中國大地主大資產階級的政治代表蔣介石，大家知道，是一個極端殘忍極端陰險的傢伙。他的政策是袖手旁觀，等待勝利，保存實力，準備內戰。果然勝利被等來了，這位『委員長』現在要『下山』了。八年來我們和蔣介石調了一個位置，以前我

們在山上，他在水邊，抗日時期，我們在敵後，他上了山。現在他要下山了，要下山來搶奪抗戰勝利的果實了。」

緊接著，毛澤東這樣剖析蔣介石的歷史：

「蔣介石是怎樣上台的？是靠北伐戰爭，靠第一次國共合作，靠那時候人民還沒有摸清他的底細，還擁護他。他上了台，非但不感謝人民，還把人民一個巴掌打了下去，把人民推入了十年內戰的血海。這段歷史同志們都是知道的。這一次抗日戰爭，中國人民又保衛了他。現在抗戰勝利了，日本要投降了，他絕不感謝人民，相反地，翻一翻一九二七年的老賬，還想照樣來幹。蔣介石說中國過去沒有過『內戰』，只有過『剿匪』；不管叫做什麼吧，總之是要發動反人民的內戰，要屠殺人民。」

毛澤東發出警告，「現在蔣介石已經在磨刀了」。他非常明確地說了中共對付蔣介石的方針：

「蔣介石對於人民是寸權必奪，寸利必得。我們呢？我們的方針是針鋒相對，寸土必爭。我們是按照蔣介石的辦法辦事。蔣介石總是要強迫人民接受戰爭，他左手拿著刀，右手也拿著刀。我們就按照他的辦法，也拿起刀來。」

蔣介石拿起了刀。毛澤東「按照蔣介石的辦法辦事」，也拿起了刀。抗戰的硝煙還未消散，內戰的烽火眼看著又要燃起。

中國，來到了十字路口：

未來的中國是蔣介石的中國，還是毛澤東的中國？

未來的中國是國民黨的中國，還是中共的中國？

未來的中國是資本主義的中國，還是社會主義的中國？兩種中國之命運，眼看著要在九百六十萬平方公里的國土上，展開一場你死我活的大搏鬥……

妙棋乎？刁棋乎？

八月十四日，是一個特殊的日子：前一天，毛澤東在延安發出「蔣介石在磨刀」的警告；後一天，日本天皇宣布無條件投降。

不早不晚，就在八月十四日，蔣介石從重慶給毛澤東發去一份十萬火急而又舉國矚目的電報，全文如下：

萬急，延安

毛澤東先生勳鑒：

倭寇投降，世界永久和平局面，可期實現，舉凡國際國內各種重要問題，亟待解決，特請先生克日惠臨陪都，共同商討，事關國家大計，幸勿吝駕，臨電不勝迫切懸盼之至。

蔣中正　未寒

那時，電報以地支代月、韵目代日，「未」即八月，「寒」即十四日。

在此之前，雖說蔣介石曾六邀毛澤東：

一九三七年八月邀毛澤東赴南京出席國防會議；

一九三八年七月邀毛澤東赴漢口出席國民參政會一屆一次會議；

一九三八年十二月邀毛澤東赴西安會面；

一九四二年八月再邀毛澤東赴西安會晤；

一九四四年十一月邀毛澤東赴重慶晤面；

一九四四年十二月再邀毛澤東赴重慶見面。

這六邀，分別是通過張沖、周恩來、赫爾利、王世杰等轉達的，而且都是秘密的。

這一回，與往日不同，是由蔣介石直接致電毛澤東，發出正式邀請，而且於八月十六日將電文公諸於《中央日報》。這表明此次邀請非同小可。蔣介石決心要把此事跟輿論聯繫在一起，從幕後推到前台。不論毛澤東來不來重慶，都要讓公眾知道，都要向公眾有個交代。因此，從一開始，蔣介石打的便是輿論戰、宣傳戰。

向毛澤東發邀請電的主意，是吳鼎昌在八月十三日向蔣介石出的。①

吳鼎昌比蔣介石年長三歲，原籍浙江吳興，一九一九年南北和談時任北方代表，後來任《大公報》社長、國民政府實業部長。此後，還曾任貴州省主席。一九四五年一月，調任國民政府文官長，成了蔣介石的近臣、謀士（一九四八年五月起任總統府秘書長）。

蔣介石採用了吳鼎昌的建議，並命他於十四日起草了以蔣介石致毛澤東的第一份電報。

不過，當蔣介石決定公開發表這一電報時，卻使《中央日報》吃了一驚！《中央日報》那時的社長爲胡建中，不大過問社務。主持業務的是總編輯陳訓畬，總主筆陶希聖。陳訓畬乃陳布雷之胞弟。陳訓畬及陶希聖平時住蔣介石侍從室二處，與陳布雷過從甚密，消息靈通。可是，《中央日報》社十五日深夜突然從中央社的電訊稿中，才得知蔣介石給毛澤東發出邀請電一事，極爲震驚。從陳訓畬口中透露，此電報不是陳布雷起草，所以他事先不得而知。人們這才慢慢知悉，那電報原來是吳鼎昌的手筆……

幕後策劃者乃赫爾利。這位「大律師」，一直想充當國共兩黨斡旋人的角色。十個月前，他在延安會晤毛澤東時，就代表蔣介石邀請過毛澤東去重慶。眼下，到了中國歷史的轉捩點，他更是重申自己的主張。

當然，蔣介石有他自己的主意，那就是他在《蘇俄在中國》一書中所寫的：

「自十九年剿匪開始……我對共產黨的方針始終是剿撫兼施的。」

對於蔣介石來說，那份電報是一步妙棋、好棋、穩棋：倘若毛澤東又藉口「齒病」、「感冒」或者別的「微恙」，不來重慶，那自然是使毛澤東在公眾面前輸了理；倘若毛澤東來了，可以借助於馬拉松式的談判，贏得時間。因爲蔣介石急於要接收大批僞軍，然後部署與中共決戰，正需要時間。

這份邀請電，對於毛澤東來說，無異於是一步刁棋！去吧，要冒著張學良、葉挺的風險，或者可能成爲人質。他剛剛在延安幹部會上說過蔣介石是「極端殘忍和極端陰險的傢伙」；不去吧，顯而易見，蔣介石在輿論上要佔上風。

面對蔣介石的這一步刁棋，毛澤東一時似乎難以作出明確的答覆。他於八月十六日，給蔣介石覆了一封極其簡短、未作正面回答的電報！

重慶

蔣委員長勳鑒：

未寒電悉。朱德總司令本日午有一電給你，陳述敝方意見，待你表示意見後，我將考慮和你會見的問題。

毛澤東　未銑

毛澤東提及的朱德同日中午的電報，其實也是毛澤東寫的！與毛澤東以自己的名義打給蔣介石的寥寥數語的電報相反，這一電報竟長達三千字！人們在研究蔣介石毛澤東之間電報交往時，往往忽視了這份長電，以爲是朱德的電報。其實，這份朱德電報也收入《毛澤東選集》，表明那確實無疑是毛澤東的手筆。

毛澤東巧妙地借用朱德的名義，對蔣介石的命令提出嚴重抗議，並提出六項要求。電報中，對蔣介石再也不用過去那種下級對上級的口氣，而是稱之「你和你的政府」。這表明，抗戰一結束，中共的軍隊再也不受制於蔣介石了。毛澤東寫道：

「一切同盟國的統帥中，只有你一個人下了絕對錯誤的命令。我認爲你的這個錯誤，是由於你的私心而產生的，帶著非常嚴重的性質，這就是說，你的命令有利於敵人。」

同日，還有一篇文章很值得注意。那也出於毛澤東手筆，卻以新華社評論的名義公開發表。這篇評論題爲《評蔣介石發言人談話》，乾乾脆脆稱蔣介石爲「人民公敵」：

「在中國，有這樣一個人，他將中國人民推入了十年內戰的血海，因而引來了日本帝國主義的侵略。然後，他失魂落魄地拔步便跑，率領一群人，從黑龍江一直退到貴州省。他袖手旁觀，坐待勝利。果然，勝利到來了。他叫人民軍隊『駐防待命』，他叫敵人漢奸『維持治安』，以便他搖搖擺擺地回南京。只要提到這些，中國人民就知道是蔣介石。蔣介石幹了這一切，他是不是人民公敵的問題，是否還有爭論呢？爭論是有的。人民說：是。人民公敵說：不是。只有這個爭論。」

毛澤東稱蔣介石爲「人民公敵」，是因爲蔣介石的發言人稱朱德（亦即毛澤東）爲「人民公敵」。蔣介石的發言人十五日在重慶記者招待會上，談及朱德違抗蔣委員長的命令時說：「違反者即爲人民之公敵。」一邊函電交馳，表示「共商大計」；一邊又互罵「人民公敵」，劍拔弩張。鑑於蔣介石公開發表給毛澤東的電報，毛澤東也把他十六日給蔣介石的覆電公開發表於二十一日重慶《新華日報》。

蔣介石於二十日第二次致電毛澤東：

「來電誦悉，期待正殷，而行旌運遲未發，不無歉然。」

蔣介石在電報中，對毛澤東以朱德名義發來的那份長電，作出答覆。蔣介石仍堅持要朱德「嚴守紀律，恪遵軍令」。接著，蔣介石這麼說：

> 抗戰八年，全國同胞日在水深火熱之中，一旦解放，必須有以安解之而鼓舞之，未

可磋跎延誤。大戰方告終結，內爭不容再有。深望足下體念國家之艱危，憫懷人民之疾苦，共同戮力，從事建設。如何以建國之功收抗戰之果，甚有賴於先生之惠然一行，共定大計，則受益拜惠，豈僅個人而已哉！特再馳電奉邀，務懇惠諾為感。

蔣介石依然打宣傳戰。這份電報於翌日，發表於《中央日報》，加上了這樣醒目的標題《蔣主席再電毛澤東，盼速來渝共商大計》。

毛澤東於八月二十二日，再覆蔣介石。這一電報手跡現保存在北京中央檔案館，一望而知乃周恩來所寫。電報全文如下：

重慶

蔣委員長勳鑒：

從中央社新聞電中，得讀先生覆電，茲為團結大計，特先派周恩來同志前來進謁，希予接洽，為懇。

毛澤東　未養

這就是說，毛澤東只答應「先派周恩來」去。周恩來和蔣介石翻來覆去，談過那麼多次。顯然，蔣介石絕不會滿足於毛澤東這樣的答覆。他以爲毛澤東老樣子，跟過去一回回婉拒一樣，這一回也不會來。於是，蔣介石下了一步咄咄逼人之棋，於二十三日第三次致電毛澤東，聲稱連「迎

迓」毛澤東的飛機都準備好了！

蔣介石的電報全文如下：

延安

毛澤東先生勳鑒：

未養電誦悉，承派周恩來先生來渝洽商，至為欣慰。惟目前各種重要問題，均待與先生面商，時機迫切，仍盼先生能與恩來先生急然偕臨，則重要問題，方得迅速解決，國家前途實利賴之。茲已準備飛機迎迓，特再馳電速駕！

蔣中正　梗

蔣介石此電，於二十五日刊在《中央日報》上，標題爲《蔣主席三電延安敦促毛澤東來渝》。中國的慣例講究「三」，諸如，三顧茅廬。看來，蔣介石已是三請毛澤東了。在蔣介石這步「逼」棋面前，毛澤東該怎麼回敬呢？

各方關注延安棗園的動向

一時間，毛澤東的動向，成了全國關注的焦點。

延安城西北，約莫十五華里處，有一大片果園，其中以棗樹居多，人稱「棗園」。這棗園原是地主申有安的產業，後來他把棗園連同園內的一大片窯洞都賣給了陝北軍閥高雙成。紅軍攻入延安，高雙成跑了，棗園歸公。後來，康生看中了那裏，把他手下的中央社會部搬進了棗園。從一九四三年初起，毛澤東住進棗園，中共中央機關也由楊家嶺遷此。

在棗園東北半山坡上，五排窯洞分別住著毛澤東、劉少奇、朱德、周恩來和任弼時，他們是中共七屆一中全會選出的中共中央書記處的五位書記，人稱「五大書記」。

在「五大書記」所住的山坡之下，棗樹叢中，有一座新蓋的磚木結構的平房，人稱「中央書記處小禮堂」，是五大書記開會的地方。自從蔣介石的一封封電報飛入棗園，小禮堂的燈光常常徹夜通明……

最爲關注著棗園動向的，當然要算蔣介石了。他給國民黨派駐延安的聯絡參謀周勵武、羅伯倫發去電報，要他們弄清毛澤東的意圖。於是，周、羅求見毛澤東。毛澤東自然一眼便看穿他們的來意，答曰：「目前不準備去重慶。」周、羅迅即把來自棗園的第一手消息，密報蔣介石。

重慶各界從報端得知蔣介石電邀毛澤東，毛澤東頓時成了「熱點人物」。各色人等，各種議論。他們也萬分關注著延安棗園的動靜。重慶各報發表各種文章，表明各種態度——其中有一點是共同的，即表達了對毛澤東的關心。

重慶《大公報》於二十二日發表社論《讀蔣主席再致延安電》，說道：

「抗戰勝利了，但在勝利的歡欣中，人人都在懸注延安的態度。……殷切盼望毛先生不吝此行，以國家之大計。」

重慶《新華日報》於二十二日發表社論《蔣介石先生哿電書後》，被國民黨當局扣發，只得於翌日單頁印行，隨報附送。哿即電報二十日代日韵目。社論指出：

「一句最平凡的真理：要團結先要民主。像目前這樣一隻手叉住了對方的咽喉，暗中拳打腳踢，而面孔上浮著奸笑來說『快來團結，快來團結』的做法，三歲的孩子也會知道不公平不合理和不可能團結得攏來的。」

二十四日，重慶《新華日報》刊載讀者莫一塵的來信：

「有些報紙的言論，非常強調毛先生出來，好像只要他一出來，就可以解決一切問題……可是，我要請問一下那些說空話的先生們：張學良和楊虎城將軍在哪裏？葉挺在哪裏？廖承志在哪裏？在共產黨和其他民主黨派連合法的地位都沒有，在特務橫行、老百姓連半點人身自由都沒有的情況下，叫毛先生怎樣出來呢？」

中國民主同盟此刻也發話了。這是由部份中間黨派和無黨派人士組成的政治團體。最初成立於一九三九年十一月，稱「統一建國同志會」。一九四一年三月，改組爲「中國民主政團聯盟」。一九四四年九月，再度改組爲「中國民主同盟」，簡稱「民盟」，以張瀾爲主席，左舜生爲秘書長，章伯鈞、羅隆基、沈鈞儒、黃炎培、梁漱溟等爲中央常委。中國民主同盟成了國民黨、中共之外的中國第三大黨。一九四五年三月七日，聯合國籌備成立，周恩來在致國民黨王世杰信中，建議中國代表團人選「必須包括中國國民黨、中國共產黨、中國民主同盟三方面的代表。」

中國民主同盟於一九四五年八月十六日，發表《在抗戰勝利聲中的緊急呼籲》：

「我們要求執政的中國國民黨，同時也要求有土地有人民也有武裝的中國共產黨，對我們的主

張給以充分的考慮……我們承認國民黨對抗戰是盡了力的，同時我們承認共產黨也盡了力……。」

他們提出了十條主張，並以八個字來概括，即「民主統一，和平建國」。

八月二十一日，國民黨《中央日報》編輯部在對形勢進行分析時，總主筆陶希聖說：「我們明知共產黨不會來渝談判，我們要假戲真做，製造空氣。」他又說：「即便共產黨來，利用談判拖一拖也好；共產黨拒絕談判，我們更有文章好做。」

耐人尋味的是，胡適自稱「閒人偶而好事」，致電毛澤東：

「中共領袖諸公今日宜審察世界形勢，愛惜中國前途，努力忘卻過去，瞻望將來，痛下決心，放棄武力，準備為中國建立一個不靠武裝的第二大政黨。公等若能有此決心，則國內十八年糾紛一朝解決。」

美國合眾社記者從重慶發出電訊，報導魏德曼的講話：

「美駐華陸軍總司令魏德曼中將昨日（十六日）下午在一記者招待會上答覆記者，如中共領袖朱德、毛澤東依照建議到達重慶，彼不敢擔保彼等之安全，因此舉純係中國問題，但彼謂如中國政府要求給延安領袖之交通工具，則彼可以辦得到云。」

美國《紐約時報》發表社論，指出：

「蔣主席邀請中國共產黨領袖赴渝共商國是，……自中國共產黨過去情形視之，此次或將拒絕蔣主席之邀請，彼等並不願參加合作。」

《紐約時報》的社論，正合蔣介石的心意。於是，中央社迅即轉譯，作為電訊發出，許多中國報紙加以刊載。這等於用美國人的話，將了毛澤東一軍！

莫斯科理所當然關注著延安的決策。雖說共產國際已經宣布解散，但史達林仍不時通過蘇軍駐延安情報組，給毛澤東發來電報。史達林先是給毛澤東來了一份電報說：「中國不能再打內戰，要再打內戰，就可能把民族引向滅亡的危險地步。」②這電文引起了毛澤東的極大不快。毛澤東說：「我就不信，人民爲了翻身搞鬥爭，民族就會滅亡？」

緊接著，史達林又給毛澤東來了電報，那口氣依然是上級發給下級的：

「中國應該走和平發展的道路，毛澤東應赴重慶同蔣介石談判，尋求維持國內和平的協議；如果打內戰，中華民族有毀滅的危險。」

至於延安各界，當然也非常關切著毛澤東是否去重慶。他們大都爲毛澤東的安全擔心。

毛澤東決策親赴重慶

雖說各方意見紛至沓來，中共畢竟已是獨立的大黨，獨立自主地作出決策。抗戰八年，中共來了個大發展：不僅黨員猛增到一百二十多萬，而且軍隊猛增到一百二十七萬，另有民兵二百六十八萬！

須知，在八年前，蔣介石和周恩來談判時，雙方所「討價還價」的中共軍隊數目不過在二、三萬之間！此時，中共所控制的解放區，已達一百零四萬平方公里，人口達一億二千五百五十萬……

在棗園的會議室裏，八月二十三日，中共中央政治局舉行擴大會議，討論著如何對待蔣介石的

邀請電。

毛澤東在會上說，現在的情況是，抗日戰爭的階段已結束，進入和平建設階段。我們過去的口號是抗戰、團結、進步，現在的新口號是和平、民主、團結。和平是能取得的。蘇英美需要和平，人民需要和平，我們需要和平，國民黨也不能下決心打內戰，因攤子未擺好、兵力分散、內部矛盾。

毛澤東還說，蔣介石想消滅共產黨的方針沒有改變，也不會改變。他所以可能採取暫時的和平，是由於上述諸條件。

會議決定周恩來先去重慶。至於毛澤東是否去重慶，暫不作決定。用周恩來的話來說，他先去重慶打「偵察戰」。國共雙方談得攏，毛澤東再去；談不攏，毛澤東就不必去。

不過，會議還是爲毛澤東去重慶作了必要的人事安排：如果毛澤東去重慶，由劉少奇代理中共中央主席。另外，決定增補陳雲、彭真爲中共中央書記處候補書記。

會議通過了《中共中央對目前時局宣言》。這一宣言提出了六條緊急措施。

這樣，毛澤東於翌日發出了致蔣介石的第三封電報，全文如下：

特急，重慶

蔣介石先生勳鑒：

梗電誦悉。甚感盛意。鄙人亟願與先生會見，共商和平建國之大計，俟飛機到，恩來同志立即赴渝進謁，弟亦準備隨即赴渝。晤教有期，特此奉覆。

毛澤東 敬

文末的「敬」，爲二十四日代日韵目。

毛澤東的三封電報，一封比一封向前邁進：

第一封，要蔣介石先對朱德電報表態；

第二封，只說派出周恩來；

第三封，才表示「亟願與先生會見」。

不過，第三封電報的意思，仍是「模糊」的。看上去，彷彿毛澤東馬上要去重慶，但細細捉摸，是分兩步走的意思：周恩來先去，毛澤東後到。毛澤東是否去，還是要看蔣介石跟周恩來談得怎麼樣而定。

正因爲這樣，重慶報紙發表毛澤東這一電文時，標題是這樣的：《毛澤東電覆蔣主席亟願會見共商和平建國大計周恩來先行彼亦準備隨之來渝》。

真正作出毛澤東赴重慶的決定，是在二十五日夜。那天，王若飛從重慶趕回延安。在棗園會議室裏，中共中央「五大書記」加上新增的陳雲、彭真兩位後補書記。

王若飛介紹了重慶的各界反應，書記們反覆斟酌著。毛澤東分析了形勢，認爲他去重慶的話，有四個有利條件，即：一，我們的力量；二，全國的人心；三，蔣自己的困難；四，外國的干預。毛澤東作出了結論，「這次去是可以解次一些問題的。」

這樣，中共中央於翌日，發出了由毛澤東起草的《關於同國民黨進行和平談判的通知》：

「現在蘇美英三國均不贊成中國內戰，我黨又提出和平、民主、團結三大口號。並派毛澤東、周恩來、王若飛三同志赴渝和蔣介石商量團結建國大計，中國反動派的內戰陰謀，可能被挫折下去。」③

一錘定音。毛澤東下定了赴重慶談判的決心。他充分意識到去重慶的風險，排除一切冗務，找劉少奇密談了一天一夜，吩咐一切。他作了最壞的打算。

據當時任中共中央書記處辦公室主任的師哲回憶，劉少奇後來曾透露了毛澤東談話的一些內容，其中有一句話，給人印象最深。毛澤東說：

「須知蔣委員長只認得拳頭，不認識禮讓。」

毛澤東的意思是，他到了重慶，如果蔣介石要動「拳頭」，發動對延安的進攻，只有以「拳頭」對「拳頭」，他在重慶反而好說話。倘若「禮讓」，他在重慶說起話來腰桿子就不硬了。毛澤東這話，和他過去所說的蔣介石「怕硬不怕軟」是一個意思。

也就在二十六日中共中央給中國戰區盟軍參謀長魏德曼發去一封電報，要求美軍派出專機前來延安，並請美國駐華大使赫爾利隨機一起前來。中共中央要美軍派出專機，而不是要蔣介石派出專機，顯然是考慮到毛澤東的安全。因爲飛機失事之類的事故，是很難加以調查的。用美軍的專機，又有美國駐華大使陪同，自然是要安全得多。

毛澤東向劉少奇面授機宜畢，二十七日下午，美國一架草綠色的三引擎飛機，便降落在延安機場。那是赫爾利的專機。從機艙裏走出來的，是身材高大、一身西服的赫爾利和一身戎裝、戴著眼鏡的國民黨代表張治中，他們專程前來迎接毛澤東……

毛澤東的八角帽換成了巴拿馬盔式帽

二十八日，重慶各報以醒目大標題，公佈了毛澤東即將來渝的消息：《赫爾利昨飛延安迎接毛澤東來渝蔣主席派張治中同行定今日中午返抵重慶》。

各報均載國民黨中央社根據美國新聞處消息，發表赫爾利二十七日飛往延安時，在重慶機場的聲明：

「余現赴延安，曾獲蔣主席同意與充分讚許，以及應中國共產黨主席毛澤東的邀請，余將陪同毛氏及其隨員來渝。並在渝與蔣主席以及國民政府作直接商談。余現赴延安，至感愉快，吾人曾不斷作一年以上之努力，以協助國民政府消除內爭之可能性。在此一爭論上衝突之因素至夥，但吾人始終能獲得雙方之尊重與信賴，此實為吾人感覺愉快之來源。」

這樣，當二十八日重慶各報送達千千萬萬讀者手中之後，毛澤東來渝成了山城街談巷議的中心。這時，在延安棗園，正準備出遠門的毛澤東不能不「打扮」起來……

向來隨隨便便，即使穿了打著大補丁的褲子，照樣坦然走上講台。這一回，毛澤東忽地煥然一新，先是穿上了一件嶄新的白綢襯衫，再穿上了一套嶄新的灰藍色中山裝——那是葉劍英有「預見」，在北平為他訂做了這麼一套「禮服」，此時派上用場了。照他的習慣，衣服總是做得那麼寬大，特別是褲腳管，肥大得足以伸進另一條腿。在延安窯洞裏穿慣布鞋的他，此時換上了一雙嶄新的黑皮鞋，只是他的黑皮鞋是老式方頭的，而蔣介石的黑皮鞋則是時髦的尖頭的。

自從一九二七年毛澤東發動秋收起義，上了井岡山，便過著游擊生活。即使在延安，也是過著

農村式的生活。這次去重慶，是他平生頭一回坐飛機，是他十八年來第一次進入大城市，第一次在西裝革履和高跟鞋的世界中露面。作爲和蔣介石平起平坐的中共領袖，他也就「包裝」了一番。

「我是不是太洋氣了一點？」當周恩來進來的時候，毛澤東問他道。

周恩來把腦袋稍微歪了一下，打量著毛澤東，說道：「主席，你的帽子好像小了一點。」

往常，毛澤東頭上戴著的是灰色的八角帽，帽子正中是一顆鮮紅的五角星。眼下，要去重慶，自然不能戴八角帽。他換上了一頂俄式呢禮帽，確實小了一點，那是江青昨天特地跑到蘇聯醫生阿洛夫那裏借來的。

於是周恩來趕緊拿來一頂巴拿馬盔式帽，給毛澤東試戴，倒是正合適。那頂帽子是周恩來的。

毛澤東不好意思了，說道：「我怎能奪人所愛？」

周恩來道：「重慶我比你熟，總可以再搞到一頂，這頂就送給你吧。」

於是，那頂盔式帽，也就成了毛澤東赴重慶的重要「道具」，曾出現在許許多多照片之中。④

二十八日上午九點多鐘，毛澤東、周恩來等一起坐著一輛南洋華僑捐贈的救護車，從棗園駛往機場。機場上聚集著許多送行的人，大都表情沉默，爲毛澤東此行擔憂。

上飛機前，一行人排成一列橫隊拍照留念：毛澤東的兩側，站著張治中和赫爾利，他倆都面帶微笑，顯然爲終於請來了毛澤東而興奮。毛澤東雙眉微蹙，表情嚴肅。然後依次爲周恩來、王若飛，毛澤東秘書胡喬木，毛澤東警衛陳龍。

最後一個進機艙的是赫爾利，他在艙口發出「哎，咦，呀」的怪叫聲。送行的人們不解，詢問在場送行的美軍聯絡組組長包瑞德。包瑞德作了絕妙的解釋：「赫爾利是牧羊娃出身，這可能是他早已養成的在歡快時的一種得意表現吧。」

飛機的螺旋槳捲起旋風，坐在機艙頭排的毛澤東，告訴周恩來：「讓飛機在延安上空轉一圈，我要向陝北人民道個別。」

遵照毛澤東的意思，專機在延安上空轉了一個圈，然後消失在西南方向的天際。

毛澤東的青年時代朋友、詩人蕭三，自機場送行歸來，當即寫了一首詩：

毛主席飛上了天空，
地面上千萬顆人的心，
都禁不住怦怦地跳動，
都跟著他到了雲中。

是的，不論毛主席是在雲端，
或者是落在什麼地面，
千萬顆心，萬萬顆心——
都時常縈繞在他身邊！

……

棗園、桂園、林園

由於報上說，毛澤東「定今日中午」抵渝，於是到了中午一時半，接機的人們已經趕到重慶九龍坡機場（這一機場今已改為重慶火車站）。

歡迎者大約幾百人。其中最熱心的要算民主黨派人士，諸如張瀾、沈鈞儒、左舜生、章伯鈞、陳銘樞、譚平山、黃炎培、冷御秋，還有剛從蘇聯回來的郭沫若夫婦。另一批熱心者是數十位中外記者，他們理所當然對這一重大新聞發生濃烈的興趣。

蔣介石對於毛澤東的到來，並沒有給予高規格的禮遇。沒有鮮花，沒有儀仗隊，沒有政府首腦。他派出了國民黨中央執行委員周至柔將軍作爲他的代表，前去歡迎。另外，考慮到毛澤東是國民參政會參政員，國民參政會秘書長邵力子、副秘書長雷震也去歡迎。

重慶的八月，太陽火辣辣的。空中卻靜悄悄。終於，一架銀色的飛機降落了，很多人跑了過去，才知那架飛機叫「美國姑娘」，並非自延安來。

直至下午三點三十七分，那架草綠色的專機來了，人們蜂湧而上。最先出現在機艙門口的是面帶微笑的周恩來，緊接著毛澤東、赫爾利、張治中一起出現了。毛澤東取下頭上那頂盔式帽揮舞著向人們致意。「喀嚓，喀嚓」，記者們揿下這歷史性的鏡頭。

毛澤東陷入忙碌的漩渦，跟這個那個打著招呼。

在機場，周恩來從公文包中拿出的一疊印刷品，頓時記者們一湧而上，一搶而光。那是毛澤東的書面談話。下機伊始，毛澤東作了如下表態：

本人此次來渝，係應國民政府主席蔣介石先生之邀請，商討團結建國大計。現在抗日戰爭已經勝利結束，中國即將進入和平建設時期，當前時機極為重要。目前最迫切者，為保證國內和平，實施民主政治，鞏固國內團結。國內政治上軍事上所存在的各項迫切問題，應在和平、民主、團結的基礎上加以合理解決，以期實現全國之統一，建設獨立、自由與富強的新中國。希望中國一切抗日政黨及愛國志士團結起來，為實現上述任務而共同奮鬥。本人對於蔣介石先生之邀請，表示謝意。⑤

美國駐華大使館派出了牌號爲二八一九的防彈車迎接毛澤東。蔣介石也特別撥出了牌號爲二八二三的轎車，作爲毛澤東專車，也在機場等候。

上車之際，毛澤東問往哪裏開，他住哪裏。周至柔說，已爲他準備了接待美國貴賓用的招待所。那裏設備好，環境幽雅。毛澤東笑笑道：「我不是美國人，我是中國人。」

這句話，使周至柔頗爲尷尬。

張治中趕緊說：「蔣主席還爲您準備了山洞林園住所。」

毛澤東聽罷，未置可否。

毛澤東、周恩來、赫爾利、張治中一起上了美國大使館的防彈車。那輛蔣介石派出的專車緊隨其後。毛澤東一行，直奔張治中公館——毛澤東才離棗園，便進桂園！

毛澤東步入張治中家的客廳，坐在皮沙發上。他已多年未坐過沙發了。當服務小姐給毛澤東端上細瓷蓋碗茶杯時，他一不小心，打碎了蓋子，白瓷片撒落在客廳的廣漆地板上——他已多年未用

過這類東西。大城市裏的一切，對於他來說，顯得那麼陌生。⑥他的一舉一動，都引起記者們的注意：他那被香煙燒得焦黃的手指，那簇新的白綢襯衫，那嶄新的鞋底，那一口湖南話……

毛澤東還沒有吃中飯呢！就在張治中急著安排毛澤東吃中飯——其實已是晚飯之際，他接到了蔣介石的電話，說晚上八時半要在山洞林園宴請毛澤東。

於是，毛澤東剛從延安的棗園到張治中的桂園，又要到蔣介石的林園了。

他在去林園之前，在周恩來陪同下，匆匆前往重慶的「紅區」——紅岩嘴十三號，會晤中共中央南方局、八路軍辦事處和《新華日報》編輯部的幹部們……

國共兩巨頭歷史性的握手

林園，座落在重慶西郊歌樂山區。這裏原來這一片荒野。自從重慶成了陪都，這座山城也就成了日軍空襲的目標。

一九三八年十一月十八日，蔣介石看中這片山林，一是這裏在成渝公路之側，二是離白市驛機場很近，交通極爲便利。於是，蔣介石下令在這裏建造一幢園林別墅，作爲自己的官邸。

翌夏，別墅落成，蔣介石邀林森來遊，林森流露喜愛之意。蔣介石成人之美，將這一別墅贈林森，自己另住重慶的黃山別墅。於是，此處遂稱「林森公館」，又稱「林園」。

一九四三年五月十二日清早，林森坐車進城，半途與一輛美國軍車相撞，導致腦溢血。兩個多

月後，林森病逝，蔣介石也就返回林園。

他在林園新建三幢三樓三底別墅，分別稱一號樓、二號樓、三號樓，林森別墅則編爲四號樓。蔣介石住一號樓，稱「中正樓」；宋美齡住二號樓，稱「美齡樓」。兩樓之間有過道相通。三號樓作會議、辦公之樓。

蔣介石爲了表示對毛澤東的禮遇，也爲了保證毛澤東的安全，把「美齡樓」讓給毛澤東住。外界紛紛爲毛澤東的安全擔心，其實，蔣介石也生怕出什麼意外，因爲毛澤東畢竟是他請來的，出了什麼事，他就說不清了。林園到底是戒備森嚴之處……

二十八日晚，毛澤東離開了紅岩，和周恩來、王若飛一起，在茫茫夜色之中，沿著崎嶇的山間公路，驅車朝山洞林園進發。

毛澤東車抵林園，蔣介石夫婦已在一號樓前恭候了。原本隔著「漢河楚界」廝殺的這兩位國共「棋手」，今日終於笑臉相迎，握手言歡。

一個操浙江官話，一個說湖南口音，一個一身戎裝，一個一身中山裝，終於開始面對面談話。蔣介石對毛澤東的稱呼是「潤之」，毛澤東對蔣介石的稱呼的「蔣先生」。

他倆在互道「你好」之後，不約而同地說起了共同的話題：

闊別整整十九年，哦，那時候我們在廣州……

歲月飛逝。這十九年，一言難盡……

蔣介石引導毛澤東步入客廳，一一介紹作陪的客人：赫爾利、魏德曼、張群、王世杰、邵力子、陳誠、張治中、吳國楨、周至柔、蔣經國。

其中，蔣經國見了周恩來，別有一番感慨。那是西安事變時，蔣介石見到周恩來，提及在蘇聯的兒子蔣經國，後來經周恩來向史達林交涉，這才促成蔣經國歸來，蔣介石父子團圓……

蔣介石盛宴招待毛澤東，為毛澤東洗塵。雖說蔣介石平時滴酒不沾，毛澤東的酒量也不大，此刻卻幾度舉杯，互祝身體健康。

席間，蔣介石和毛澤東先後致詞。

蔣介石站得畢挺，保持軍人的立正姿態。胸前的勳章及領口的特級上將領章，在燈光下閃閃發亮。他慶賀抗戰八年終於勝利，慶賀國共兩黨終於坐在一起。他代表國民黨中央和國民政府，對於毛澤東和中共代表團蒞渝，表示最熱烈的歡迎。他以為，毛澤東此行是崇高的行動，深表敬佩。

蔣介石的講話，不時為熱烈的掌聲所打斷。

毛澤東站起來致答詞。

他，一派詩人風度，講話不緊不慢。他代表中共代表團對國民黨中央及國民政府的盛情接待表示感謝，他預祝會談成功。

據云，後來有人稱那天蔣介石是「普魯士式」風度，毛澤東是「波西米亞式」風度。普魯士以窮兵黷武著稱，波西米亞則是捷克的舊名，以溫文爾雅著稱。不過，國共兩巨頭都顯得輕鬆，都向對方致敬。

蔣介石知道毛澤東嗜辣，特地吩咐在毛澤東面前放了一碟紅色尖椒。此後蔣介石每一回宴請毛澤東，都作如此吩咐。毛澤東呢？知道蔣介石不抽煙，忌煙味。煙癮甚重的他，席間不抽一根煙。此後毛澤東每一回與蔣介石會談，從不抽一根煙。

那天晚上的宴會，用《新華日報》翌日報導的話來說，「空氣甚爲愉快」。

那天夜裏，蔣介石在日記中寫道：

「正午會談對毛澤東應召來渝後之方針，決心誠摯待之。政治與軍事應整個解決，但對政治之要求予以極度之寬容，而對軍事則嚴格之統一不稍遷就。」⑦

蔣介石寫及的「正午會談」，是指那天中午他召集核心會議，商談國共會談的方針。

初次會談風波驟起

席終人散。

是夜，毛澤東宿於林園二號樓底層東屋，王若飛住底層西屋。周恩來則住在林園三號樓。國共領袖同宿一園，堪稱史無前例。

毛澤東的警衛們保持著高度警惕，貼身警衛龍飛虎、陳龍這二龍和衣躺在毛澤東臥室前的客廳沙發上，以應付突發事件。

林園之夜，那般安謐。毛澤東雖旅途勞頓，卻輾轉難眠。那是他在延安陰涼的窯洞住慣了，驟入這暑熱的山城，很不習慣；再說，他一向睡硬板床。即便在長征途中，住進什麼地主老財的公館，他也總是喜歡拆下門板睡。這一回，躺在林園那「軟床」席夢思上，他無法入眠。這樣，向來晏起的他，居然在二十九日清早五點多，就下床了。

毛澤東輕輕走出臥室，警衛員隨即從沙發上起來。毛澤東信步走出二號樓，沿著林間小道，慢慢踱著。警衛員在身後緊跟著。

猛然間，毛澤東見到一個人從對面踱來。四目相視，彼此都感到意外。

「蔣委員長！」毛澤東昨晚一直稱「蔣先生」，此刻脫口而出——因爲他在一些公開發表的文告中常常要稱之「蔣委員長」。

「潤之，睡得好麼？」蔣介石也爲在小道上猝遇毛澤東而驚訝。

如果說，保持文人夜間工作習慣的毛澤東是「貓頭鷹」型，而保持軍人早起習慣的蔣介石則是「百靈鳥」型。清晨在林間散步是蔣介石的生活習慣。想不到，這天清早「貓頭鷹」會跟「百靈鳥」相遇。

蔣介石和毛澤東在小道旁的一對鼓形石凳上坐了下來。中間，隔著一張蘑菇形的石桌。

他們的談話，就像剛才的散步一樣，漫無定規。蔣介石說起了林園，提起了林森。毛澤東也說起了林森。毛澤東記得，林森去世時，他曾去電致哀。蔣介石則記起，林森病危時，周恩來曾去醫院探望……他倆居然都談得很得體，彼此都尋找共同的話題，避免使昨夜開始的和諧氣氛遭到破壞。

聊了一陣子，要進早餐了，他倆才從石凳上站起，道別。

黃油、牛奶、麵包、炸牛排，林園的西式早餐，跟毛澤東的口味相距甚遠。毛澤東笑謂身旁的警衛：「蔣介石吃的是美國飯！我是中國人，以後請他們還是給我吃中國飯。」

從此，毛澤東在重慶不再吃西餐。

當天，舉國矚目的國共重慶談判在林園三號樓舉行。

上午，毛澤東，周恩來、王若飛和張治中作有關程序的初步會談。

下午，國共會談正式開始。蔣介石和毛澤東展開第一次會談。

雙方會談一開始，蔣介石和毛澤東互相宣布代表名單。蔣介石派出的代表是外交部長王世杰、四川省主席張群以及張治中、邵力子，毛澤東派出的代表是周恩來、王若飛。

談判一開始，蔣介石就說：

「政府方面之所以不先提出具體方案，是爲了表明政府對談判並無一定成見，願意聽取中共方面的一切意見。希望中共方面本著精誠坦白之精神，知無不言，言無不盡。」

蔣介石的這一段話，常常被作爲蔣介石對重慶談判「毫無準備」的證據。其實，蔣介石的意思是先聽取中共方面的意見，使自己在談判中處於主動地位。

毛澤東則說：

「中共希望通過這次談判，使內戰真正結束，永久的和平能夠實現……」

不料，毛澤東此言，蔣介石不以爲然。

蔣介石道：「中國沒有內戰。」

蔣介石此言，毛澤東又不以爲然。毛澤東予以反駁道：

「從九一八事變以後，就產生了和平團結的需要。我們要求了，但是沒有實現。到西安事變以後、『七七』抗戰以前才實現了。抗戰八年，大家一致打日本。但是內戰是沒有斷的，不斷的大大小小的磨擦。要說沒有內戰，是欺騙，是不符合實際的。」⑧

新來乍到的熱烈、和諧氣氛嘎然而止。雙方在談判桌旁，開始了唇槍舌戰。

國共談判歷來是艱難曲折。這一回也不例外。所不同的是，往日的國共談判，毛澤東坐鎮延安窯洞，靠著無線電波，由周恩來出面談判；這一回，毛澤東從幕後走到前台。也就由他直接出面交鋒了。

蔣介石是有準備的。張治中後來曾這樣說過：「蔣介石從來不做蝕本生意，從來不做沒有準備之事。重慶談判，他採用後發制人，所以常被誤以為他沒有準備。」蔣介石除了在二十八日日記中所訂下的方針之外，他在這天還向國民黨代表宣布了談判三原則：

一、不得於現在政府法統之外來談改組政府問題；

二、不得分期或局部解決，必須現時整個解決一切問題；

三、歸結於政令、軍令之統一，一切問題必須以此為中心。

這是蔣介石為重慶談判定下的調子。

毛澤東在林園又住了一夜，便決心離去。他對周恩來說，此處戒備森嚴，我簡直成了「籠中之鳥」！

周恩來亦有同感。於是，便向蔣介石提出，還是住紅岩為好。

這樣，毛澤東一行，在三十日就遷往紅岩。

一到紅岩，毛澤東如魚入水，像回到老家。雖說紅岩的那幢房子比林園差得多。那裏既稱重慶的「紅區」，又稱中共駐重慶「大使館」。

周恩來安排最為涼快的一間給毛澤東住——二樓右手第一間。據當時任中共中央南方局秘書處

處長兼機要科科長童小鵬告訴筆者，毛澤東一住進去，周恩來便關照所有的工作人員不要再穿皮鞋。那是因為樓房裏的樓梯、過道全是木板鋪成的。穿皮鞋走過便發出「登、登」響聲，影響毛澤東休息。童小鵬等在三樓工作的電台人員，乾脆赤腳……

不過，毛澤東在紅岩一住下，很快又發覺不合適：一是地點太偏僻，遠離市區，上山石級又多，來訪者諸多不便；二是國民黨特務早就盯住這片「紅區」，監視著進進出出的人物。

在市區上清寺曾家岩五十號，倒是有周恩來的住處，人稱「周公館」。不過，那裏太小，何況二樓又住著國民黨一位官員，顯然，不便於毛澤東居住。

就在周恩來為毛澤東的住處傷透腦筋的時候，張治中給他幫了大忙：張治中把自己那幢離「周公館」只有一箭之遙的桂園，讓給毛澤東居住。他率全家遷至復興關中訓團內一所狹小的舊平房裏。這樣，毛澤東就歇腳桂園。不過，毛澤東大都白天在桂園，便於會客，便於外出活動，夜間則回紅岩……

國共談判在山城艱難地進行著

多霧的山城，像一團謎。毛澤東和蔣介石之間的談判，也如同一團謎。

重慶談判牽動著億萬顆心。儘管是一團謎，人們的關注之情，卻是那般的強烈。

重慶《大公報》在二十九日發表了王芸生所寫的社論《毛澤東先生來了！》，有一段話很能代

表當時一些知識份子的善良心願：

「說來有趣，中國傳統的小說戲劇，內容演述無窮無盡的離合悲歡，最後結果一定是一幕大團圓。以悲劇始，以喜劇終，這可說是中國文學藝術的嗜好。有人以為藝術可以不拘一格，但中國人有他的傳統偏愛，我們寧願如此。現在毛澤東先生來到重慶，他與蔣主席有十九年的闊別，經長期內爭，八年抗戰，多少離合悲歡，今於國家大勝利之日，一旦重行握手，真是一幕空前的大團圓！認真地演這幕大團圓的喜劇吧，要知道這是中國人民所最嗜好的！」歷史學家侯外盧從國共兩黨的歷史來分析，以為這回國共談判的前景未必樂觀。他打了個比方：「老頭子和青年人難成婚姻！」

毛澤東笑答：「不行的話，可以刮鬍子嘛。」

不過，蔣介石不願「刮鬍子」。重慶談判的進展維艱。

既然蔣介石要中共方面先提方案，中共方面由周恩來、王若飛出面，國民黨方面由王世杰、張群、張治中、邵力子出面，經過幾天初步交談，中共方面於九月三日提出了方案，共十一條，要點如下：

一、確定和平建國方針，以和平、團結、民主為統一的基礎，實行民國十三年國民黨第一次代表大會宣布中的三民主義。

二、擁護蔣主席之領導地位。

三、承認各黨派合法平等地位並長期合作和平建國。

四、承認解放區政權及抗日部隊。

五、嚴懲漢奸，解散偽軍。

六、重劃受降地區，中共應參加受降工作。

七、停止一切武裝衝突，令各部隊暫留原地待命。

八、結束黨治過程中，迅速採取必要措施，實行政治民主化、軍隊國家化、黨派平等合作。

九、政治民主化之必要辦法。

十、軍隊國家化之必要辦法。

十一、黨派平等合作之必要辦法。

九月四日，中共方案提交給國民黨代表。蔣介石看了，在當天的日記中寫著讀後感：「腦筋深受刺激。」

蔣介石親自擬定了另一方案，即《對中共談判要點》。這《要點》一開頭便寫道：

「中共代表們昨日提出之方案，實無一駁之價值。倘該方案之第一、二條尚有誠意，則其以下各條在內容上與精神上與此完全相矛盾，即不應提出。」

在蔣介石看來，中共的方案中，只有「實行三民主義」和「擁護蔣主席之領導地位」這兩條「尚有誠意」，其他九條純屬「不應提出」之列。

於是，蔣介石在《要點》中提出了他的四條：

一、中共軍隊之編組，以十二個師爲最高限度。駐地問題，可由中共提出具體方案，經雙方商討決定。

二、承認解放區絕對行不通。只要中共對於軍令政令之統一能真誠做到，各縣行政人員經中央考核後，可酌予留任，省級行政人員亦可延請中共人員參加。

三、概將原國防最高委員會改組爲政治會議，向各黨派人士參加，中央政府之組織與人事，擬暫不動，中共方面如現在即欲參加，亦可予以考慮。

四、原當選之國民大會代表，仍然有效。中共如欲增加代表，可酌量增加名額。

雙方的方案相距甚遠，使談判變得艱難。

其中，最核心的一條，依然是軍隊。一如往日的國共談判，雙方仍在軍隊問題上討價還價。這一回，由毛澤東和蔣介石直接討價還價。

毛澤東「開價」：中共已有一百多萬軍隊，至少應編十六個軍四十八個師。

蔣介石「還價」：以十二個師爲最高限度。

毛澤東的「開價」，是蔣介石「還價」的整整四倍！這麼大的差距，使得雙方談來談去，難以取得一個雙方都能接受的「公平價」。那時，蔣介石的軍隊爲二百六十三個師。即使中共編四十八個師，國民黨部隊仍爲中共的六倍。

另一個問題，則是政權問題。毛澤東要求蔣介石承認中共所領導的解放區，而蔣介石則一口回絕，「絕對行不通」！

談判的地點，從林園改到桂園，又從桂園改到堯廬。堯廬亦即曾家岩德安里蔣介石的侍從室。

談判桌上，雙方僵持。談判桌外，蔣介石和毛澤東頻頻交往，倒是客客氣氣：

八月二十九日晚——蔣介石前往林園二號樓，探望毛澤東。

九月二日晚八時半——蔣介石在林園宴請毛澤東，並介紹毛澤東和國民黨官員、參政員見面，其中有孫科、熊式輝、陳立夫、王雲五、白崇禧、翁文灝等，還有那位提出電邀毛澤東來渝的吳鼎

昌。熊式輝、白崇禧則是曾與毛澤東在戰場上多次較量的對手。宴罷，毛澤東和蔣介石在林園進行第二次直接會談。

九月四日下午五時——毛澤東應蔣介石之邀，出席軍事委員會舉行的慶祝勝利茶會。會畢，毛澤東和蔣介石在軍事委員會進行第三次直接會談。

九月五日晚六時半——毛澤東應蔣介石之邀，在國民黨中央幹部學校禮堂，出席招待蘇聯大使彼得洛夫的茶會，並同觀京劇《穆桂英掛帥》。京劇由重慶厲家班演出。卜道明任總招待，蔣經國爲副總招待。毛澤東對京劇饒有興趣。茶話會開始時，蔣介石致歡迎詞，毛澤東致答詞。

九月十二日中午——蔣介石邀毛澤東午餐。午餐後，蔣介石和毛澤東進行第四次直接會談。

九月十七日中午——毛澤東赴林園與蔣介石作第五次直接會談，赫爾利在場。

……

除了蔣介石和毛澤東這國共兩巨頭作了五次直接會談之外，周恩來、王若飛和張群、王世杰、張治中、邵力子等，又進行了許多次會談。

各方關注桂園「何先生」的行蹤

國共雙方的每一次會談，國共雙方均有記錄在案。這記錄分兩種，一種是當場的速記，字跡顯得潦草；另一種記錄，是用小楷字恭恭正正寫在豎行紅格花箋紙上，顯而易見是經過整理謄抄、供

各方內部傳閱及存檔用的。中共方面是由當時任毛澤東秘書的王炳南整理的；國民黨方面，則是由蔣介石秘書陳布雷整理的。如今，在北京中央檔案館存有中共方面的記錄，在南京第二歷史檔案館陳布雷卷宗內存有國民黨方面的記錄，在台灣則保存著國民黨方面的另一份記錄。

此外，還有一種奇特的記錄，專記「何先生」每日的行蹤。這種記錄曰《情報日報》，每日呈送蔣介石。

以下是《情報日報》的作者事後回憶的大致內容：

一、何先生今天X點XX分到十八號。

二、上午X點有某人（男、女或外國人，包括相貌、身材、服裝、年齡），乘小轎車（汽車號碼）到十八號會何先生，於X點XX分離去。何先生把客人送出十八號上汽車，目送汽車走後，以慢步返回。這時街上不少人停步觀看何先生。我們向老吳提出：何先生把客送出門外，我們對何先生的安全很耽心。老吳點頭表示會意，沒有答覆。

三、中午，何先生赴XXX宴會（寫明請客人的姓名住址）。

四、下午二時半，何先生接見一名新聞記者，接著又接見兩名外國記者。三時半，何先生走到花園迎接一位坐小轎車的客人，好像是事先電話約定的。

五、下午五時，何先生赴某街某號訪XXX、XXX。接著又赴某街某號訪友，不知姓名。回到十八號後，不久即離去，老吳沒有通知，我們沒有隨車護送。

其中的「十八號」，即重慶中山四路十八號，亦即桂園。不言而喻，「何先生」乃毛澤東；「老吳」則是毛澤東警衛副官朱學友的代號。

透露這一內情的，是當年桂園的特別警衛班班長李介新。

李介新，憲兵特務。當毛澤東移居桂園時，憲兵司令部特高組少校組長楊香命李介新率一個班的憲兵特務，進駐桂園，據云是奉總裁之命。當然，蔣介石此舉，也是爲了確保毛澤東的安全。不管怎麼說，毛澤東畢竟是蔣介石請來的貴客。也不管怎麼說，毛澤東在重慶有個三長兩短，那賬總是要算在蔣介石頭上的。

國民黨憲兵司令張鎮，也對李介新的上司、憲兵第三團團長張醴泉作了如下吩咐：

「共產黨的主席毛澤東要來重慶，他在渝期間的安全責任由駐防重慶市區的憲兵第三團負責，要照校長出來時的特別警衛那樣採取保衛措施，以策安全。任務重大，你須特別注意，並準備少校官兵以備臨時靈活使用。如果需要你親自率領必要的官兵護衛毛先生時，由校長侍從室或憲兵司令部隨時電話通知。」

不過，蔣介石也很往意毛澤東的行蹤，所以要李介新逐日塡寫關於「何先生」的《情報日報》。

起初，李介新爲了弄清來訪者的姓名，在傳達室設立了會客登記簿。「老吳」發覺後，隨即關照他取消會客登記簿。所以，李介新也就在《情報日報》中寫某男某女了。

李介新的《情報日報》倒是一份可貴的實錄，記載了當時毛澤東頻繁的社會交往。

毛澤東在山城，確實活動頻繁，廣泛接觸各界名流。從孫中山夫人宋慶齡到中國民主同盟張瀾、章伯鈞、羅隆基、沈鈞儒、黃炎培、張申府，中國青年黨左舜生，國民黨人孫科、陳立夫、戴季陶、白崇禧，還有郭沫若、柳亞子等等，或宴請，或赴宴，或來訪，或回訪……

很多人爲毛澤東的安全擔心。其中掛牽的是張治中。張治中和蔣介石有著深誼。早在蔣介石當黃埔軍校校長之時，張治中便被蔣介石委任爲軍官團團長。北伐時，張治中擔任蔣介石的行營主任。抗戰時，任第九集團軍總司令、湖南省省長。自一九三九年起，任蔣介石侍從室第一處主任，成爲蔣介石身邊要人。他在一九四二年、一九四四年兩度作爲國民黨代表，參與國共談判。

雖說張治中是蔣介石非常信任的人，但他在國共談判中跟周恩來建立起友誼，對毛澤東頗爲尊重。正因爲這樣，他會讓出桂園給毛澤東居住。他又另派了自己的親信、憲兵第一團團長蔡隆仁，保衛毛澤東。

於是，蔡隆仁常駐桂園。有一回，蔡隆仁在查哨時，路過曾家岩錢劍夫家。錢劍夫是他的同鄉、同學，那時任職於國民政府行政院。蔡隆仁說起，毛澤東習慣於夜深工作，而且清早來桂園，喜歡外出散步，保衛工作不易做。

錢劍夫聞言，當即寫了四句話：

「晨風加厲，白露爲霜；伏莽堪虞，爲國珍重。」

錢劍夫囑，將此條子送交毛澤東。蔡隆仁不解其意。尤其是「伏莽」，應是「伏蟒」。錢劍夫卻說，毛澤東自會明白含意。蔡隆仁只得從命。

奇怪，自從毛澤東看了此條，果然不再在清早出桂園散步！

直到前些年，錢劍夫才說出其中奧秘。原來，《易經．同人》篇中有一句「伏戎於莽」。戎，即兵戎。莽，叢木。意思是小心有人暗伏草莽，施以兵戎。「堪虞」亦即警惕。至於前兩句則是陪襯。末句表達寫條子者的期望。深諳古文的毛澤東，當然明白那條子的善意的提醒……

不過，蔣介石畢竟做過軟禁張學良之類不光彩的事。免不了，重慶傳出消息，說是蔣介石欲軟禁毛澤東，那消息有鼻子有眼。據云從蔣介石身邊某某人那裏傳出，絕對可靠。自然，這消息不脛而走，傳入馮玉祥、于右任的耳朵。他倆來了「反話正說」，給蔣介石打電話，說要請報界闢謠：蔣主席請毛澤東來重慶，爲的是共商國是，天下皆知，如今居然有好事者造謠中傷，稱蔣主席欲軟禁毛澤東，純係捕風捉影，子虛烏有……

蔣介石一聽，急了，連忙答道：「不必登報，不必登報。明人不做暗事，謠言不攻自破。中正爲國爲民之心，神人共知，請不必介意道聽途說！」

毛澤東呢？倒是坦然。他早在赴渝之前，便作了被囚以至被害的思想準備，並對劉少奇作了吩咐。不過，他卻也料到這回蔣介石未必敢於對他下毒手。他外出，照樣坐蔣介石撥給他的專車，由蔣介石所派的司機給他開車……

「毛詩」引起的「《沁園春》熱」

「神烈峰頭墓草青，
湖南赤幟正縱橫，
人間毀譽原休說，
並世支那兩列寧。」

這首寫於一九二九年的詩，作者爲柳亞子。詩中的「神烈峰」，即南京紫金山，孫中山陵墓所在地。「支那」即中國。至於「兩列寧」，據作者自云，是指孫中山和毛澤東。當時，作者正在上海，知道毛澤東在湖南舉起「赤幟」，卻又忽聞毛澤東遭到不幸，寫下這首七絕，表示悼念。

柳亞子，江蘇吳江人氏，本名柳慰高，字亞子。他出自書香門第，十歲便能寫詩，十四歲起在上海報紙上發表詩作。一九一二年一月，他曾應邀到南京任臨時大總統府秘書。不過，他才做了三天，就不幹了，書生意氣的他，實在不習慣於官場。他依然忙於編報紙，寫詩，做一個自由自在的文化人。

一九二六年五月，柳亞子赴廣州出席國民黨二屆二中全會，初識毛澤東。他倆曾一起品茶論詩，很談得來。這樣，三年後，他聽道路傳聞，說毛澤東遇難，所以寫下那首悼念之詩。

後來，他從報上剿共消息中所稱「朱毛匪徒」，得知毛澤東依然在世，又於一九三二年寫下懷念「毛郎」一詩：

「平原門下亦尋常，
脫穎如何競處囊。
十萬大軍憑掌握，
登壇旗鼓看毛郎。」

這「毛郎」，指的便是毛澤東。

一九四四年，柳亞子遷居重慶。毛澤東前來重慶，自然使柳亞子歡欣鼓舞。九月二日清早，柳亞子應毛澤東之約，前往紅岩見面。如同柳亞子後來所憶，「握手惘然，不勝陵谷愴桑之感。」頗爲感慨的柳亞子，寫下了《贈毛潤之老友》一詩：

「闊別羊城十九秋，
重逢握手喜渝州。
彌天大勇誠堪格，
遍地勞民亂倘休。
霖雨蒼生新建國，
雲雷青史歸同舟。
中山卡爾雙源合，
一笑崑崙頂上頭。」

其中的「中山」，當指孫中山；「卡爾」，即「卡爾·馬克思」。

這首詩，隨即被重慶《新華日報》發表。

柳亞子那時正在完成亡友林庚白的遺願，編一本《民國詩選》，希望收入毛澤東的一首詩。那時，毛澤東已寫了幾十首詩，但在國統區公開流傳的只有一首，即斯諾所著《西行漫記》一書中，

引用的《七律·長征》。由於在傳抄中，有幾處明顯的錯字，柳亞子抄了一份，請毛澤東親自改正，以收入《民國詩選》。

十月七日，毛澤東卻抄了一首《沁園春·雪》給柳亞子。他在給柳亞子的信中寫道：「初到陝北看見大雪時，塡過一首詞，似於先生詩格略近，錄呈審正。」

也許是考慮到正在重慶談判，而《七律·長征》有著明顯的反蔣意味——正是蔣介石第五次圍剿迫使紅軍不得不進行長征。於是，毛澤東改寄《沁園春·雪》給柳亞子：

北國風光，千里冰封，萬里雪飄。望長城內外，惟餘莽莽；大河上下，頓失滔滔。山舞舉蛇，原馳蠟象，欲與天公試比高。須晴日，著紅裝素裹，分外妖嬈。江山如此多嬌，引無數英雄競折腰。惜秦皇漢武，略輸文采；唐宗宋祖，稍遜風騷。一代天驕，成吉思汗，只識彎弓射大鵰。俱往矣，數風流人物，還看今朝。

毛澤東的這首詞，據考證，是一九三六年二月七日，在東征途中，寫於陝北清澗縣袁家溝白治民家的窯洞裏。⑨

柳亞子深爲毛澤東這首詞的磅礴氣勢所感染，依毛澤東原韻，和了一首《沁園春》。

十月二十五日，柳亞子和畫家尹瘦石在重慶黃家埡口中蘇文化協會大廳，舉辦《柳詩尹畫聯展》，展出柳亞子的《沁園春》。柳亞子的《沁園春》既是和毛澤東的《沁園春》，順理成章，也就公開展出了毛澤東的原作。這下子，毛澤東的《沁園春·雪》引起參觀者莫大興趣，傳抄者甚眾。

十一月十一日，重慶《新華日報》發表了柳亞子的《沁園春》，但沒有發表毛澤東的原作。三天後，重慶《新民報晚刊》的副刊《西方夜譚》，首次揭載了毛澤東的《沁園春·雪》，引起了轟動。許多國統區讀者，原先只知「毛匪」，這才頭一回得悉，原來毛澤東寫得一手好詩！這「土匪」，原本是「白面書生」呢！

發表毛澤東的《沁園春·雪》，乃是《西方夜譚》編者吳祖光的主意。那時，他從王崑崙那裏抄得毛澤東的詞，便決定發表，用了《毛詞·沁園春》爲標題，只說是「毛潤之」之作。

中國古有《毛詩》，相傳乃西漢毛亨、毛萇所傳。眼下，毛澤東的「毛詩」，一時間在山城廣爲流傳。

蔣介石見毛澤東此詞，問陳布雷：「照你看，真的是毛澤東寫的？」

陳布雷沉默不語。蔣介石明白，陳布雷這一表情，表明他確認那《沁園春·雪》是毛澤東手筆——陳布雷可以說是國民黨方面讀毛澤東文章最多、最細心的一個，深知毛澤東的文學功底。

「毛詩」，只不過一首《沁園春》而已，便產生了廣泛的影響。論武，蔣介石可以跟毛澤東較量一番；論文，蔣介石不能不略輸一籌。

毛澤東的《沁園春·雪》的廣泛影響，使蔣介石惱怒不已。他發動了對「毛詩」的圍剿。

一時間，和詩之風大盛。《中央日報》、《和平日報》（即原《掃蕩報》）等，接連刊登詞，詞牌皆用《沁園春》，總是標明「步和潤之兄」、「次毛韻」，或者乾脆標上「和毛澤東韻」。

現抄號稱「三湘詞人」易君左的《再譜〈沁園春〉》：

異說紛紜，民命仍懸，國本仍飄。痛青春不再，人生落落；黃流已決，天浪滔滔。邀得鄰翁，重聯杯酒，鬥角鉤心意氣高。剛停戰，任開誠佈信，難制妖嬈。朱門繡戶藏嬌，令瘦影婆娑弄舞腰。欲乍長羽毛，便思撲蹴；欠貪廪粟，猶肆牢騷。放下屠刀，歸還完璧，朽木何曾不可雕。吾老矣，祝諸君「前進」，一品當朝。

除了刊登易君左這樣「反其意而和之」的許多《沁園春》之外，還組織了一批批判「毛詩」的文章火力集中於毛澤東《沁園春・雪》中的「帝王思想」。

直至一九八四年，從台灣出版的新書中，又透露了鮮爲人知的當年秘聞：國民黨曾暗中通知各地、各級組織，要求會寫詩填詞的國民黨黨員，每人「次毛韻」填一首或幾首《沁園春》，以便從中選拔優秀之作，署以國民黨高級領導人的名字發表，以求把毛澤東的《沁園春・雪》比下去！

國民黨出此下策，實在是迫於無奈。蔣介石手下武夫多，卻選不出能與毛澤東匹敵的詩才。將近四十年後，台南神學院孟絕子從一位當年參與跟毛澤東「賽詩」的國民黨要員那裏得知內情，便寫入他的《狗頭・狗頭・狗頭稅》一書。此書列入李敖主編的《萬歲評論》叢書，於一九八四年出版。

走筆至此，順便提一句，蔣介石其實也能寫詩，雖說「蔣詩」極爲罕見。一九七九年，宋美齡在和美國《天下事》旬刊「人物誌」專欄作者哈妮談話時，說及蔣介石曾經寫過許多詩。宋美齡透露，在一九五〇年到一九五七年，蔣介石曾寫了舊體詩詞四十三首、新詩一首、自嘲打油詩兩首。

當蔣介石在一九七五年病逝之後，宋美齡曾想出版這些《蔣詩》，但蔣經國閱後，以為：「父親的詩作，雖然製作精巧，但大都品位不高，使人閱後很容易聯想起南唐亡國之君李後主……」宋美齡以為言之有理，遂把這些「蔣詩」付之一炬。至於這些「蔣詩」是否尚有抄本在世，就不得而知，因此眼下也就難以將「蔣詩」跟「毛詩」加以比較了。

毛澤東臨別前山城突然響起槍聲

重慶談判進行了一個多月，經歷了一番左支右絀，總算接近尾聲。一九四五年十月五日，周恩來、王若飛和張群、張治中、邵力子在曾家岩蔣介石侍從室堯廬會談時，周恩來代表中共方面宣布：中共中央主席毛澤東定於周內返回延安。

關於毛澤東回延安之事，周恩來事先跟張治中商量過。外界傳言，國民黨特務盯蹤毛澤東，倘若毛澤東久留重慶，可能會發生意外事件。為此，周恩來以為，毛澤東以早點離開重慶為好，以防夜長夢多……

周恩來最初想安排毛澤東在十月一日離開重慶。九月二十九日，周恩來去看望張治中，透露了毛澤東欲回延安之意。張治中當即問毛澤東打算何時回去，周恩來答十月一日。張治中思忖了一下說，讓毛澤東主席一個人回去不好，我們不放心，既然是我去延安迎來毛澤東，當然應該由我護送他回去。

周恩來聞言大喜，張治中正是說出他想要張治中說的話。有張治中親自陪同，毛澤東的安全也就有了保證。張治中說，他要向蔣介石請示。毛澤東離渝日期，最好稍晚一些，以便安排……

就在毛澤東將走而未走之際，風波驟起：一輛十八集團軍的汽車，在紅岩附近，遭國民黨士兵射擊，車上所坐李少石身受重傷，送到醫院不久因流血過多而死去。李少石乃中共黨員，十八集團軍駐渝辦事處秘書，《新華日報》記者、編輯。李少石還有一特殊身分，他的夫人廖夢醒，是國民黨元老廖仲愷、何香凝的長女，亦即廖承志的姐姐。據傳，李少石被槍殺，是因爲他的長相頗像周恩來，國民黨士兵原本是要暗殺周恩來的！

另外，李少石遭害處，正是毛澤東每日必經之處：毛澤東白天在城裏桂園，夜裏回郊外紅岩，一來一去都走這條道……

空氣驟然緊張。人們爲毛澤東、爲周恩來捏了一把汗！

筆者曾採訪了周恩來的助手童小鵬。他回憶了這一震驚山城的「李少石事件」。

這一突然事件，發生在十月八日傍晚……

那天傍晚，坐落在重慶林森路的軍事委員會大禮堂，冠蓋雲集，五、六百人出席在那裏舉行的雞尾酒會。先到那裏的是國民參政會的參政員們、新聞記者們、文化界名流們、社會賢達們，最後到達的，則是國民黨的要員們。除了蔣介石沒有露面之外，這裏差不多囊括了重慶的頭面人物。

這樣規模的宴會，在當年的山城是空前的了，也是毛澤東到達重慶以來受到的最大規模的招待。盛宴的主人，是張治中。他得知毛澤東即將離渝，奉蔣介石之命，爲毛澤東舉行這一盛宴餞行。

在酒會上，張治中首先致詞。他說，自從毛澤東先生來到重慶，國共談判取得了成果，大的原則雙方已大體談定，國共雙方將在近日聯合發表公告，以慰國人。

張治中最後宣布：「毛先生準備月內回延安去，所以今天的集會既是歡迎，也是歡送，毛先生來重慶，是本人奉蔣主席之命，偕同赫爾利大使迎接來的，現在毛先生回延安去，仍將由本人伴送回去。」⑩

毛澤東在熱烈的掌聲中致答詞。他對蔣介石以及張治中的熱情邀請、接待，表示深深的謝意。他說：「這次來渝，首先感謝蔣先生的邀請與四十多天的很好的招待。感謝今晚的主人張文白先生設了這樣盛大的宴會，也感謝所有今天到會的各界人士。」

毛澤東接著指出：

「中國今天只有一條路，就是和，和爲貴，其他一切打算都是錯的。」

這時，會場上響起了熱烈的掌聲。

毛澤東在講話中，提到了「在蔣主席領導下」：

「和平與合作應該是長期的。大家一條心，不作別的打算，作長期合作的計劃！（鼓掌）全國人民各黨各派一致努力幾十年，在蔣主席的領導下，徹底實現三民主義，建設獨立自由富強的新中國！」

毛澤東在結束講話時，又一次提到了「在蔣主席領導下」。他說：

「困難是有的，不指出這一點是不好的。中國人民的面前現在有困難，將來還會有很多困難，但是中國人民不怕困難，國共兩黨與各黨各派團結一致不怕困難，不管困難有多大，在和平民主團

結統一的方針下，在蔣主席領導下，在徹底實現三民主義的方針下，一切困難都是可以克服的。（大鼓掌）」⑪

毛澤東最後高呼：「新中國萬歲！」會場頓時爆發出長時間的鼓掌。雞尾酒會畢，舉行京劇晚會。毛澤東是個京劇迷，正和張治中一起，興致勃勃地觀看京劇。周恩來在側，童小鵬也在座，忽見一人神色緊張，匆匆前來找周恩來。他記得，那人是第十八集團軍駐重慶辦事處的。周恩來當即離席，在外面與那人談了一陣子，回席時臉色凝重，他雖無心看戲，卻並不去驚動興致正濃的毛澤東和張治中。

周恩來把正在看戲的國民黨憲兵司令張鎮也找到外面談話。周恩來顯然在處理急務，但一直不去驚動毛澤東和張治中……

周恩來跟張鎮談話後，走近毛澤東，輕聲對他說：「有點事，我出去一趟。」說罷，周恩來便和張鎮一起外出，而毛澤東和張治中仍不知發生了什麼事。

周恩來當時在緊急處理的，是「李少石事件」。

李少石是廣東新會人，生於一九〇六年。一九二五年，十九歲的他考入嶺南大學，並加入了中國共產主義青年團。翌年加入中共。他在嶺南大學和廖夢醒相識，一起發動工人罷工。後來，他被校方開除，便轉往上海、香港從事地下工作。一九三〇年他和廖夢醒結婚。

廖夢醒曾如此回憶：

當時，我和少石同志都在上海從事地下工作。承志走後，少石便常到母親家探視和

安慰老人家。母親對少石說：「如果一旦你被捕，就說住在我家。」因為我們一九三三年五月才從香港到上海，我們住的是秘密機關，半年之內就已轉移過三次。一九三四年二月，少石果然被捕。他就照母親吩咐，說自己住在綠楊村。特務押著少石到了母親家，一進屋，少石就對母親說：「岳母，我被捕了。」這樣，母親也就明白特務已知道她與少石的關係。

特務查問少石睡在哪裏。那時，我的一個姨媽剛從香港來了，母親在自己臥室裏搭了一張帆布床。母親指了指帆布床說：「就在這裏。」不料姨媽在枕頭下面放了幾個髮夾，特務不信是少石的床，便開始翻箱倒櫃。自從承志被捕，母親有了經驗。她有意在箱子裏放上一兩個國民黨公函的信封。特務知道母親是何香凝，就不敢太放肆，匆匆帶著少石走了。後來雖經母親和柳亞子多方設法營救，但少石仍在獄中關了三年。⑫

李少石被捕，是因爲叛徒出賣。他被從上海押往南京。一九三七年經周恩來向國民黨再三交涉，李少石終於獲釋，前往華南工作。

一九四三年夏，李少石奉調重慶，擔任第十八集團軍駐渝辦事處秘書，成了周恩來的得力助手。不過，他平日在紅岩幾乎足不出戶，從事內務，對外從不公開身分。

毛澤東來重慶之後，第十八集團軍駐渝辦事處的工作繁忙，李少石也做些外勤工作。十月八日下午，他坐第十八集團軍駐渝辦事處的黑色轎車，由司機熊國華駕駛，送柳亞子由曾家岩周公館回沙坪壩住所。過去，李少石被押南京時，柳亞子曾出面營救，與李少石有著不平常的友情。

送罷柳亞子，已是下午五時多。李少石仍坐原車，沿原路返回城裏。車子經過紅岩嘴下土灣時，突然響起槍聲。子彈從車後的工具箱射入，從李少石左側肩胛進入肺部，頓時血湧如注……

司機熊國華見狀，驅車直奔城內金湯街市民醫院，把李少石送入病房急診。李少石的傷勢很重。熊國華趕緊又開車到民生路《新華日報》營業部，向該報廣告主任徐君曼以及交通劉月胡報告，並把他們送往市民醫院。

徐君曼在醫院裏忙於張羅搶救李少石。司機熊國華則用原車帶交通劉月胡回曾家岩，把車子鎖入車庫，把車鑰匙交給劉月胡，說自己有病，走了。從此，熊國華不見蹤影。熊國華並非第十八集團軍駐渝辦事處工作人員，是臨時雇來的司機。他這一走，把情況複雜化了——因爲當時車上只有兩人，李少石命已垂危，只有他才能說清李少石遭害的現場情況……

周恩來冷靜平息「謀殺」風波

周恩來得訊，即和國民黨憲兵司令張鎮一起，驅車趕往市民醫院。當周恩來和張鎮趕到時，已是八時五十分，晚了一步，李少石已於七時四十五分因流血過多而去世！

周恩來見到李少石遺體，淚如雨下。他不由得想起一九二五年八月二十日廖仲愷在廣州國民黨中央黨部門口遭到槍擊而慘死的情景。周恩來泣道：

「二十年前，在同樣的情況下，我看到你的岳父……到如今我又看到你這樣……」

周恩來馬上想及的是毛澤東的安全問題，他隨即對張鎮說：

「請你協助辦兩件事。第一，詳細調查李少石遭害的原因，迅速弄清真相；第二，晚會結束後，你用你的車，並由你親自陪同，送毛澤東主席回紅岩村，絕對保證他的安全。」

張鎮一口答應照辦。

周恩來和張鎮又匆匆趕回軍事委員會大禮堂。晚會仍在進行，毛澤東和張治中仍在看戲。

這時，周恩來和張鎮都忙著佈置緊急工作。周恩來在劇場旁的一間休息室裏，召集機要人員開緊急會議。據當時在場的石西民回憶，周恩來曾非常悲憤地說：「少石同志是爲我而死！」石西民聽了周恩來這話，才想及李少石的外貌頗似周恩來，可能是國民黨特務欲暗害周恩來，而誤殺了李少石。這表明「李少石事件」是一樁非常嚴重的政治性事件。

張鎮也處於高度緊張之中，因爲他事先一無所知，而眼下除了知道死者是廖仲愷之婿外，仍不知那槍彈是誰射來的。他急忙把張治中叫出，告知這一突發事件。張治中懵了！他從熱情洋溢的劇場，一下子跌進了冰水裏……

張治中和張鎮當即叫來在劇場負責警戒的國民黨憲兵第三團團長張醴泉，命他火速趕回第三團團部，調動憲兵，追查此案。

劇終人散，等候在門口的桂園警衛班長李介新卻遲遲不見「何先生」出來，頗爲著急。可是，他沒有通行證，又無法入內。直至夜深十一時，「何先生」才在張鎮的陪同下，走了出來。本來，毛澤東是坐蔣介石派來的專車，由李介新護送。這一回，卻忽然改坐張鎮的車，跟張鎮坐在一起。車前車後，還有幾輛憲兵三輪摩托車護送，可謂「前呼後擁」。李介新也就隨他們一起護送毛澤

東。

車抵紅岩村，張鎮隨毛澤東下車，說：「我送毛先生到辦事處。」

毛澤東連聲說不必，上山石級多，夜已深，請張司令早回。張鎮仍舊不放心，令李介新和另一憲兵護送毛澤東到辦事處門口，見毛澤東安全入內，這才回去……

這一夜，周恩來和張鎮都沒有睡，雙方都在緊急調查著「李少石事件」真相。蔣介石從張治中、張鎮那裏得知此事，也十分著急。據張醴泉回憶，他回到憲兵第三團團部，馬上召集了上清寺到沙坪壩沿公路線的憲兵隊長、區隊長和分隊長等來團部緊急匯報。其中駐化龍橋的憲兵隊長汪雲集報告了重要線索，據他手下的憲兵報告，傍晚在紅岩嘴六號靠近嘉陵江岸方向，曾聽到一聲槍響。於是，張醴泉抓住這一線索，加以追查。他組織了「專查組」（**中共則習慣於稱「專案組」**），連夜趕往現場偵查……

這時，周恩來讓毛澤東休息，他自己則在紅岩第十八集團軍駐渝辦事處連夜召集機要人員會議，分析情況。由於事出突然，情況不明，會上佔壓倒性的意見是蔣介石密謀的政治性暗殺事件，暗殺的對象第一是周恩來，第二是毛澤東。把周恩來排在第一位的原因，如前所說，乃是考慮到李少石長得像周恩來——因爲李少石並非中共領袖，似乎不可能去暗殺他。

會上，有一年輕人獨持異議。他提出了一個疑問：「我有一點不清楚，爲什麼事情發生之後，我們的司機就自己跑了？」

此言一出，遭到很多人的批評，說他的敵情觀念太淡薄，警惕性太差。

唯有周恩來聽了進去，說道：「這話有道理！」

見周恩來這麼一說，那位年輕人也就繼續說下去。他說，重慶的很多司機喜歡開快車，會不會是那位司機開快車，出了車禍，撞了國民黨的兵，遭到槍擊？正因為這樣，那司機才會自己跑了！

周恩來聽著，連連點頭。周恩來決定，也派出自己的機要人員進行調查。

周恩來派出第十八集團軍駐渝辦事處處長錢之光，連夜到曾家岩車庫查驗了那輛車，查明彈孔的位置，查問司機熊國華的去向……

國民黨的憲兵，騎著摩托車，行動甚快。

夜二時，張醴泉在團部接到專查組組長盛先熙從小龍坎打來電話：

「本案案情已經查明，原來是駐壁炮兵團派到重慶請領冬服的一排人，因為沒有領到，仍又開回壁山，今夜駐在小龍坎松鶴樓樓上。據帶隊隊長說，他們從城內回來，過了化龍橋在靠近嘉陵江的公路上休息，恰遇一輛開進城的黑色小轎車把一個士兵撞傷倒地，在旁的另一個士兵喝令停車，汽車不但不停，反而加快速度開去。那個士兵一氣之下，就朝天打了一槍，那個受傷的士兵已送到小龍坎傳染病醫院醫治。開槍的那個士兵和步槍一枝、步槍子彈殼一個，現在均已查獲，請示如何處理。」⑬

那個被撞傷的士兵，名叫吳應堂，是彈藥一等兵。當時他正在公路邊小便，所以躲避不及。領隊的是中尉排長胡關台。開槍的不是吳應堂，因為他當時頭部受傷，不可能開槍。開槍的是下士班長田開福。

這樣，也就查明了真相：事情是由司機熊國華開車太快引起的，肇事後又不停車；但國民黨部隊不應舉槍就射，卻又誤傷並無責任的乘客李少石。

也就是說，國共雙方兩個傷亡者都是無辜的。責任在司機熊國華和開槍者田開福。這樣，「李少石事件」也就大體弄清了。

就在張醴泉打算向張鎭報告專查組的調查結果時，電話鈴聲響了。他以爲是張鎭打來的，萬萬沒想到，耳機裏傳出來的竟是周恩來的聲音！

周恩來詢問調查情況，並說抓到兇犯應送到他那裏問話。張醴泉深知，倘若他把開槍者送到周恩來那裏，非要遭蔣介石的責罵不可。於是，他只得撒謊：「兇犯已經解送走了。」

放下耳機，張醴泉對周恩來辦事如此敏捷，頗爲讚嘆……

周恩來從張鎭那裏得知調查結果之後，也派人到現場進行調查，所得結論和國民黨方面一致。這樣，就排除了「政治性謀殺」的猜疑。

翌日早上，當毛澤東從紅岩進城，仍由李介新護送。他發覺，今日不比往常，從紅岩到曾家岩桂園，沿途都有武裝憲兵警戒。那是張鎭下令，加強對毛澤東的保護。

《新華日報》對「李少石事件」接連進行了報導：

十月九日，即李少石遇害的翌日，當時周恩來尚未作出明確結論，讓《新華日報》報導了他和張鎭去醫院探望李少石以及李少石已突然遇害的情況。

這一報導，迅速把李少石之死公之於眾，引起各方極大的關注。但是《新華日報》只作客觀報導，未對李少石之死的性質作結論。

十月十日，發表國民黨憲兵司令張鎭關於事件經過的談話。

十月十一日，發表第十八集團軍駐渝辦事處處長錢之光關於事件經過的談話。

錢之光所談經過和張鎭一致。錢之光代表中共，表示了態度：

關於李少石之死，「是革命事業中的一個沉痛損失」。

關於司機熊國華，是他「肇禍後仍不停車」，「我們也當協同有關機關繼續尋覓，使其歸案」。

關於吳應堂，「我們願負擔他的醫藥療養費，如不幸因傷逝世，並願意負責予以殮葬」。

另外，周恩來還於同日中午去醫院探望了吳應堂。

這樣，一場突發的事件，經周恩來實事求是加以解決，平息了這場風波——倘若處理不當，「李少石事件」完全可能成為導火線，足以引發國共之間爆發一場劇鬥，將重慶談判以來國共和諧氣氛破壞殆盡……

李少石於同日安葬，毛澤東爲他親筆題詞：

「李少石同志是個好共產黨員，不幸遇難，永誌哀思！」

周恩來在李少石墓前講話：

「這樣一個好同志的不幸死去，實在是很大的損失。」

至此，「李少石事件」劃上了句號。周恩來以高超的政治「藝術」，迅速而正確地處理了這一突然而來的嚴重事件。

據當事者劉昂一九七二年七月二十五日回憶，錢之光的談話稿是事先經毛澤東周恩來審定的。又據王炳南一九七三年三月九日回憶，周恩來「後來總結此事時常說：『人不要有主觀主義，不要有成見，李少石一事就是很生動的例子』。」⑭

又據童小鵬回憶，周恩來曾認爲，張鎭那天晚上護送毛澤東回紅岩，又很迅速、認真調查「李少石事件」，立了一功。周恩來後來多次對童小鵬說：「對張鎭在重慶談判時期這一功勞，一定不要忘記。」

毛澤東握別蔣介石

就在緊張處理「李少石事件」的那幾天，重慶談判進入尾聲，毛澤東和周恩來正處於高度忙碌之中。

重慶談判經歷了「頂牛」，經歷了爭吵，經歷了一連串的討價還價，國共雙方總算達成了協議。協議初名《會談公告》，出自邵力子之手，於九月二十一日交出。翌日，赫爾利帶著這一草案飛美，向美國總統及國務院作匯報。

赫爾利返回重慶後，國共雙方又經過反覆斟酌，由張治中重擬，劉孟純執筆，寫出《政府與中共代表會談紀要》，於十月八日經雙方代表討論通過，並定於雙十節——十月十日，舉行簽字儀式。就在八日傍晚，發生了「李少石事件」。

十月九日中午，蔣介石夫婦在林園宴請毛澤東、周恩來、王若飛，爲毛澤東即將離渝餞行。

十月十日下午六時，重要的儀式在桂園樓下客廳舉行。那是國共雙方代表舉行《政府與中共代表會談紀要》簽字儀式。由於這天是雙十節，這份《紀要》通常稱爲《雙十協定》。

毛澤東就在桂園樓上，卻沒有出席儀式。那是因爲蔣介石沒有出席儀式。根據兩黨對等的原則毛澤東也就不出席儀式。

出席簽字儀式的國民黨代表是王世杰、張治中、邵力子，共產黨代表是周恩來、王若飛。簽字儀式畢，毛澤東下樓，和在場的代表們一一握手，表示祝賀。邵力子對毛澤東說：「此次商談，得以初步完成，多有賴於毛先生不辭辛苦奔波。」⑮

《雙十協定》是一個耐人尋味的政治文獻。如果細細推敲起來，跟二十七年之後——一九七二年二月二十八日由周恩來和美國總統尼克森在上海發佈的《中美聯合公報》，風格極其相似。通篇可用「求同存異」四字來概括。因爲無論一九四五年的國共雙方，還是一九七二年的中美雙方，都是觀點差距甚大的雙方。所以這類由雙方簽署的政治文獻，其行文都採用「一致認爲」、「某方認爲」、「另一方認爲」的格式。凡共同處，用「一致認爲」；凡差異處，開列各方觀點。

《雙十協定》共分十二條，其中標明「一致認爲」的，只不過三條而已，即關於和平建國的基本方針、關於政治民主化的方針、關於人民自由問題。這三條，大體屬於「虛」的條文。其餘九條，所寫的無非是「中共方面提出」、「政府方面表示」，只是開列了雙方的觀點罷了。

不過，不管怎麼說，國共雙方經過四十多天的會談，尤其是蔣介石和毛澤東能夠坐在一起會談，而且畢竟簽定了這麼一份「求同存異」式的《雙十協定》，是很不容易的了。

《雙十協定》簽畢，蔣介石來桂園看望毛澤東了。蔣介石非常講究禮儀的規格。他是全國領袖，所以只在毛澤東剛到，以及即將離渝，兩次前去看望毛澤東，其餘均是毛澤東去他那裏。

這一回，蔣介石軍裝畢挺，佩特級上將領章，掛著佩劍。毛澤東在樓房階沿口跟蔣介石握手，

然後陪著他步入客廳。蔣介石《雙十協定》的簽定，說了幾句祝賀的話，席不暇暖，便和毛澤東一起出去，坐上汽車，前往國府路，來到民國政府，出席雙十節招待外賓的雞尾酒會。

過了一個多小時，招待會結束，毛澤東回桂園片刻，從此就告別了桂園。他應蔣介石之邀。和周恩來、王若飛一起前往林園，與蔣介石作第六次會談。是夜，毛澤東、王若飛宿於林園二號樓，周恩來仍住三號樓。

翌日清早，毛澤東向蔣介石辭行，他倆作了最後一次晤談。從此，蔣介石和毛澤東天各一方，再也沒有見面——雖說他們每日都在思索著如何戰勝對方。

十一日上午八時，蔣介石委派陳誠作爲他的代表，和毛澤東一起去九龍坡機場，爲毛澤東送行。他自己，對於毛澤東仍是「來不接，去不送」。

九時一刻，三輛小汽車從林園到達機場，下車的有毛澤東、陳誠、周恩來、張治中、王若飛。郭沫若夫婦、張瀾、邵力子夫婦、陶行知、章伯鈞、茅盾等以及各界人士、中外記者。

臨行之前，毛澤東特地向日夜守衛桂園的士兵們致謝。毛澤東握著憲兵班長李介新的手說：「這次你們辛苦了，謝謝你們大家。」

毛澤東在機場對記者發表了談話：

「中國的問題是可以樂觀的。困難是有的，不過困難都可以克服。」⑯

九點四十五分，毛澤東乘坐一架綠色雙引擎C-47型運輸機起飛。張治中、王若飛同行。周恩來留在重慶。

據童小鵬回憶，毛澤東的專機起飛後，紅岩第十八集團軍駐渝辦事處的電台，一直緊張地與延

安電台保持密切聯繫。在收到延安發來毛澤東平安到達的電報後，工作人員們才長長地舒了一口氣。

延安機場洋溢著歡笑，兩萬多人聚集在那裏，歡迎毛澤東，這與毛澤東離開延安時，機場上一片擔憂之情恰成鮮明的對比……

注釋

①王芸生、曹谷冰，《一九二六年至一九四九年的舊大公報》，《文史資料選輯》第二十八輯，一九六二年六月。

②《在歷史巨人身邊——師哲回憶錄》，中央文獻出版社一九九一年版。

③《毛澤東選集》第四卷。

④李德林、趙光耀、濰河，《毛主席赴重慶談判軼事》，一九九二年九月一日《解放軍報》。

⑤《重慶談判紀實》，重慶出版社一九八三年版。

⑥子岡，《毛澤東先生到重慶》，一九四五年八月二十九日重慶《大公報》。

⑦古屋奎二，《蔣總統秘錄》第十四冊，台灣中央日報一九七七年版。

⑧《關於重慶談判》，《毛澤東選集》第四卷。

⑨杜建國，《〈沁園春〉詠雪詞寫作經過》，《重慶文史資料》第十一輯，一九八二年。

⑩⑪均引自一九四五年十月九日重慶《新華日報》。
⑫廖夢醒，《我的母親何香凝》，人民出版社一九八三年版。
⑬張醴泉，《李少石遇難經過》，《重慶文史資料》第二十四輯，一九八五年。
⑭季國平，《關於李少石同志之死》，《黨史研究資料》一九八二年一期，四川人民出版社。
⑮一九四五年十月十二日重慶《新華日報》。
⑯一九四五年十月十二日重慶《新華日報》。

第九章　國共決戰

《雙十協定》只是「紙上的東西」

就在毛澤東返回延安的當天，毛澤東召開中共中央政治局會議。他對《雙十協定》作了如下評價：

「這個東西，第一個好處是採取平等的方式，雙方正式簽訂協定，這是歷史上未有過的。第二，有成議的六條，都是有益於人民的。」

確實，如毛澤東所言，這次他和蔣介石平起平坐，對等談判，是「歷史上未有過的」。重慶《新蜀報》社論便稱重慶談判是「兩黨首腦，開誠協商」。

翌日——十月十二日，《雙十協定》由國共雙方同時公佈。

也就在這天，王若飛和張治中一起飛回重慶。周恩來、王若飛在重慶和國民黨代表繼續談判未了事宜。

《雙十協定》的發表，引起國內外一片歡呼之聲。

西安《秦風日報》《工商日報》聯合版十月十二日的社論說：

「分裂內戰的陰霾可望由此掃清，和平建國的時代可望於茲開始，因而八年抗戰的鮮血也將不

至於白流，這是中國民族的福音！這是中國人民的勝利！」

重慶《大公報》十月十二日的社論說：

「毛澤東先生雖已離開重慶，這四十幾天的旅行，必然使他痛感全國人民的熱望，並證實政府及蔣主席的誠意。和平民主，團結統一，誰不在期待？快來吧！」

延安《解放日報》十月十三日社論，代表中共評論重慶談判：

「八月底起，在重慶舉行的國民政府代表與中國共產黨代表之間的會談，乃是抗戰勝利以後，中國國內政治生活中最重大的事件，也是具有偉大國際意義的事件。」

重慶《中央日報》十月十二日社論，表明了國民黨的觀點：

「假如中國真的發生內戰，那就是悲劇導演出……蔣主席為了阻止這悲劇的發生，特於日本無條件投降之際，再三堅邀中共毛澤東氏來渝，商談促進統一團結的步驟，決本寬大容忍的一貫方針，覓取中共問題合理合法的解決。」

英國《泰晤士報》十月十二日述評以為：

「一項令人滿意的聯合聲明發表了，因為它至少是暫時地使內戰的可能性不再突出。」倒是十月十三日美國《華盛頓郵報》的評論說得很有分寸，留有餘地：

「以為中國政府與中國共產黨所締結的協定，永遠消除了兩黨間一切實際的或潛在的衝突源泉的話，便是魯莽的想法。基本上說來，協定只是建立了中央政府與中國共產黨間的休戰地位，並使之合法化而已。」

毛澤東也對重慶談判發表了內部講話。那是十月十七日，毛澤東在延安幹部會議上，作了題為

《關於重慶談判》的報告。毛澤東告誡中共幹部們：

「已經達成的協議，還只是紙上的東西。紙上的東西並不等於現實的東西。事實證明，要把它變成現實的東西，還要經過很大的努力。」

毛澤東這時說出了他去重慶談判的原因：

「蔣介石的主觀願望是要堅持獨裁和消滅共產黨，但是要實現他的願望，客觀上有很多困難。這樣，使他不能不講講現實主義。人家講現實主義，我們也講現實主義。人家講現實主義來邀請，我們講現實主義去談判。」

另外，中共中央在十月十二日，發出《關於雙十協定後我黨任務與方針的指示》，作了明確規定：「解放區軍隊一槍一彈均必須保持，這是確定不移的原則。」

大概是在重慶太累的緣故，毛澤東病了。往日，他所說「齒病」、「感冒」是假病，這一回真的病了，病得不輕。他手腳痙攣，冷汗不已，夜不能寐。往日，他生假病時要見諸報導，這一回真病倒要保密。中共中央辦公廳主任師哲給史達林發了電報，史達林派來了醫生飛往延安，毛澤東在蘇聯多年的長子毛岸英也隨飛機一起回到延安。

蘇聯大夫的治療，長子的歸來，終於使毛澤東的病日益見好。

迷航的飛機洩露了蔣介石的天機

蔣介石在《蘇俄在中國》一書中所說的那句話，確實是他「夫子自道」，說出了他的內心奧秘：「我對共產黨的方針始終是剿撫兼施的。」

在蔣介石看來，重慶談判是「撫」，所以他笑臉相迎毛澤東，給予上賓之禮；就在「撫」的同時，他又兼施著「剿」。

毛澤東在《關於重慶談判》這一內部講話中，說出了他去重慶是「人家講現實主義來邀請，我們講現實主義去談判」；蔣介石則是在重慶談判期間，在他授意張治中致胡宗南密電，和盤托出他的本意。此電當即被中共通過秘密途徑所獲，馬上電告延安：

「目前與奸黨談判，乃係窺測其要求與目的，以拖延時間，緩和國際視線，俾國軍抓緊時機。迅速收復淪陷區中心城市。待國軍控制所有戰略據點、交通線，將寇軍完全受降後，再以有利之優越軍事形勢與奸黨作具體談判。如彼不能在軍令政令統一原則下屈服，即以土匪清剿之。」①

重慶談判談了四十三天，蔣介石確實達到了「拖延時間」的目的。

也真巧，重慶談判尚未結束，就在十月八日下午六時，就在張治中爲毛澤東即將離渝、爲《雙十協定》即將簽字而舉行盛大宴會，在河南太行山麓焦作附近，一架國民黨運輸機迷航，降落在中共控制區內。中共軍隊檢查了飛機。一查，查出了蔣介石的密件！

機上載有寫著「閻司令長官密啓」字樣的編號爲三二五一的代電一封，是由軍事委員會委員長侍從室二組發出。代電全文如下：

「吉縣第二戰區閻長官勳鑒：茲附發剿匪手冊兩冊，請查收。中正」

所附兩冊《剿匪手冊》，也落入中共部隊手中！

這一偶然發生的飛機迷航事件，洩露了蔣介石的天機！

《剿匪手冊》要剿什麼匪呢？這「匪」，也就是「奸黨」，也就是中共，也就是正在重慶跟蔣介石晤談的毛澤東！

一點也不奇怪，這就是蔣介石的「剿撫兼施」的最生動的寫照。

那《剿匪手冊》，送到了毛澤東手中。毛澤東一看，頗為失望，原來這《剿匪手冊》雖是新印的，卻是老版本，他早就「拜讀」過……

這《剿匪手冊》，其實就是《剿匪手本》。一九三三年夏日，蔣介石在盧山舉辦軍官訓練團時，那封面上印著《剿匪手本中正手製》的小冊子，定為訓練團的課本。那時，從繳獲的國民黨軍隊檔案中，毛澤東就讀過這《剿匪手本》。

筆者在南昌江西省檔案館查到了《剿匪手本》原件，並影印了該書。書的《緒言》一開頭就這麼寫道：

「國家興亡，軍人之責，盜匪不滅，軍人之恥。我革命軍自入贛剿匪以來，至今已時逾三載，官兵死傷者萬餘人，而師長陣亡殉難者且及四人之多。其犧牲之大如此，而所得結果，不惟於匪無損，而且其囂張猖獗有加無已者，何哉？主義不明，而心志不堅之所致也……

「古云：破山中之盜易，破心中之賊難；吾人如果欲破此江西山中之賊，必須先破吾人怕匪怕死之心賊。苟吾人而能具必死之決心以剿匪，則士卒必能以勿生還之勇氣而盡忠。」

蔣介石所謂「江西山中之賊」，指的便是毛澤東，便是中共，便是紅軍。

《剿匪手本》還附錄《赤匪的戰術》，歷數毛澤東的游擊戰術。

蔣介石當年印《剿匪手本》，為的是消滅江西的「赤匪」。如今，十八個春秋飛逝，毛澤東已經成了他談判的對手。蔣介石重印《剿匪手本》，就是為了完成十八年前的未竟之業。

其實，蔣介石所定的對中共「剿撫兼施」的方針，更準確地說，是以剿為主，以撫為輔。或者說，撫是為了剿。一句話：剿是目的，撫是手段。

剿，也就是滅絕。如《後漢書·朱暉等傳論》中李賢所註：「剿，絕也。」剿共，也就是滅絕中共。

對於中共，蔣介石一直是個「剿」字：

早在毛澤東上了井岡山，蔣介石就要剿滅毛澤東。那時叫「會剿」，亦即調動湘、贛、閩三省國民黨部隊，會合在一起剿共；

毛澤東進入瑞金，蔣介石實行「圍剿」。那時調動的國民黨部隊更多，圍而剿之，故曰圍剿；

毛澤東被迫長征，蔣介石追而剿之，曰「追剿」；

毛澤東進入延安，蔣介石依然要進而剿之，曰「進剿」。

不論是「會剿」、「圍剿」，還是「追剿」、「進剿」，都是剿。蔣介石從一九二七年起，對於中共念念不忘的，便是一個剿字！

只是日本侵略中國，民族大敵當前，蔣介石不得不聯共抗日。如今，日軍投降，蔣介石又繼續進行他的未竟之業——剿共。他記起當年「手製」的《剿匪手本》，就在毛澤東到達重慶的翌日，

亦即一九四五年八月二十九日，何應欽便下令大量重印，以供再度剿共之用。

就在《雙十協定》公佈的翌日，即十月十三日，蔣介石又下達密令：

「奸匪若不速予剿除，不僅八年抗戰前功盡棄，且必遭害無窮，使中華民族永無復興之望，我輩將士何以對危難之同胞，更何以對陣亡之將士。」

「遵照……所訂剿匪手本，督勵所屬，努力進剿，迅速完成任務，其建功於國家者必膺懋賞，其遲滯貽誤者當必執法以繩」。

不過，如今中共已不那麼好剿了。中共在抗日戰爭中大發展，已不是井岡山時代那「星星之火」了，而是呈燎原之勢！據云，蔣介石曾咒罵，是日本人幫了中共的大忙——日軍侵略中國，逼得蔣介石不得不放下剿共之刀，和中共一起去打日本人……

雖說中共的勢力已不小，比起蔣介石來還差一大截。國民黨軍隊，大約相當於中共部隊的四倍：國民黨軍隊爲四百三十萬人，中共軍隊爲一百二十萬人。蔣介石相信，盡早著手剿共，能夠獲勝。

於是，在借助重慶談判拖延時間，蔣介石調整好兵力之後，國共之戰也就不可避免了……

大規模內戰正「不宣而戰」

內戰的槍聲，其實在重慶談判期間就已經在上黨打響了。

上黨，原是戰國時的郡，指山西長治一帶。劉伯承、鄧小平所率中共部隊跟國民黨閻錫山部隊幹了一仗——蔣介石派出運輸機，正是給「山西王」閻錫山送《剿匪手本》！

據《劉伯承、鄧小平關於上黨戰役總結向軍委的報告》②稱：劉、鄧部隊三萬一千五百人，閻錫山部隊三萬八千人，從八月下旬打到十月八日，打了四十天。結果閻錫山部隊被殲兩萬六千多人，中共部隊傷亡約四千人。

消息傳到重慶，蔣介石只得以那是閻錫山打的，他不清楚一推了之——雖說毛澤東已從電報中獲悉那架運輸機上的《剿匪手本》以及蔣介石給閻錫山的密件，只是顧及蔣委員長的面子，沒有當面點穿罷了。蔣介石吃了敗仗，如同啞巴吃黃蓮，有苦說不出。

毛澤東一回到延安，在《關於重慶談判》的講話裏，就毫不客氣地挖苦蔣介石了：

「他來進攻，我們把他消滅了，他就舒服了。消滅一點，舒服一點，消滅得多，舒服得多；徹底消滅，徹底舒服。」

蔣介石呢？上黨之敗，還只是「小意思」罷了。這位特級上將，忙於調兵遣將，陳兵百萬於內戰前線。他調動的兵力有：

胡宗南的第一戰區——十個軍；

閻錫山的第二戰區——七個軍；

顧祝同的第三戰區——五個軍；

孫蔚如的第六戰區——五個軍；

余漢謀的第七戰區——兩個軍；

李品仙的第十戰區——三個軍；

孫連仲的第十一戰區——九個軍；

傅作義的第十二戰區——四個軍；

此外，還有不屬於以上戰區的六個軍。

蔣介石總共調集了五十六個軍，加上挺進部隊以及奉命參加內戰的偽軍（即投降國民黨的偽軍）五十萬人，共計二百萬軍隊，可謂浩浩蕩蕩。

蔣介石指揮這二百萬大軍的進攻目標是：

第一戰區，進攻河北解放區；

第二戰區，進攻上黨解放區；

第三戰區，進攻浙東及天目山新四軍根據地；

第五戰區，進攻豫東及豫南解放區；

第六戰區，進攻湖北解放區；

第七戰區，進攻廣東東江解放區；

第十戰區，進攻皖中及鄂東新四軍；

第十一戰區，進攻山東及豫北、冀南解放區；

第十二戰區，進攻綏遠及察哈爾解放區。

蔣介石一邊部署兵力，一邊驚嘆中共在抗戰中竟有那麼大的發展。星羅棋佈於全國的解放區，已是剿不勝剿了。

就在蔣介石調動二百萬大軍打算踏平那些解放區之際，國民黨中央宣傳部部長吳國楨則很「謙虛」。合眾社記者一九四五年十一月三日自重慶報導吳國楨的談話：「政府在此次戰爭中居守勢。」

毛澤東當然看出吳國楨的用意。他以中共中央發言人的名義，於十一月五日發表談話，題爲《國民黨進攻的真相》。毛澤東指出：

「吳氏所說『守勢』云云，全係撒謊……國民黨當局正在大舉調兵，像洪水一樣，想要淹沒我整個解放區。」

毛澤東說：

「中國人民被欺騙得已經夠了，現在再不能被欺騙。」

在毛澤東發表談話之後，緊接十一月十六日，重慶《新華日報》發表長篇特訊：《國民黨調動二百萬大軍發動全面內戰的真相》。

十一月十七日，延安《解放日報》發表社論《真和平與假和平》，指出內戰正在「不宣而戰」：

「雙十協定剛才發表，《剿匪手本》和『剿匪密令』已經從『軍委會』和『委座』那裏發出來，『手本』大量翻印、密令滿天飛舞，不宣而戰的空前大規模的內戰就此爆發起來。」

馬歇爾充當了「調解人」的角色

就在中國大地充滿了火藥味的時候，美國又一次充當國共調解人的角色。

不過，這一回出場的不再是赫爾利。

那時，赫爾利正回美國述職。他正爲自己在中國成功地「導演」了重慶談判而得意洋洋，抨擊起美國國務院，認爲國務院「對共產主義不堅決」，引起國務院對他的不滿。赫爾利說這樣的話，是因爲他力主美國空軍應幫助蔣介石把部隊從南方空運到北方，以支持蔣介石消滅中共，而美國國務院並不贊同赫爾利。十一月三日中午，赫爾利在美國新聞俱樂部再一次猛烈攻擊國務院，並宣布他已把辭呈放在國務卿貝爾納斯的辦公桌上。

赫爾利的講話，震動了美國首都。這樣，當天下午，美國總統杜魯門便不得不打電話到參議院，約見正在那裏出席珍珠港事件調查委員會會議的馬歇爾……

一九四五年十一月二十七日，美國總統杜魯門宣布，撤銷赫爾利的駐華大使職務；同時又宣布，新派五星上將馬歇爾爲總統駐華特使。

十二月十五日，杜魯門總統還宣布了美國對華政策：

一、「國民政府軍隊與中國共產黨及其他各種意見不同的武裝力量間，應即設法停止敵對行動。」

二、「應召集包括各主要政治力量的代表的全國會議，籌商早日解決目前的內爭的辦法。」

三、「美國承認現在的中華民國國民政府是中國唯一合法政府，它也就是達成中國團結統一這

個目的之適當機構。」

四、「美國保證不會使用軍事干涉的方式影響中國的內爭過程。」

馬歇爾此人，在美國政界、軍界資歷頗深。在第二次世界大戰中，他擔任美國陸軍總參謀長，主持指揮美國陸軍。此刻，杜魯門總統派他前往中國，除了他正準備退休、處於機動狀態外，還因爲他在一九二四年到一九二七年曾在中國工作。

雖說馬歇爾接受了總統的任命，他卻意識到只有具備「魔術師的技巧」，才能完成在中國的使命。

十二月十五日，杜魯門總統在給馬歇爾的信中，寫道：

「在你與蔣介石和其他中國領導人交談時，授權你用最坦率的語言和他們談話。」

十二月二十二日，馬歇爾飛抵重慶，開始了他的「魔術師」使命。

對於馬歇爾的到來，蔣介石憂心忡忡，因爲過去在他和史迪威的尖銳衝突中，馬歇爾是站在史迪威一邊的。當然，後來的事實表明，蔣介石的擔憂完全是多餘的；

周恩來跟馬歇爾在重慶一見面，倒是印象不錯。周恩來曾說：「我覺得他直率、樸素、冷靜，與史迪威相似。我們在三個月內相處得甚好。但在一九四六年三月東北問題起來之後，雙方意見常有距離。他對蘇聯有猜疑，往往把蘇聯牽涉到各種問題上去，加上美國政府的錯誤政策，使我們和馬歇爾無法取得協議。但是，我與馬歇爾個人關係很好，我認爲他是一個有智慧的人。」

在馬歇爾的斡旋下，十二月二十七日，國共兩黨在重慶重開談判，中共代表爲周恩來、葉劍英、王若飛，國民黨代表爲王世杰、張群、邵力子。「調解人」爲馬歇爾。

這一次的國共重慶談判，取得了兩項成果：

一是在一九四六年一月五日，達成了《關於停止國內軍事衝突的協議》，人稱《停戰協定》。這一協定由國共雙方在一月十日公佈，自一月十三日夜十二時起生效。

二是成立了馬歇爾、張群、周恩來組成的三人委員會，由馬歇爾任主席。自一月十三日起，在北平成立「軍事調處執行部」，由國民黨代表鄭介民、中共代表葉劍英、美國駐華代辦羅伯森三人組成，負責實施《停戰協定》。

其實，《停戰協定》依然是紙上的東西。美國的「中立」也只是掛在口頭而已。美國給了蔣介石大量的美援，幫助蔣介石空運部隊，還把二百七十一艘艦艇贈給了蔣介石……

緊張時刻發生緊張事件

緊張的時刻，偏又發生緊張的事件。

一九四六年四月八日上午，延安飄著細雨。人們踏著泥濘的路，朝機場走去。

等著，等著，鉛灰色的雲層中，不見飛機的影子。左等右等，一直等到下午二時許，從重慶起飛的飛機仍沒有出現——雖說據重慶電告，飛機早已飛離重慶。

「也許是因爲天氣不好，中途在西安降落，或者半途折回重慶了！」人們只得這麼解釋，悻悻地回去。

飛機上的乘客，非同一般：除了中共中央領導人王若飛、博古、鄧發之外，還有葉挺將軍一家！

葉挺自從皖南事變被囚以來，中共一再跟蔣介石交涉，要求釋放葉挺。一九四六年年一月，當政治協商會議在重慶召開時，中共代表周恩來要求國民黨釋放張學良、楊虎城、葉挺、廖承志等。後來，經過多次交涉，蔣介石總算答應以中共釋放被俘的國民黨第十一戰區副司令馬法五為條件，在一月二十二日釋放廖承志。接著，在三月四日，釋放了被囚達五年零兩個月的新四軍軍長葉挺。

葉挺剛一出獄，在重慶的中共中央代表團便舉行了熱烈的歡迎會。葉挺在會上說：「在這五年零兩個月的時間裏，我想得很多。我總結了過去的經驗，我認識清楚了，只有中國共產黨才能領導中國走向一個和平、民主、富強的國家。」

出獄的第二天，葉挺便致電中共中央及毛澤東，提出重新加入中共的要求：

> 毛澤東同志轉中國共產黨中央委員會：
>
> 我已於昨晚出獄，決心實行我多年的願望，加入偉大的中國共產黨，在你們的領導之下，為中國人民的解放事業貢獻我的一切。我請求中央審查我的歷史是否合格，並請答。③

中共中央獲悉之後，當即於三月七日電覆葉挺。電報手稿，現保存於北京中央檔案館。從手稿上可看出毛澤東修改的筆跡。原文開頭為「葉挺軍長」，毛澤東改為「親愛的葉挺同志」，又加上

了「五日電悉，欣聞出獄，萬眾歡騰」等句。電報全文如下：

親愛的葉挺同志：

五日電悉，欣聞出獄，萬眾歡騰。你為中國民族解放與人民事業進行了二十餘年的奮鬥，經歷了種種嚴重的考驗，全中國都已熟知你對民族與人民的無限忠誠。茲決定接受你加入中國共產黨為黨員，並向你致以熱烈的慰問與歡迎之忱。④

這樣，葉挺終於又成爲中共黨員。

一個月後，四月八日，王若飛、博古要從重慶回延安向中共中央匯報工作，葉挺也就和他們一起去延安。同機而行的有出席巴黎世界職工代表大會歸來的鄧發，還有葉挺夫人李秀文、五女揚眉、幼子阿九，以及王若飛的舅父黃齊生和黃齊生的孫子黃曉莊，第十八集團軍參謀李少華等，共十三人。

他們所乘的是和毛澤東赴重慶所乘的同樣飛機，即C-47型運輸機，由美軍上尉蘭奇（C·E·lange）等四位美國人駕駛。

那天延安一帶天氣不好，但飛機仍在上午九時許起飛。起飛後，飛機機組不斷與延安美軍觀察組的電台聯絡。飛機途經西安後半個小時，即中午十二時二十五分，還曾與延安美軍電台聯絡了一次。

此後，飛機杳無音訊。

毛澤東在延安焦急不安。周恩來在重慶忙於與各方聯繫。嚴峻的形勢，使周恩來不能不作嚴峻的考慮——會不會是蔣介石在玩弄什麼陰謀？

周恩來也考慮到天氣問題。就在不久前，他在重慶出席政治協商會議。一月二十七日，他匆匆返回延安匯報工作，又於一月二十九日飛往重慶，以趕上政治協商會議的閉幕式。

由於天氣不好，不得不在西安滯留了一夜。一月三十日上午，飛機冒著惡劣天氣起飛。在經過秦嶺上空時，遇上強大的冷氣團，飛機外殼結上了一層厚厚的冰。由於負荷過重，飛機墜向低空。駕駛員吩咐把行李從機艙扔出，機上十多位乘客全都繫上降落傘，以防不測。就在這時，飛機上響起小女孩的哭聲。

那是隨機飛往重慶的葉挺的女兒葉揚眉，因爲沒有降落傘，哭了。周恩來聞聲，把自己的降落傘解下來，繫在小揚眉背上……幸虧駕駛員當機立斷，折回西安，脫離了險境。當天下午，天氣好轉，這才由西安飛抵重慶……

這一回葉挺他們的飛機，失去無線電聯繫後，毫無信息，表明凶多吉少。飛機是從西安飛往延安的半小時後，失去聯繫的。根據航程推算，當在甘泉一帶。美軍派出飛機，一連三天在甘泉一帶盤旋搜索，毫無結果。

那幾天，毛澤東在延安，周恩來在重慶，都晝夜不安。

直到十一日晚十時，中共駐紮在晉西北的部隊發來電報，告知在山西興縣東南八十里的黑茶山，發現飛機殘骸，機上所有人員遇難。黑茶山是海拔兩千多公尺的荒山，八日下大雨，飛機可能在濃霧中撞在山上。翌日，村民上山打柴，發現飛機殘骸，從死者身上，找到第十八集團軍證件。

當地中共部隊聞訊，在康思儉排長率領下，上山警戒，保護現場。由於交通不便，消息傳到興縣蔡家崖——中共部隊軍區機關所在地，已是十一日了。

消息傳到延安，中共中央震驚，毛澤東派出陳雲，乘飛機前往出事地點上空了解情況。經過仔細調查，中共判定，這是一次飛行事故，不是有人謀害。

這樣，在緊張時刻發生的緊張事件，如同《雙十協定》簽字前夕發生的「李少石事件」，終於得以平靜解決……

新華社在十二日發出電訊，首次報導了「四·八事件」。延安沉浸在淚水之中，重慶也爲之震驚。

延安和重慶都舉行了隆重的追悼會……

葉挺遇難之際，正步入「知天命」之年。如果他不死於非命，毛澤東在授元帥軍銜時，必定有他……

毛澤東笑稱蔣介石是「紙老虎」

中國，確實到了萬分緊張的時刻。

五月五日，蔣介石還都南京。國共談判桌，也隨著搬到南京。

蔣介石在南京席不暇暖，便飛往東北督戰去了。

內戰之火，在東北猛烈燃燒：

五月十九日，國民黨部隊攻佔四平；

五月二十一日，國民黨部隊攻佔公主嶺；

五月二十三日，國民黨部隊攻佔長春；

……

蔣介石在東北的勝利，使他益發堅定了剿共的決心和信心。這樣，他終於全面發動了中國的內戰：

六月二十三日，蔣介石命令劉峙率三十萬大軍向中原解放區發動聲勢浩大的攻勢；

七月十二日，蔣介石調五十萬大軍猛撲蘇北解放區；

八月二日，漆著青天白日標誌的轟炸機，出現在紅都延安上空，劇烈的爆炸聲把《雙十協定》、《停戰協定》全都炸個粉碎；

八月二十七日，國民黨部隊攻佔承德；

九月十九日，國民黨部隊佔領淮陰；

十月十一日，國民黨部隊從中共手中奪得重要城市張家口；

……

面對一連串的勝利，蔣介石有點陶醉了。十月十八日，蔣介石在南京秘密軍事會議上，對形勢作出樂觀的估價：

「五個月之內打垮中共軍。」

毛澤東作為蔣介石的對手，卻在那裏冷眼觀「棋」。

就在蔣介石的飛機轟炸延安的日子裏，在延安楊家嶺一排十四孔的窯洞前，毛澤東坐在石凳上，隔著方形石桌，接受一位美國女記者的採訪。她叫安娜•路易斯•斯特朗。山坡上，羊群在安靜地吃草，放羊娃卻不住地朝這邊好奇張望，因為在延安難得見到外國人。

毛澤東逐一回答著斯特朗的提問。斯特朗的每一個問題，差不多都離不了蔣介石。

毛澤東談著談著，忽地說及一個新名詞，令翻譯一時不知怎樣譯成英文。毛澤東是在談論原子彈時，這麼說起這個新名詞：

「原子彈是美國反動派用來嚇人的紙老虎。」

「紙老虎」？翻譯最初譯成「Paper Man」，即「紙人」，毛澤東搖頭。後來，經毛澤東作了解釋，翻譯明白「紙老虎」是包含「外強中乾」的意思，而「紙人」僅僅是「中乾」，沒有「外強」之意。於是，譯成了「Paper Tiger」，這成了毛澤東「發明」的新名詞。斯特朗饒有興味地聽著毛澤東談論「紙老虎」。

毛澤東說：

「一切反動都是紙老虎。看起來，反動派的樣子是可怕的，但是實際上並沒有什麼了不起的力量。從長遠的觀點看問題，真正強大的力量不是屬於反動派，而是屬於人民。」

毛澤東談及了他的老對手蔣介石，他稱蔣介石也是「紙老虎」。他說：

「蔣介石和他的支持者美國反動派也都是紙老虎。……我們所依靠的不過是小米加步槍，但是歷史最後將證明，這小米加步槍比蔣介石的飛機加坦克還要強些。雖然在中國人民面前還存在著許

多困難，中國人民在美國帝國主義和中國反動派的聯合進攻之下，將要受到長時間的苦難，但是這些反動派總有一天要失敗，我們總有一天要勝利。這原因不是別的，就在於反動派代表反動，而我們代表進步。」

也就在這次談話前不久——七月二十日，毛澤東爲中共中央起草了黨內指示《以自衛戰爭粉碎蔣介石的進攻》。毛澤東指出：

「蔣介石雖有美國援助，但是人心不順，士氣不高，經濟困難。我們雖無外國援助，但是人心歸向，士氣高漲，經濟亦有辦法。因此，我們是能夠戰勝蔣介石的。全黨對此應當有充分的信心。」

毛澤東還制定了對蔣介石的作戰方針：

「戰勝蔣介石的作戰方法，一般是運動戰。因此，若干地方，若干城市的暫時放棄，不但是不可避免的，而且是必要的。暫時放棄若干地方若干城市，是爲了取得最後勝利，否則就不能取得最後勝利。此點，應使全黨和全解放區人民都能明白，都有精神準備。」

毛澤東正是基於這種戰略，所以面對著蔣介石聲勢洶洶的攻勢、放棄了一座又一座城市。蔣介石呢，卻把從毛澤東手中奪來的每一座城市，都視爲一次勝利。

國共之間，已經以砲火代替了握手。連美國總統杜魯門也致電蔣介石：

「近數月來，中國局勢的急劇惡化，已成爲美國人民所深爲關切的問題。」

雖說蔣介石覆電杜魯門，稱「竭盡所能地與馬歇爾將軍合作」，但馬歇爾和美國新任駐華大使司徒雷登不得不在八月十日發表聯合聲明，宣布「調處」失敗。

一九四七年一月七日，馬歇爾離華返美。離華時他說：「和平障礙國共兩黨均有責任。」他給國共兩黨各打了五十大板，以求顯示他這位調解人的公正。

馬歇爾這位「魔術師」，後來倒是說了一段真心的話：

「毛澤東的人民民主不會願意接受蔣介石的統治，也不會願意接受一個對美國友好的民主中國，而由於國民黨的愚蠢無能，沒有美國的軍事干涉，國民黨政府就不可能對共產黨人實施統治。現在看來，採取任何別的政策將不會遭受同樣的命運。」

毛澤東呢？他在一九四六年九月二十九日接受美國記者斯蒂爾的採訪時，這樣評論美國的調解：

「我很懷疑美國政府的政策是所謂調解。根據美國大量援助蔣介石使得他能夠舉行空前大規模內戰的事實看來，美國政府的政策是在借所謂『調解』作掩護，以便從各方面加強蔣介石，並經過蔣介石的屠殺政策，壓迫中國民主力量，使中國在實際上變爲美國的殖民地。這一政策繼續實行下去，必將激起全中國一切愛國人民起來作堅決的反抗。」

當斯蒂爾問毛澤東：「閣下是否認爲蔣介石是中國人民的『當然領袖』？」

毛澤東斷然否定：「世上無所謂『當然領袖』。」

毛澤東用林沖戰略對付蔣介石

「抗戰前十年內戰，抗戰中八年摩擦，勝利後一年糾紛。」一九四六年十一月十九日，周恩來在國共談判面臨徹底破裂，不得不離開南京、飛回延安時，接受記者採訪，用這樣概括的話，總結了國共兩黨關係史。

周恩來的離去，表明國共關係接近冰點。

一九四七年二月二十七日夜，南京衛戍司令部、上海淞滬警備司令部、重慶警備司令部同時發出通知，限令三地的中共聯絡處及辦事處所有人員於三月五日前撤退。

這實際上是國民黨向中共提出的最後通牒。

中共代表王炳南發表了《爲委託民盟保管京滬渝蓉昆等處遺留財產緊急聲明》，稱中共在各地的房屋資財，「悉數委託中國民主同盟全權保管，業於三月五日簽訂契約，先將南京各種財產造冊點交，並請林秉奇律師作證」。

中國民主同盟代表羅隆基，也於三月六日發表《爲受委保管中共代表團京滬渝蓉昆等處遺留財產緊急聲明》：「茲以中國共產黨各地代表及工作人員撤退在即，所有遺留各地之房屋物資器材及交通工具，悉委託本同盟全權保管。」⑤中共也相應採取措施，要國民黨駐延安的聯絡機構撤退。

另外，中共還要求美軍駐延安的觀察組，撤離延安。美軍觀察組在三月十一日上午剛剛撤走，國民黨轟炸機在下午就大批飛臨延安上空，進行狂轟濫炸。

這樣，國共之間的戰爭全面展開了。

蔣介石和毛澤東作爲國共雙方的主帥，下著國共的決戰之棋。

在國共之戰的初期——以一九四六年六月二十六日，蔣介石部隊大舉進攻中原解放區爲起點。蔣介石打的是全面進攻戰，他調動了手下二百萬大軍，全面進擊，四處開花。

毛澤東打的戰略是「集中優勢兵力，各個殲滅敵人」，進行運動戰。

戰爭進行了八個多月，毛澤東放棄了一百零五座城市，卻消滅了蔣介石部隊七十一萬人。

從棋局來看，蔣介石部隊越楚河，過漢界，咄咄逼人。實際上，他損兵折將，消耗實力。

其實，毛澤東所用的戰略，他早在一九三六年十二月所寫的《中國革命戰爭的戰略問題》中，已說得明明白白：

> 誰人不知，兩個拳師放對，聰明的拳師往往退讓一步，而蠢人則其勢洶洶，劈頭就使出全副本領，結果往往被退讓者打倒。
>
> 《水滸傳》上的洪教頭，在柴進家中要打林沖，連喚幾個「來」「來」「來」，結果是退讓的林沖看出洪教頭的破綻，一腳踢翻了洪教頭。⑥

毛澤東在十年前寫的這段文字，彷彿是爲十年後的國共之戰畫像。蔣介石就是那其勢洶洶的洪教頭，毛澤東採用了林沖的辦法對付他。

毛澤東在一九四六年十月一日所寫的《三個月總結》中，對國共之戰初期的形勢作了如下判斷：「蔣軍戰線太廣與其兵力不足之間，業已發生了尖銳的矛盾。此種矛盾，必然要成爲我勝蔣敗

的直接原因。」

國共之戰，果然按照毛澤東所預料的那樣進行。到了一九四七年三月，蔣介石因「戰線太廣」而「兵力不足」，不得不收縮戰線，集中兵力。

於是，國共之戰進入第二個階段，即蔣介石由「全面出擊」改爲「重點進攻」。蔣介石定下了兩個重點：

集中三十四個旅，二十三萬人，進攻陝甘寧邊區，進攻紅都延安；

集中六十個旅，四十五萬人，進攻山東解放區。

毛澤東呢，依然著眼於「消滅敵人有生力量」。毛澤東說了一句頗爲精闢的話：

「存人失地，地終可得；存地失人，必人地兩失。」

一時間，延安成了國共爭鬥的焦點。一九四七年二月底，蔣介石從南京飛往西安，召集那裏的軍政要員，進攻延安作了部署。蔣介石命號稱「西北王」的胡宗南厲兵秣馬，突襲延安……

蔣介石為「光復中共赤都」興高采烈

胡宗南兵馬未動，三月三日深夜，毛澤東在延安的窯洞裏，卻正在細細研讀著胡宗南的進攻延安的絕密計畫！

「謀事不密則害成」。胡宗南深知這一點，尤其是與中共作戰，更要講究出其不備。他生怕洩

露機密，進攻延安的作戰計畫連他手下的師長、軍長都不知道。他只告知部屬，隊伍要集結而已。可是，那絕密計畫竟已落到毛澤東手中。

胡宗南做夢也沒有想到，他身邊的機要秘書竟是中共地下黨員！此人名喚熊向暉，乃是奉周恩來之命，早在一九三七年便打入胡宗南身邊，翌年起任胡宗南機要秘書。

熊向暉的真實身分，在中共方面，也只有周恩來、董必武、蔣南翔三人知道。最初，周恩來只吩咐他作「閒棋」、「冷子」，作長期埋伏的打算。⑦周恩來的這一步閒棋下得不錯。熊向暉在胡宗南身邊「閒置」了多年，終於在關鍵的時刻，發揮了關鍵的作用。

三月二日夜，乘胡宗南外出，熊向暉把胡宗南的作戰計畫背熟。翌日夜，熊向暉卻來到西安新華巷一號，把絕密情報告訴中共地下黨員王石堅，由王石堅的無線電台把胡宗南的作戰計畫發往延安，到了毛澤東手中。

這樣，毛澤東迅速得知，胡宗南定於三月十日拂曉，對延安發起閃電總攻。胡宗南手下的十五個旅的部署，進攻路線，毛澤東也瞭若指掌。

毛澤東於三月六日以中共中央軍委的名義發出電報，通報了胡宗南的作戰計畫，並指出：「此次胡軍攻延帶著慌張神情，山西僅留四個旅，西蘭公路及隴海線均甚空虛，集中全力孤注一擲，判斷係因山東及冀魯豫兩區失敗，薛岳去職，顧祝同調徐，胡宗南實際上主持鄭州軍事，急欲抽兵進攻豫北，故先給延安一個打擊。」⑧

三月七日，熊向暉又密告王石堅，胡宗南的總攻延安時間推遲三天，為的是等美軍駐延安觀察組撤離。這時，王石堅告訴熊向暉，上次去電延安之後，延安已覆電，說已把胡宗南作戰計畫呈報

毛澤東、周恩來，他們稱讚「很及時、很得用」。

果真，胡宗南部隊在三月十三日晚，進入預定位置，十四日拂曉發起總攻擊。

緊接著，熊向暉又密告延安，此時胡宗南的作戰方式是：

「採取『蛇蛻皮』、『方陣式』進軍方法，派前衛佔領陣地，依次掩護本隊前進，前尾相顧，左右相聯，走山不走川，遇小股敵人即行殲滅，遇大敵人可先繞道，吸引於延安附近圍殲。」

如此這般，毛澤東對胡宗南的動向，可謂一清二楚。

面對胡宗南南、西、北三路大軍的進攻，毛澤東用了林沖的戰略，避其鋒芒，讓他一步。根據「存人失地，地終可得」的原則，毛澤東作出重要決策：放棄延安！

三月十九日清晨，胡宗南部隊攻入延安時，延安已是一座空城。

胡宗南興高采烈地給蔣介石發去「光復中共赤都」報捷電報：

「我軍經七晝夜的激戰，第一旅終於十九日晨佔領延安，是役俘虜五萬餘，繳獲武器彈藥無數，正在清查中。」

胡宗南的電報所稱「七晝夜的激戰」、「俘虜五萬餘」，乃係虛構。因為毛澤東讓他一步，何況早已作撤離延安的準備，胡宗南一路順風，並無「激戰」，也無大批俘虜。

接到胡宗南的電報，蔣介石自然比胡宗南更為興高采烈。蔣介石在翌日晨，發佈嘉獎電：

宗南老弟：

將士用命，一舉而攻克延安，功在黨國，雪我十餘年來積憤，殊堪嘉尚，希即傳諭

嘉獎，並將此役出力官兵報核、以憑獎敘。戡亂救國大業仍極艱巨，望弟勉旃。

中正

蔣介石的「雪我十餘年來積憤」一句，道出了他內心的真話！

毛澤東笑謂胡宗南「騎虎難下」

南京一片歡騰。《中央日報》在頭版頭條地位報導「國軍收復延安」的消息，並發表社論《國軍解放延安》。街頭掛起青天白日滿地紅之旗，貼著「慶祝解放延安」、「慶祝陝北大捷」大標語，鞭炮聲此起彼伏……

此處頗有意思的是國民黨也用「解放」一詞。

「解放」一詞，其實古已有之，《三國志·魏志·趙儼傳》中，便有：「儼既囚之，乃表府解放。」蔣介石的「解放」，是指從中共手中奪回之意。毛澤東更爲常用「解放」一詞，則是指從蔣介石手中「解」而「放」之。中共中央的機關報，那時叫《解放日報》；理論刊物叫《解放》週刊。國共決裂之後，中共軍隊不再稱「八路軍」、「新四軍」，而是改稱「中國人民解放軍」……

就在「國軍解放延安」的一片歡呼聲中，陳誠在二十日舉行記者招待會，聲稱：

「余曾有言，如果真正作戰，只需三個月即可擊破共軍主力，但過去是因和談關係，國軍多是

挨打。」

陳誠還說，今後「非至共軍全部解除武裝不止。」

三月二十一日，蔣介石又致電胡宗南，把「雪我十餘年來積憤」，延伸爲「雪二十一年之恥辱」，把帳算到了一九二六年！

蔣介石的電報稱：

「延安如期收復，為黨為國雪二十一年之恥辱，得以略慰矣。吾弟苦心努力，赤忱忠勇，天自有以報之也。時閱捷報，無任欣慰。各官兵之有功及死傷者應速詳報。至對延安秩序，應速圖恢復，特別注意其原有殘餘及來歸民眾與俘虜之組訓慰藉，能使之對共匪壓迫欺騙之禽獸行為，盡情暴露與徹底覺悟。十月後，中外記者必來延安參觀，屆時使之有所表現，總使共匪之虛偽宣傳完全暴露也。最好對其所有制度，地方組織，暫維其舊，而使就地民眾能自動革除，故於民眾之救護與領導，必須盡其全力，俾其領略中央實為其解放之救星也。」

據熊向暉回憶，胡宗南進入延安，他陪同「參觀」。在棗園，胡宗南步入毛澤東住過的窯洞，看得很仔細。他居然拉開毛澤東的書桌抽屜，細細檢視。他發覺，抽屜裏有一紙條。拿起一看，上面寫著：

「胡宗南到延安，勢成騎虎。進又不能進，退又不能退。奈何！奈何！」

胡宗南看畢，也忍不住大笑起來。

據熊向暉在胡宗南身邊多年觀察：「合乎他心意的，他哈哈大笑；道出他心病的，他也哈哈大笑。」

毛澤東的「勢成騎虎」這句話，正是一語道破了胡宗南的心病。

確實，胡宗南在攻佔延安之後，陷入了進退兩難的地步。

毛澤東對付胡宗南，採用了「蘑菇」戰術。如他所言：

「如不使敵十分疲勞和完全餓飯，是不能最後獲勝的。這種辦法叫用『蘑菇』戰術，將敵磨得精疲力竭，然後消滅之。」⑨

毛澤東在山險路艱的陝北，跟胡宗南「蘑菇」，把胡宗南部隊磨得又累又餓。胡宗南生怕毛澤東有詐，「每次進攻，全軍輕裝，攜帶乾糧，佈成橫直三四十里的方陣，只走山頂，不走大路，天天行軍，夜夜露營，每日前進二三十里。」⑩

據云，這是「國防部指導下的新戰術」。

儘管胡宗南小心翼翼，還是一回回進入毛澤東設下的伏擊圈，連吃敗仗：

就在佔領延安後的第六天，在延安東北的山勢險要的青化砭，胡宗南三十一旅近三千人被殲，旅長李紀雲被俘；

四月十四日，胡軍四千多人被殲於陝北羊馬河；

五月二日至四日，在陝北蟠龍，胡軍六千七百人被殲……

蔣介石下令「通緝」毛澤東

就在胡宗南「騎虎難下」之際，蔣介石重點進攻的另一翼——山東，也連吃敗仗……

那是一九四七年五月十六日下午，蔣介石的嫡系王牌——整編七十四師，在山東臨沂北面，被中國人民解放軍華東野戰軍第六縱隊團團圍困在孟良崮，已經瀕於彈盡糧絕的境地。崮，山東一帶對四周陡峭而有著蘑菇狀山頂的石山的稱呼。七十四師的師部，就設在崮頂岩下的山洞裏。

整編七十四師師長張靈甫，一米八六的個子，長得英俊瀟灑。他是黃埔軍校第四期畢業生，後來陞爲國民黨中將。張靈甫能文能武，能書善畫，頗有儒將風度。他的整編七十四師，是蔣介石的五大主力之一，向來以驍勇善戰著稱。這一回，卻陷入了絕境。⑪

面對中共部隊激烈的砲火，已無退路的張靈甫面臨最後的抉擇：要麼降，要麼死。他選擇了「殺身成仁」。張靈甫寫下了絕命書。其中一封給蔣介石，一封給妻子王玉玲。這兩封絕命書，交給了勤務兵。勤務兵穿上解放軍服裝，混出孟良崮，帶到了南京。王玉玲珍藏著張靈甫的絕命書。

筆者一九九二年四月十一日，在西安採訪了張靈甫長子張居禮，他出示了張靈甫的絕命書——這是現居美國的王玉玲，交張居禮之弟張道宇帶來的。

張靈甫的絕命書全文如下：

> 十餘萬之匪向我猛撲，今日戰況更惡化，彈盡援絕，水糧俱無。我與仁傑決戰至最後以一彈飲訣成仁，上報國家及領袖，下答人民與部屬。老父親來看未見，痛極望善待

之幼子生養育之，玉玲吾妻，今永訣矣！

靈甫絕筆
五月十六日
孟良崮

張靈甫寫罷絕命書之後，自殺身亡。他的七十四師，三萬二千餘人，全部覆沒。

當時，考慮到張靈甫是國民黨高級將領，中共華東野戰軍第六縱隊司令皮定均命政治部派人購棺木予以安葬。收屍者乃吳強。這一段經歷給吳強留下很深印象。後來，吳強寫出了孟良崮之戰的長篇小說《紅日》，並由上海天馬電影製片廠於一九六二年拍成電影……

對於孟良崮之敗，蔣介石在一九四七年五月二十九日，發佈《爲追念張靈甫師長剿匪成仁通告國軍官兵》，對失敗的原因進行了檢討：

「以我絕對優勢之革命武力，竟每爲烏合之衆所陷害，此中原因，或以諜報不確，地形不明，或以研究不足，部署錯誤，馴至精神不振，行動萎靡，士氣低落，影響作戰力量，雖亦爲其重要然究其最大缺點，厥爲各級指揮官每存苟且自保之妄念，既乏敵愾同仇之認識，更無協同一致之精神，坐視爲敵所制，以致各個擊破者，實爲我軍各級將領取辱召禍最大之原因。」

蔣介石不論是重點進攻延安，還是重點進攻山東，皆遭失敗。

隨著重點進攻的慘敗，蔣介石在軍事上也就由主動轉爲被動。蔣介石已沒有一九四六年十月十八日宣稱「五個月之內打垮中共軍」那種躊躇滿志的氣度了。因爲五個月早已過去，中共不僅沒

有被打垮，反而連連獲勝。

就在陝北蟠龍之役和山東孟良崮之役大勝之後，正在陝北靖邊縣王家灣的毛澤東，於一九四七年五月三十日，以新華社評論的名義，寫了《蔣介石政府已處於全民的包圍中》一文，對形勢進行了分析，並稱蔣介石爲「賣國集團」：

> 蔣介石賣國集團及其主人美國帝國主義者，錯誤地估計了形勢。……
>
> 蔣介石的軍隊，無論在哪個戰場，都打了敗仗。從去年七月到現在共計十一個月中，僅就其正規軍來說，即已被殲滅約九十個旅。不但去年佔長春、佔永德、佔張家口、佔荷澤、佔淮陰、佔安東時候的那種神氣，現在沒有了，就是今年佔臨沂、佔延安時候的那種神氣，現在也沒有了。蔣介石、陳誠曾經錯誤地估計了人民解放軍的力量和人民解放軍的作戰方法。以為退卻就是膽怯，放棄若干城市就是失敗，妄想在三個月或六個月內解決關內問題，然後再解決東北問題。但在十個月之後，蔣介石全部進犯軍已經深入絕境，被解放區人民和人民解放軍所重重包圍，想要逃脫，已很困難。

大凡輸家，往往容易發火。蔣介石輸了，對毛澤東恨透了，火極了！

一九四七年六月二十八日，蔣介石以國民政府最高法院的名義，對毛澤東下了「通緝令」。蔣介石給毛澤東開列的罪名是：「意圖顛覆政府，其爲內亂犯」！

蔣介石光是「通緝」毛澤東還不解氣。他在七月四日召開國民政府第六次國務會議上，提出

《厲行全國總動員戡平共匪叛亂方案》，得以通過。他要求「實行全國總動員，號召全民，一致奮起，淬厲進行」「從速戡平叛亂」。

於是，蔣介石宣布，全國進入「戡亂時期」。國民黨中央及國民政府頒發了一系列法令及條例：

《中國國民黨勘亂建國總動員方案》；

《動員勘亂完成憲政實施綱要》；

《動員勘亂完成憲政國防軍事實施辦法》；

《妨害兵役治罪條例》；

《後方共產黨處置辦法》；

《勘亂時期國家緊急治罪辦法》。

蔣介石在七月三十一日的日記中寫道：

「國務會議通過總動員令，實爲對共匪重大之打擊，不僅軍心一振，而民心亦得一致矣。」

毛澤東稱蔣介石為「匪」

戡亂總動員，也無濟於事。戰爭形勢已經越來越不利於蔣介石。戰爭進行了一年（從一九四六年七月算起），蔣介石的軍隊被殲人數已達一百十二萬。

美國《白皮書》也明明白白指出：「戰略主動權已由政府手中轉入中共手中。」

蔣介石雖說不願直截了當承認失敗，但從他講話的口氣中也可明顯感到了：「共產黨絕對不能打敗我們。」他已不再去誇口講幾個月內消滅共軍了，只是說中共打不敗他，表明他已處於守勢了。

對於這一年的戰爭，蔣介石和毛澤東都在進行總結。他們都既回顧過去一年的「棋局」，又在總結的基礎上考慮如何走下一步棋。

毛澤東的總結，是一九四七年九月一日在陝北葭縣朱官寨寫的，題爲《解放戰爭第二年的戰略方針》；

蔣介石的總結，是十月六日在第四期軍官訓練團所作的演講，題爲《一年來剿匪軍事之經過與高級將領應注意之事項》。

毛澤東顯得興奮：

「這一勝利，給了敵人以嚴重打擊，在整個敵人營壘中引起了極端深刻的失敗情緒，興奮了全國人民，奠定了我軍殲滅全部敵軍、爭取最後勝利的基礎。」

蔣介石則不能不正視敗局：

「前方的部隊，遭遇迭次的挫折，高級將領被俘的被俘，戰死的戰死，這不僅是我們革命莫大的恥辱，而且對於社會人心發生很嚴重的影響。」

毛澤東確定今後的作戰方針是：

「我軍作戰方針，仍如過去所確立者，先打分散孤立之敵，後打集中強大之敵。」

蔣介石則確定如下方針：

「今後剿匪的工作，鬥智尤重於鬥力。」

蔣介石開動了腦筋，用他的「智」，下達《制定剿匪作戰守則與六項要目之手令》。

他提出今後對中共作戰的「四大守則」，即：

「一、積極進攻；二、迅速行動；三、特別注重火網之構成；四、夜間行動。」

他制定的「六項要目」是：

「搜索、警戒、偵察、掩護、聯絡與觀察。」

不過，戰爭進入第二個年頭，蔣介石益發處於不利的地位。一九四七年十月，毛澤東起草了著名的《中國人民解放軍宣言》，響亮地提出了「打倒蔣介石，解放全中國」的口號。

毛澤東寫道：

「中國人民解放軍，在粉碎蔣介石的進攻之後，現已大舉反攻。南線我軍已向長江流域進擊，北線我軍已向中長、北寧兩路進擊，我軍所到之處，敵人望風披靡，人民歡聲雷動。整個敵我形勢，和一年前比較，已經起了基本上的變化……」

毛澤東稱蔣介石爲「內戰禍首」。蔣介石對毛澤東下「通緝令」，而毛澤東此時來了個針鋒相對，命令中國人民解放軍「逮捕、審判和懲辦以蔣介石爲首的內戰罪犯」，實際上，這也就是對蔣介石下「通緝令」。蔣介石和毛澤東互下「通緝令」，這與兩年前他倆在重慶高舉通紅的葡萄酒杯，可謂此一時也，彼一時也！

毛澤東還宣告：

「本軍對於蔣方人員，並不一概排斥，而是採取分別對待的方針。這就是首惡者必辦，脅從者不問，立功者受獎。」

面對中共由守勢轉爲攻勢，蔣介石意識到他已到了「存亡危急之秋」。蔣介石在這年十一月三十日，寫下一篇《反省錄》，對於他的處境作了如下描述：

「全國各戰場皆陷於劣勢被動之危境。尤以榆林（陝西）、運城（山西）被圍日久，無兵增援；十二日，石家莊陷落之後，北方之民心士氣尤完全動搖；加之，陳毅股匪威脅徐州（江蘇），拆毀黃口（江蘇）至內黃（河南）鐵路，而後進逼徐、宿（安徽）；陳賡股匪竄擾豫西、南陽、安陽震動；江南各省幾乎遍呈風聲鶴唳之象；兩廣、湘、豫、浙、閩伏匪蠢動，李濟深、馮玉祥且與之遙遙相應，公然宣告叛國，此誠存亡危急之秋也。」

毛澤東呢，此時他的心緒很好，勝券在握。他對蔣介石提高了調子，由「內戰禍首」昇級爲「蔣介石匪幫」了！

多少年來，總是蔣介石稱毛澤東爲「匪」，所以不停地「剿匪」。如今顛倒過來了，輪到毛澤東稱蔣介石爲「匪」了。這種「稱謂」的變化，倒也鮮明地反映出蔣介石和毛澤東地位的變化。誠如古語所道：「勝者爲王，敗者爲寇。」蔣介石敗了，也就成「寇」、成「匪」了！

就在蔣介石寫下那篇《反省錄》之後二十多天——十二月二十五日，毛澤東在陝北米脂縣楊家

溝的中共中央會議上，作了《目前形勢我們的任務》報告。

如今，輪到毛澤東以躊躇滿志的姿態說話了：

「現在，戰爭主要地已經不是在解放區內進行，而是在國民黨統治區內進行了，人民解放軍的主力已經打到國民黨統治區域裏去了。中國人民解放軍已經在中國這一塊土地上扭轉了美國帝國主義及其走狗蔣介石匪幫的反革命車輪，使之走向覆滅的道路。這是一個歷史的轉折點。這是蔣介石的二十年反革命統治由發展到消滅的轉折點。」⑫

對於這樣嚴峻的形勢，蔣介石也心中明白。他在一九四八年一月七日的日記中，十分形象地描述了他自己的悲涼心態：

「閱地圖所示共匪擴張之色別，令人驚怖，若對匪作戰專重對付其軍隊主力，而不注重面積之原則，亦將陷於不可挽救之地步。」

蔣介石步上中華民國總統寶座

就在蔣介石連吃敗仗、目怵心驚之際，民怨高漲，他在國民黨內的威信也隨之不斷下降，美國政府對他的信任度也在下降。

蔣介石面對危局，下了一步挽回之棋，曰「實行民主政治」。那便是召開被稱爲「民主之基」、「憲政之階」的國民大會，實行憲法，選舉總統。

國民黨的一黨專政，向來受到人們的非議。蔣介石在一九四六年十一月十五日召開國民大會。這次國民大會實際上是由國民黨一手包辦，受到中共的激烈反對，拒絕參加，稱之爲「僞國大」。中國民主同盟等也拒絕參加，那次國民大會，通過了《中華民國憲法》。

眼下，蔣介石要按照《中華民國憲法》，選舉總統、副總統，以表明這是「中華民國實行民主憲政的開始」。

蔣介石這人，骨子裏嗜權如命，表面上卻是謙謙君子。早在一九四六年十一月，國民大會召開之時，蔣介石便曾發表這樣的演說：

「我個人本來沒有政治慾望和興趣，而且我今年已經六十歲，更不能像過去二十年一樣擔負繁重的重任，所以必須將國家的責任交託於全國的同胞。」

這一回，蔣介石又顯得很謙虛，他表示在「國家未能統一」之前，「絕不競選總統」而只「願擔任政府中除正副總統外之任何職責」。

蔣介石在一九四八年四月四日國民黨臨時中央全會上，提出了總統候選人的五項條件：

一、了解憲法，認識憲政，確保憲政制度；

二、富有民主精神及民主思想；

三、忠於勘亂建國之基本政策；

四、深熟我國歷史、文化及民族傳統；

五、對當前之國際情勢與當代文化有深切認識。

蔣介石還說：「吾人可提一具有此種條件之黨外人士出任總統候選人。」

蔣介石彷彿在給人們出啞謎，紛紛猜測究竟誰是蔣介石心目中的未來總統。按照蔣介石開列的這些條件，很多人推測是胡適。胡適早在一九一九年「五四」運動時便頗享盛名。抗戰期間，出任駐美大使。後又任北京大學校長，並參與起草《中華民國憲法》。他和美國有著良好的關係，又是文人的象徵。

蔣介石常常叫人捉摸不透。他「絕不競選總統」，人們竟難以知悉他是否本意如此：真的吧，可能如此。推出胡適當象徵性的元首，如同當年以林森為國民政府主席一樣；假的吧，也可能如此。仿照古賢，總是要先來一番遜辭再三。

蔣介石再三堅辭總統候選人，倒是張群明白他的心意：《中華民國憲法》對總統的權力作了一些限制，必須進行修改。

於是，在四月五日下午的國民黨中央常委會上，通過了由陳布雷起草的一項決議案：

「總裁力辭出任總統候選人，但經常會研究結果，認為國家當前的局勢，正迫切需要總裁的繼續領導，所以仍請總裁出任總統，以慰人民喁喁之望。常會並建議在本屆國民大會中，通過憲法增加『勘亂時期臨時條款』，規定總統在勘亂時期，得為緊急處分。」

這新增的《勘亂時期臨時條款》，給予了總統以「緊急處分」的特殊權力，蔣介石滿意了。

於是，蔣介石也就不再「堅辭」了。

四月十八日，國民大會通過了《勘亂時期臨時條款》。蔣介石也就在總統候選人討論會會上發表演講。蔣介石追述了自己的奮鬥史，從最初追隨孫中山，到領導北伐，進行剿共，直至領導抗戰。最後，蔣介石說了這麼一番話：

「我是國民黨黨員，以身許國，不計生死，我要完成總理遺志，對國民革命負責到底。我不做總統，誰做總統！」

蔣介石既然說「我不做總統，誰做總統」，當然就一錘定音，他成了總統候選人。不過，光是他一人成爲總統候選人，也就談不上競選，缺少民主的味道。於是，由居正參加陪選。居正那時擔任立法院院長。

翌日，國民大會進行選舉。蔣介石得二千四百三十票，居正得二百六十九票，蔣介石的得票數差不多是居正的十倍。這樣，蔣介石也就當選爲中華民國總統，集總統、總裁於一身。

總統的選舉頗爲順利。副總統的選舉，卻風波迭起。

副總統的候選人，蔣介石原本內定孫科。孫科爲孫中山嗣子，擔任過立法院院長，行政院長，國民政府副主席。孫中山乃國民黨的締造者，孫科作爲孫中山之子，在國民黨內頗享聲譽，而且與蔣介石關係不錯。由孫科出任副總統，也表明蔣介石對孫中山的忠誠之意。

事出意外，忽地殺出一匹「黑馬」角逐副總統，打亂了蔣介石的陣腳。此人便是李宗仁。李宗仁與孫科同齡，小蔣介石四歲，乃桂系首領。

李宗仁向來與蔣介石齟齬頗多：

他先是一九二七年八月，聯合何應欽逼蔣介石下野；

一九二九年三月，爆發蔣桂戰爭，李宗仁兵敗，出走香港；

這年十一月，他又聯合張發奎反蔣，又敗；

翌年，與閻錫山、馮玉祥一起反蔣，再敗；

過一年——一九三一年五月，和陳濟棠聯名通電，要求蔣介石下野；

一九三六年，再度聯合陳濟棠發動反蔣兵變……

在抗戰中，李宗仁因指揮台兒莊戰役，給了日軍沉重打擊，名聲大震。抗戰勝利後，蔣介石委任李宗仁爲軍事委員會委員長北平行營主任。

李宗仁此人錯綜複雜，既反蔣、抗日，也反共。他在一九二七年四月，支持過蔣介石發動反共政變。抗日戰爭勝利後，又支持蔣介石發動反共內戰。

李宗仁一向「凡事不爲天下先」。蔣介石萬萬沒有想到李宗仁會跑出來競選副總統。就連李宗仁手下的大將白崇禧都感到驚訝。

幕後的底細，若干年後由李宗仁的政治秘書程思遠道出：

「後來我才知道李宗仁所以要競選副總統，完全是出自司徒雷登的策動。」⑬

原來，美國駐華大使司徒雷登曾在一九四七年夏去北平。九月八日，他向美國國務院提出的一份特別報告中，寫道：

「在一般學生心目中，象徵國民黨統治的蔣介石，其資望已日趨式微，甚至目之爲過去人物者。」

司徒雷登又指出，「李宗仁將軍之資望日高。」這表明，美國已把希望寄託在李宗仁身上。有了美國的支持，李宗仁也就「當仁不讓」了！他出馬競選副總統，自然使蔣介石心中不快，他曾說這「好比一把刀指著胸膛那樣難過」。

除了李宗仁、孫科之外，還有程潛、于右任以及莫德惠（社會賢達）、徐溥霖（民社黨）等作

爲副總統的候選人。當然，主要的競爭對手是李宗仁和孫科。

副總統的競選，近乎白熱化，那角逐的激烈程度不亞於一場精彩的球賽。四月二十三日，國民大會選舉副總統的結果是：

李宗仁得七百五十四票；

孫科得五百五十九票；

程潛得五百二十二票；

于右任不足五百票；

莫德惠、徐溥霖各得二百餘票。

李宗仁得票數雖然居於榜首，但不足當選票數，即未超過全額半數——一千五百二十三票。

二十四日重選，李宗仁得一千一百六十三票，孫科得九百四十五票，程潛得六百十六票。李宗仁仍未過半數。

這時，蔣介石對李宗仁施加壓力。會場上散發種種傳單，對李宗仁進行激烈攻擊，說他的台兒莊的勝利是假的，說他的競選口號跟共產黨的口號差不多……

二十五日，各報爆出大字標題新聞：李宗仁退出競選！

李宗仁以退爲進，這一著棋是高明的。因爲他一旦真的退出競選，蔣介石的臉上也不好看了。

於是，蔣介石只得出面，表示在選舉中「不袒護、不支持任何一方」。李宗仁又重新參加競選。

二十八日，進行第三次選舉。李宗仁得一千一百五十六票，孫科得一千零四十票，程潛得

五百十五票。李宗仁仍未過半數。

不得已，只好在二十九日進行第四次選舉——這一次是「決選」，以誰多誰當選，不一定要過半數。李宗仁最後以一千四百三十八票，險勝孫科。

就在南京忙於競選的那些日子裏，四月二十二日，延安重新回到中共手中。不過，毛澤東沒有重返延安，卻東渡黃河，由山西進入河北阜平縣境內。

蔣介石和李宗仁在南京宣誓就任中華民國正、副總統。

毛澤東當即作出反應。以中共中央名義發表的《紀念「五一」節口號》，共二十三條，其中的第二條是：

「今年的『五一』勞動節，是中國人民死敵蔣介石走向滅亡的日子，蔣介石做僞總統，就是他快要上斷頭台的預兆。打到南京去，活捉僞總統蔣介石！」

蔣介石呢，他則在五月十日的日記中這麼頗爲微妙地寫道：

「深夜靜慮，此時只有前進，方是生路。凡事不能必其成功，亦不能過慮其必敗。」

一個「敗」字，已在這位新總統的腦海中不停地盤旋著……

大決戰前夕雙方摩拳擦掌

一九四八年七月二十七日至八月二日，國民黨的高級將領們雲集南京國防部，「戡亂軍事檢討

會」在那裏舉行。蔣介石主持會議。

會議的氣氛是悲涼的。誰都意識到，與中共主力的最後決戰就在眼前。然而，取勝的希望卻是那麼渺茫。

與此相應的，一九四八年九月八日至十三日，在河北平山縣滹沱河北岸、一個長滿古柏的柏樹坡，有座七、八十戶的名叫西柏坡的小村，中共中央政治局會議在那裏舉行。毛澤東主持會議。

會議的氣氛是歡樂的。誰都意識到，與國民黨主力的最後決戰就在眼前。與會者充滿著必勝的信心。

決戰前夕，這兩個會議在唱對台戲。

南京國民政府的國防部長，原本是白崇禧。自從李宗仁當上副總統，蔣介石便令國防部長換馬。他把白崇禧調任華中「剿總」司令，讓何應欽繼任國防部長。蔣介石此舉，當然是爲了削弱桂系的勢力。

會議開幕的那一天，蔣介石作了《改造官兵心理，加強精神武裝》的報告。蔣介石的報告調子是低沉的。他說：

「就整個局勢而言，則我們無可諱言的是處處受制、著著失敗！到今天不僅使得全國人民的心理動搖，軍隊將領信心喪失，士氣低落，而且中外人士對我們國軍譏刺誣蔑，令人實難忍受。」

蔣介石嚴厲批評了他的部屬：

「我們在軍事力量上本來大過共匪數十倍，制空權、制海權完全掌握在政府手中，論形勢較過去在江西圍剿時還要有利。但由於在接收時，許多高級軍官大發接收財，奢侈荒淫，沉溺於酒色之

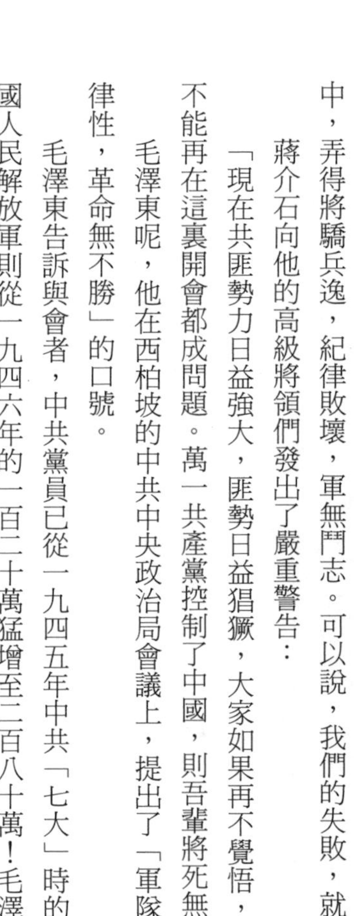

中，弄得將驕兵逸，紀律敗壞，軍無鬥志。可以說，我們的失敗，就是失敗於接收。」

蔣介石向他的高級將領們發出了嚴重警告：

「現在共匪勢力日益強大，匪勢日益猖獗，大家如果再不覺悟，再不努力，到明年這個時候能不能再在這裏開會都成問題。萬一共產黨控制了中國，則吾輩將死無葬身之地。」

毛澤東呢，他在西柏坡的中共中央政治局會議上，提出了「軍隊向前進，生產長一寸，加強紀律性，革命無不勝」的口號。

毛澤東告訴與會者，中共黨員已從一九四五年中共「七大」時的一百二十萬猛增至三百萬！中國人民解放軍則從一九四六年的一百二十萬猛增至二百八十萬！毛澤東在說及這兩個數字時，臉上掛著笑容。

毛澤東正在考慮著「奪取全國政權」，他提出「必須準備好三萬至四萬下級、中級和高級幹部」。

蔣介石和毛澤東報告的調子截然相反，正是反映了蔣敗毛勝這一不可逆轉的歷史潮流。

南京，新任國防部長何應欽報告了兩年來國民黨軍隊的損耗數字：

「死傷、被俘、失蹤總數爲三百多萬人，損失步槍一百萬支，機槍七萬挺，山野重砲一千多門……」

西柏坡，朱德也在報告兩年來的戰績，其統計數字竟與何應欽十分相近，只是比何應欽更爲精確：

「人民解放軍殲敵二百六十四萬人，其中俘虜一百六十三萬人，兩年主要繳獲，計有步槍近

九十萬枝，重輕機槍六萬四千餘挺，小砲八千餘門，步兵砲五千餘門，山野重砲一千一百餘門。」

會議的第四天，眼看著將領們個個垂頭喪氣，大有「敗軍之將，不敢言勇」之態，蔣介石又發表演說加以打氣：

「我自黃埔建軍二十多年以來，經過許多艱難險阻，總是抱著大無畏的精神和百折不回的決心，堅持奮鬥，終能化險爲夷，度過種種難關。自對共匪作戰兩年來，軍事上遭受了挫折，這是不容諱言的事實。但今天最重要的是我們大家同心同德，共濟時艱，抱定──『有敵無我』、『有我無敵』的決心，激勵士氣，來挽救危機爭取勝利，而不是要相互埋怨，互相傾軋。」

毛澤東依據「第一年殲敵正規軍折合成九十七個旅（師），第二年殲敵正規軍折合成九十四個旅（師）」的殲敵速度，提出了這樣的戰略計畫：今後每年殲敵一百個旅（師），則再花三年時間，殲敵三百個旅，就可以「從根本上打倒國民黨的反動統治」。他又同時提出，中國人民解放軍要發展到五百萬人。

毛澤東這一計畫，人稱「三五計畫」：即以五年時間（包括前兩年），消滅國民黨五百個旅（師），中國人民解放軍擴大到五百萬。

蔣介石呢，面對敗局，仍要作最後的掙扎。他作這樣的戰略估計：

「現在我們在軍事上，海軍、空軍佔絕對優勢，陸軍還有幾百萬人；在經濟上，有九億美元的基金，長江流域及以南地區物產豐富，糧食絕無問題；國民政府仍然統治著廣大地區，有眾多的人力可以徵調。就總的力量對比來說，我們要比共產黨大過許多倍，沒有任何悲觀失敗的理由。『破山中之賊易，去心中之賊難』，現在最要緊的就是要打破大家害怕共匪的心理。」

與毛澤東的「三五計畫」相對應，蔣介石制定了「苦撐三北，確保二華」的計畫。「三北」，即東北、西北、華北；「二華」，即華中、華南。

蔣介石和毛澤東都很看重這大決戰前的會議。

蔣介石稱南京會議確定的方針是今後「剿匪成功之關鍵」；毛澤東稱西柏坡九月會議是「從日本投降以來到會人數最多的一次中央會議。會議檢查了過去時期的工作，規定了今後時期的工作任務」。

在大決戰前夕，南京和西柏坡各自運籌，蔣介石和毛澤東摩拳擦掌……

東北之敗使蔣介石氣得吐血

國共主力的大決戰開始了。

第一個震驚全國的消息，是在九月二十四日傳出：中國人民解放軍華東野戰軍及山東軍區部隊，在這天一舉攻下了山東省會濟南，殲滅國民黨部隊十一萬餘人，活捉國民黨第二綏靖區中將司令官兼山東保安司令王耀武。

這是中共部隊第一次佔領省會，第一次佔領濟南這樣的大城市，顯示了強大的攻堅實力。

這表明，毛澤東在向蔣介石發起大規模的進攻。

蔣介石慌了手腳。所幸他有專機，載著他到處飛。那裏吃緊，他就往那裏飛。在大決戰的那

些日子裏，蔣介石時而在北平訓話，時而在瀋陽指揮，時而在天津督戰，時而在錦州灣葫蘆島視察……

毛澤東呢，他穩坐在那長滿古柏的小村莊。他晝夜不停地工作著。他每天發往各野戰軍的電報就多達六、七十封。有時，土屋裏夜間太悶熱，他端著煤油燈，來到院子，乾脆把石凳當成辦公桌，起草著電報……

激烈的戰鬥在東北打響。

十月十日，毛澤東給林彪發去電報：

「你們的中心注意力必須放在錦州作戰方面，求得盡可能迅速地攻克該城。即使一切其他目的都未達到，只要攻克了錦州，你們就有了主動權，就是一個偉大的勝利。」

在林彪的指揮下，東北人民解放軍遵照毛澤東的部署，於十月十四日對錦州發起猛攻。

翌日，蔣介石偕宋美齡急急從南京飛往瀋陽，坐鎮督戰。錦州已處於鐵圍之中，蔣介石派出飛機，在錦州上空，給駐守那裏的東北剿匪副總司令范漢傑空投手諭：「能守則守，不能守則退出錦西。」

然而，范漢傑已經是既不能守，也不能退了！東北人民解放軍激戰三十一小時，一舉攻克了錦州，活捉范漢傑，殲滅國民黨部隊十萬餘人。

毛澤東令林彪全力攻克錦州，確實是一步妙棋。錦州，乃東北之咽喉。錦州一失，切斷了關內關外的聯繫，切斷了東北國民黨部隊的退路，使駐守長春、瀋陽的國民黨部隊陷入一片驚慌之中。

蔣介石以為毛澤東馬上要回師攻瀋陽，急匆匆和宋美齡於十六日飛離瀋陽，前往北平。

毛澤東卻沒有馬上打瀋陽，而是攻長春。

毛澤東的電報，發往長春城東南四、五十里的李家屯。那裏是中共第一線圍城指揮所的所在地。「二蕭」正在那裏忙碌，即司令員蕭勁光，政委蕭華。

最初，「二蕭」得到的命令是「久困長圍」，所以十萬大軍自六月二十二日起，便把長春圍個水洩不通。毛澤東因爲要先取錦州，所以對長春採取「久困長圍」的方針。眼下錦州得手，毛澤東便要攻長春了。

駐守長春的國民黨六十軍軍長曾澤生曾如此回憶當時兵臨城下的長春的情景：

「長春城內是一片混亂。軍隊賴著微少的空投活命，士兵饑寒交迫，士氣低落；老百姓連草根樹皮都吃光了，老人餓死在道旁……長春變成了一座人間地獄。當時，擺在六十軍面前有三條路：一是死守長春，其結果是城破軍亡；二是向瀋陽突圍，其結果是被解放軍殲滅在長春到瀋陽的路上；三是反蔣起義，參加革命，向人民贖罪，這是條活路。」⑭

十月十九日，曾澤生率所部二萬六千餘人，投降中共。

曾澤生後來回憶，他身邊有許多中共地下黨員，給了他很多影響。事後他才知道，他的副官長兼特務營營長楊濱是中共地下黨員；他的指揮所所在的那個團的副團長趙國璋，也是中共地下黨員；從一九三八年起，中共在六十軍內，建立了地下組織……

蔣介石在北平聞訊，氣得吐血，於十八日再飛瀋陽。蔣介石下令：「集中部隊，一舉收復錦州。」

無奈，他的部下已人心惶惶，不願出戰。

翌日，從長春傳來令蔣介石沮喪的消息：駐守長春的東北剿匪副總司令兼第一兵團司令鄭洞國將軍率所部四萬七千餘人，投降中共。於是，長春落入中共手中。

鄭洞國將軍是這樣回憶他的投降經過：

「到了此時，我已感到山窮水盡。正在焦急中，接到杜聿明的電報，他擬請蔣介石派直昇飛機來接我出去，問我有無降落地點。我答覆他：『現在已來不及了。』但是我還不肯改變『寧可戰死，不願投降』的頑固態度。我把這個時候的情況報告蔣介石，並對他表示『來生再見』。當天夜裏，我的司令部附近，仍和過去兩天一樣，響著劇烈的槍聲。後來我才知道，這是楊友梅和司令部的幕僚們想出來的辦法：要直屬部隊向天放槍，表示假抵抗後再放下武器，造成事實，使我跟著他們走。第二天一早，我的司令部也就放下武器。他們為了把我從死亡的道路中挽救出來，真是煞費苦心。」⑮

錦州、長春既失，瀋陽成了一座孤城。

毛澤東把目光移向瀋陽。往常，他在起床之後，總要沿著西柏坡葦塘邊散步。在那些日子裏，葦塘邊再也見不到毛澤東的身影。他每天只能睡三、四個小時，已經沒有散步的時間。

蔣介石從孤城瀋陽飛往北平。雖然他明知瀋陽已危在旦夕，仍要作最後的掙扎。蔣介石把杜聿明召至北平，任命他為東北剿匪副總司令，要他無論如何奪回錦州。

然而，東北的敗局已經無可挽回。十一月二日，瀋陽、營口兩城均被東北人民解放軍攻下。國民黨部隊十四萬九千餘人被殲。

至此，東北全部落入中共手中，遼瀋戰役宣告結束，全殲國民黨部隊四十七萬人。

蔣介石不得不垂頭喪氣地由北平飛回南京。

蔣介石竟是那麼不經打，這出乎毛澤東的意料。這樣，毛澤東在一九四八年十一月十四日為新華社寫了題為《中國軍事形勢的重大變化》，對他自己兩個月前所作的五年打倒蔣介石的估計，作了鄭重更正。毛澤東寫道：

「原來預計，從一九四六年七月起，大約需要五年左右時間，便可能從根本上打倒國民黨反動政府。現在看來，只需從現時起，再有一年左右的時間，就可能將國民黨反動政府從根本上打倒了。」⑯

五十五萬蔣軍受殲淮海

東北尚在酣戰之際，毛澤東已在部署另一場大會戰。這一會戰，毛澤東稱之為「淮海戰役」。蔣介石稱之為「徐淮會戰」，又稱「徐蚌會戰」。

一九四八年十月十一日，毛澤東在西柏坡給華東野戰軍、中原野戰軍發出了一份重要電報，即《關於淮海戰役的作戰方針》。詩人氣質的毛澤東，在制定作戰計畫時，卻是那麼的嚴謹。後來的事實表明，戰爭幾乎完全按照毛澤東的這一電報所設計的「藍圖」進行。

毛澤東要求，「你們以十一、十二兩月完成淮海戰役。」

這一回，他採取與遼瀋戰役不同的戰略：遼瀋戰役時，毛澤東集中全力先攻其尾，亦即長春——

——瀋陽——錦州這一長鏈之尾；如今，他卻改用中心開花。

毛澤東在電報中指出：

「本戰役第一階段的重心，是集中兵力殲滅黃伯韜兵團，完成中間突破。」

於是，黃伯韜兵團成了「錦州第二」——國共爭鬥的新焦點。

爲了打好淮海戰役，毛澤東決定成立淮海戰役總前委，由鄧小平、劉伯承、陳毅、譚震林、粟裕五人組成，鄧小平任總前委書記。

蔣介石對徐淮會戰，也極爲關注。蔣介石聲言：「徐淮會戰實爲我革命成敗，國家存亡之最大關鍵。務必團結苦鬥，期在必勝。」

蔣介石要國防部擬訂了《徐蚌會戰計畫》。然而，毛澤東處於攻勢，蔣介石處於守勢，戰爭主動權全都掌握在毛澤東手中。

按照毛澤東的計畫，第一個挨打的是黃伯韜兵團。自十一月六日起，黃伯韜兵團受圍於徐州以東的新安鎮碾莊地區。黃伯韜雖非蔣介石嫡系，但實力頗強，乃蔣介石在華東的主力。

就在六日那天遭到猛攻時，黃伯韜對蔣介石派來的戰場巡視官說道：

「共軍先打我這個兵團是肯定的，而且陳毅的主力達四十萬，集中來打我這個十五萬人的兵團，本兵團是必敗的；這次是主力決戰，關係存亡，誰也走不了；我受總統知遇之隆，生死早置之度外，絕不辜負總統期望。」

黃伯韜還頗爲感慨地說：

「國民黨是鬥不過共產黨的，人家對上級指示奉行到底，我們則陽奉陰違。」

果真，黃伯韜鬥不過陳毅。雖說蔣介石三次派飛機空投親筆信，勉勵黃伯韜殊死奮戰，畢竟無濟於事。打了半個月，黃伯韜兵團覆沒。

黃伯韜帶著一批親信，在小黃莊東北的一個小院，作最後的抵抗。黃伯韜在受傷後自殺身亡，搜身時發覺他的衣袋裏，還放著蔣介石空投給他的親筆信，寫著「固守待援」……

黃伯韜的第七兵團十七萬八千多人被殲。

「捷報！捷報！殲滅了黃伯韜。這一仗，打得實在好，實在好。同志們的功勞，真不小，真不小……」歌聲在戰場飛揚，中共部隊士氣大振。

在黃伯韜受困之際，蔣介石派第十二兵團前去救援，又在宿縣西南雙堆集地區陷入重圍。毛澤東開始了第二階段戰役。到十二月十五日，這一兵團十二萬人覆滅，司令黃維被俘。

黃伯韜、黃維這「二黃」被殲，徐淮一帶只剩下杜聿明手下的三個兵團，共三十萬人，即邱清泉兵團、李彌兵團、孫元良兵團。

本來，奉蔣介石之命，杜聿明增援黃維。黃維遭殲，蔣介石知大事不妙，急令杜聿明率部放棄徐州，繞道永城南下。

毛澤東豈肯放過杜聿明。他馬上調兵遣將，把杜聿明集團包圍於陳官莊、青龍集地區，開始第三階段戰役。

其中，孫元良兵團企圖突圍，先被殲滅，唯孫元良隻身潛逃。

杜聿明陷入鐵圍之中。毛澤東雖然遠在西柏坡，卻以「中原人民解放軍司令部、華東人民解放軍司令部」的名義，寫了一份廣播稿。據陳其五夫人告訴筆者，這一廣播稿是陳其五（後來任中共

中央華東局宣傳部常務副部長）起草的，毛澤東作了很多修改。這篇廣播稿，後來收入《毛澤東選集》第四卷，題爲《敦促杜聿明等投降書》。

《敦促杜聿明等投降書》頗有「臨場感」，這麼寫道：

杜聿明將軍、邱清泉將軍和邱李兩兵團諸位軍長師長團長：

你們現在已經到了山窮水盡的地步。黃維兵團已在十五日晚全軍覆沒，李延年兵團已掉頭南逃，你們想和他們靠攏是沒有希望了。你們想突圍嗎？四面八方都是解放軍，怎麼突得出去呢？你們的飛機坦克也沒有用。我們的飛機坦克比你們多，這就是大砲和炸藥，人們叫這些做土飛機、土坦克，難道不是比較你們的洋飛機、洋坦克要厲害十倍嗎？你們的孫元良兵團已經完了，剩下你們兩個兵團，也已傷俘過半。你們雖然把徐州帶來的許多機關閒雜人員和青年學生，強迫編入部隊，這些人怎麼能打仗呢？十幾天來，在我們的層層包圍和重重打擊之下，你們的陣地大大地縮小了。你們只有那麼一點地方，橫直不過十幾華里，這樣多人擠在一起，我們一顆砲彈，就能打死你們一堆人。

……放下武器，停止抵抗，本軍可以保證你們高級將領和全體官兵的生命安全。只有這樣，才是你們的唯一生路。你們想一想吧！如果你們覺得這樣好，就這樣辦。如果你們還想打一下，那就再打一下，總歸你們是要被解決的。

杜聿明被圍，蔣介石如坐針氈。蔣介石不斷給杜聿明發電報，空投親筆信。

杜聿明表示忠誠於蔣介石，不願向毛澤東投降。陳毅託一個被俘的第十三兵團軍官，給杜聿明送去毛澤東的《敦促杜聿明等投降書》，李彌先看，不表態，交給杜聿明。杜聿明看罷，交給邱清泉。雖然邱清泉之弟邱清華乃中共將領，但兄弟倆人各有志。邱清泉把信扔進了炭火盆……

由於杜聿明等拒降，於是，毛澤東在一九四九年一月六日下令總攻。到一月十日，杜聿明部隊全部被殲。邱清泉戰死，李彌逃脫，杜聿明被俘。

杜聿明在被俘時，入廁解手，乘人不備，以一巨石猛擊頭顱，欲自盡。血流滿面的他，被送往醫院搶救。

……

至此，淮海戰役降下帷幕：蔣介石在華東的劉峙集團，總共五十五萬人被殲。

古都北平在沒有硝煙中交接

就在遼瀋戰役剛剛結束，淮海戰役尚在進行，毛澤東又在下另一步棋了。

毛澤東把目光投向了華北。在北平、天津、張家口這三角地帶，駐守著傅作義集團，有四個兵團，十三個軍，連同地方保安團，總共有六十多萬人，是一塊「大肥肉」。

毛澤東部署平津戰役。他採用的戰略，既不同於遼瀋戰役先掐住錦州這「咽喉」的打法，又不同於淮海戰役先瞄準黃伯韜兵團來個「中間突破」的打法。這一回，他採用「聲西擊東」法。

毛澤東的「聲西擊東」的戰略，是佯裝攻西面的北平，而真正的目的是取東面的天津。

一九四八年十二月十一日，毛澤東給林彪、羅榮桓發去《關於平津戰役的作戰方針》電報，便明確指出：

「三縱決不要去南口，該縱可按我們九日電開至北平以東、通縣以南地區，從東面威脅北平，同四縱、十一縱、五縱形成對北平的包圍。

但我們的真正目的不是首先包圍北平，而是首先包圍天津、塘沽、蘆台、唐山諸點。」

毛澤東採取圍北平而取天津的戰略，是因爲考慮到傅作義集團已是驚弓之鳥。蔣介石在東北和淮海的大敗，使傅作義集團惶惶不可終日。蔣介石以爲，東北已失，淮海危急，平津難保，而寧滬兵力單薄。爲此，蔣介石曾命令傅作義率部南撤，放棄平津，退守寧滬。

傅作義呢，他並非蔣介石嫡系。他想保存自己的實力，西撤察哈爾、綏遠一帶，怕入寧滬會被蔣介石所支配。爲此，傅作義向蔣介石建議，暫守平津。蔣介石同意了。

毛澤東深知蔣介石、傅作義的心態，擔心一受驚恐，傅作義很可能南逃，而從天津經海路而南逃是一條可能的路。因此，毛澤東不能不先切斷傅作義集團的退路，卻又不能讓傅作義看出來，所以就來了個「聲西擊東」。

毛澤東在著手部署平津戰役時，幾乎不動聲色。他絕不驚動蔣介石，更不去驚動那已是驚弓之鳥的傅作義。

面對著蔣介石和傅作義，毛澤東悄然下了三步棋：

毛澤東的第一步棋，是「急棋」。他秘密急調林彪部隊入關。他特別囑咐，在林彪入關之後，

仍要在《瀋陽報》上發表林彪在瀋陽的消息，以求迷惑視聽，穩住傅作義。蔣介石、傅作義以為，遼瀋戰役剛剛結束，林彪部隊必定要進行整休。他萬萬沒有想到，毛澤東一紙命令，林彪大軍迅速入關，已經悄然挪到他的鼻子底下！

毛澤東的第二步棋，是「緩棋」。他馳電淮海戰場，命令暫緩捉拿「網中之魚」杜聿明集團。毛澤東在《關於平津戰役的作戰方針》中，透露了他這一「緩棋」的用意：

「為著不使蔣介石迅速決策海運平津戰役諸敵南下，我們準備命令劉伯承、鄧小平、陳毅、粟裕於殲滅黃維兵團之後，留下杜聿明指揮之邱清泉、李彌、孫元良諸兵團（**已殲約一半左右**）之餘部，兩星期內不作最後殲滅之部署。」

毛澤東說明了他的擔心：

「唯一的或主要的是怕敵人從海上逃跑。因此，在目前兩星期內，一般應採圍而不打或隔而不圍的辦法。」

毛澤東下的第三步棋，是「暗棋」。這步「暗棋」是極端秘密的，直到若干年後才漸漸透露真相。

簡直不可想像，坐在西柏坡土屋裏的毛澤東，居然對北平城裏傅作義的一舉一動，瞭若指掌。諸如傅作義在家裏發脾氣，咬火柴頭，唉聲嘆氣，以至想自殺，毛澤東全都清清楚楚。

毛澤東怎麼會對傅作義的動態如此了解？那是因為中共在傅作義家中佈了一顆「暗棋」！

傅作義做夢也沒有想到，他的長女傅冬菊竟然是中共地下黨員！傅冬菊原本在天津《大公報》社工作。在那裏秘密地加入了中共。這裏所說的「秘密」，因為考慮到她的特殊身分，比一般的中

共地下黨員更爲秘密。她只保持單線聯繫，以至後來中共佔領北平時，中共北平黨組織還準備發展她入黨呢！

考慮到爭取傅作義投降，事關重大，傅冬菊接到秘密指示，要她從天津回到北平工作。於是，傅冬菊回到了父親身邊。

傅冬菊第一次試探父親的態度，說是有個同學是共產黨，願與他商談合作之事。傅作義當即反問：「是真共產黨還是軍統？妳可別上當！要遇上假共產黨，那就麻煩了。」

當傅冬菊再三說明她的同學是真共產黨，傅作義又問：「是毛澤東派來的還是聶榮臻派來的？」

初次的試探，傅冬菊發覺父親是有與共產黨合作之意。因爲他無此意的話，就會一口回絕的。那時，傅冬菊差不多每天都秘密前往北平東皇城根中共地下黨員李中家裏，跟中共聯絡員崔月犁見面。這樣，傅作義的一舉一動都在中共掌握之中。崔月犁曾回憶道：「有時頭天晚上發生的事，第二天一早就知道了；上午發生的事，下午就知道了。」

各種各樣的社會關係，都被中共動員起來。華北學院的教授兼政治系主任杜任之，是中共黨員。他的胞弟杜敬之是傅作義的軍醫，他們又都是傅作義的同鄉。中共委派杜任之前去聯絡。

傅作義的《平明日報》採訪部主任李炳泉，也是中共黨員。他與傅作義的剿總總部聯絡處長李騰九有著親戚關係，他同樣受中共委派，與傅作義聯絡……

毛澤東接連下了這三步棋。在一九四八年十二月二十二日，完成種種部署之後，中共部隊打響了平津戰役的槍聲，一舉殲滅新保安傅作義三十五軍軍部。二十四日，攻克了張家口，殲滅傅作義

部隊五萬四千多人。

這樣，北平、天津、張家口這三角地帶，被中共部隊「吃」掉了一角。

緊接著，駐守天津的國民黨陳長捷部隊陷入了重圍。這下子，使蔣介石爲之震驚。

一九四九年一月三日，蔣介石致電傅作義，加以勉勵：

「就華北言，匪眾雖多，其裝備補給則不如我，其素質訓練，又遠不如我」。

蔣介石還說：

「抱定有匪無我，有我無匪之決心，激勵所部，鼓起滅此朝食之勇氣，造成高度堅強力量，發揚我革命軍人冒險犯難，以一敵十之精神，搶佔機先，穩紮猛打，奮鬥到底，堅持最後五分鐘，爲勘亂高潮創造輝煌戰史之一頁，深信克敵制勝，完成勘亂建國之功，端在此戰也。」

大勢已去，蔣介石的這番空話，無濟於事。毛澤東決定先取天津。

天津警備司令陳長捷，乃傅作義在保定軍官學校學習時的同學。陳長捷在天津修築了堅固的城防工事，揚言起碼可以守上半年，他萬萬沒有想到，他的城防工程圖紙，卻被中共地下黨員描了一份，到了林彪手中，又由林彪派人送交毛澤東。

中共派人與陳長捷商談投降之事，被陳長捷所拒絕。一月十四日，毛澤東下令對天津發動總攻。經過二十九小時的激戰，天津於十五日落入中共手中。十三萬蔣軍被殲，陳長捷被活捉。同日，毛澤東任命江青的前夫黃敬（即俞啟威）爲天津市市長。

天津失落，北平震驚。鑒於傅作義有受降的意願，北平的幕後活動大大加快了步伐。

傅作義派出了他的副手、華北剿總副總司令鄧寶珊作爲全權代表。據崔月犁回憶，她在北平華

北學院院長王捷三家中，初晤鄧寶珊。鄧寶珊一見面，就對崔月犁說：

「我是了解共產黨政策的，我有個孩子在延安學習過，我見過毛主席，陝北電台的廣播我經常聽，」

鄧寶珊作爲傅作義的代表，秘密出城與林彪進行談判。林彪則派出參謀處處長蘇靜作爲聯絡代表，又隨鄧寶珊秘密進入北平城。傅作義的長女傅冬菊，在這關鍵的時刻發揮了關鍵的作用。

終於，在一月二十二日下午六時，中外記者蜂擁於北平中山公園水榭，捕捉重大新聞：傅作義的代表閻又文在那裏舉行記者招待會，宣布傅作義總司令文告，公佈中共和他和平解決北平之雙方協議。

文告稱，爲迅速縮短戰爭，獲致人民公意的和平，保全工商業基礎與文物古蹟；使國家元氣不再受損傷，一舉促成全國徹底和平的早日實現，將雙方協議，除有關軍事細節從略外，公佈如下……

於是，秘密的談判，也就公之於眾。從這天開始，傅作義把二十萬軍隊撤離北平市區，前往城外指定地點，聽候改編。

一月三十一日，中國人民解放軍開入北平城。這樣，這座古都在一片和平的氣氛中，轉入中共手中。

毛澤東對北平的和平解決方式，作出高度評價。他在《中國共產黨第七屆中央委員會第二次全體會議上的報告》中指出：

「這種方法是在敵軍主力被消滅以後必然地要出現的，是不可避免的；同時也是於我軍於人民有利的，即是可以避免傷亡和破壞。因此，各野戰軍領導同志都應注意和學會這樣一種鬥爭方式。這是一種鬥爭方式，是一種不流血的鬥爭方式，並不是不用鬥爭可以解決問題的。」

從此，平津戰役畫上句號。在這一戰役中，蔣介石部隊被殲滅和改編的達五十二萬人，只有駐守塘沽的五萬人得以從海上逃跑。

國共主力進行決戰的遼瀋戰役、淮海戰役、平津戰役這三大戰役，歷時一百四十二天，蔣介石部隊被殲的總數爲一百五十四萬多人。

對於蔣介石這一慘敗，美國國務卿艾奇遜在寫給杜魯門總統的信中，倒是說得頗爲客觀：

「國軍在具有決定性的一九四八年內，沒有一次戰役的失敗是由於缺乏武器或彈藥，事實上，我們的觀察人員於戰爭初期在重慶所觀察的腐敗現象，已經使國民黨的抵抗力受到致命的削弱。它的領袖們對於他們所遭遇的危機已經證明是無力應付的。它的部隊已經喪失鬥志，它的政府已經失去人民的支持。」

注釋

①中共代表團關於張治中向胡宗南傳達秘示致中央電（一九四五年九月二十日）。

②《中共中央文件選集》第十五卷。

③一九四六年四月十九日《新華日報》。

④一九四六年三月十四日《新華日報》。
⑤《中國民主同盟歷史文獻》，文史資料出版社一九八三年版。
⑥《毛澤東選集》第一卷。
⑦熊向暉，《地下十二年與周恩來》，中共中央黨校出版社一九九一年版。
⑧《中共中央文件選集》第十六卷。
⑨《關於西北戰場的作戰方針》，《毛澤東選集》第四卷。
⑩《戰局的轉折點》，新華社一九四七年四月十八日社論，《中共中央文件選集》第十六卷。
⑪蔣介石的五大主力為第五軍、新一軍、新六軍、整編第十一師和整編七十四師。
⑫《毛澤東選集》第四卷。
⑬程思遠，《政壇回憶》，廣西人民出版社一九八六年版。
⑭曾澤生，《起義紀實》，一九八六年第一期《人物》。
⑮鄭洞國，《放下武器》，一九八六年第一期《人物》。
⑯《毛澤東選集》第四卷。

第十章 風捲殘雲

毛澤東和蔣介石新年對話

一九四九年的新年鐘聲撞響，不論是對毛澤東，還是對於蔣介石，都感慨萬分。

一九四九年，對雙方都是關鍵性的一年。經過一九四八年的國共大決戰，中國的形勢已經明朗化。

對於毛澤東來說，一九四九年將是金色的，充滿著希望；

對於蔣介石來說，一九四九年將是灰色的，充滿著失望。

在新年到來之際，在白雪紛飛的西柏坡，忙得顧不上執筆的毛澤東，由他口授，由政治秘書胡喬木起草，最後由毛澤東改定的，爲新華社寫出了著名的新年獻詞《將革命進行到底》。

蔣介石在新年到來之際，在南京也忙著起草他的《元旦文告》。他的心中充滿悲涼之感，不僅僅因爲戰局的慘敗，而且爲他默默地起草了無數文稿的秘書陳布雷已離他而去！這一回，只能由「江西才子」陳方臨時爲他捉刀。

陳布雷一向對蔣介石忠心耿耿。他的掛在嘴邊的名言是：「永遠只願做Ｎｏ·２，永遠不做Ｎｏ·１。」不言而喻，Ｎｏ·２指的是第一號人物。他追隨蔣介石長達二十二年之久，蔣介石的

眾多文稿出自他手。

陳布雷之死，據云原因有二：一是面對敗局，他曾向蔣介石建議，和共產黨和談，遭到蔣介石痛斥，聲言「和談即投降」；二是在一九四八年十一月八日國民黨中央會議上，蔣介石說：「抗戰要八年，剿匪也要八年。」陳布雷以爲此言不妥，在整理蔣介石的講話記錄時，刪去了此話，又遭蔣介石斥責。

又據傳，最使蔣介石惱火的是一九四七年十二月二十五日，毛澤東在中共中央會議上，作了《目前的形勢和我們的任務》報告。一九四八年初，國民黨情報部門把毛澤東的報告文本放到了蔣介石的辦公桌上。蔣介石仔仔細細地看罷，正巧陳布雷進來。蔣介石無意中朝陳布雷說了一句：「你看人家的文章寫得多好！」陳布雷脫口而出，頂了一句：「人家的文章是自己寫的！」這一句話，深深刺痛了蔣介石的心。

一九四八年十一月十一日上午，陳布雷吩咐副官和秘書道：「讓我安靜些！」副官和秘書以爲他要寫重要文章，也就爲他謝客。他真的閉門寫作。只是所寫的是他的遺書！

翌日夜，他服用了大量安眠藥，離開了這個世界……

陳布雷之死，使蔣介石在四面楚歌之中，又增添了幾分憂傷。

順便提一句，陳布雷有六男兩女，長女陳秀、次女陳璉均爲中共黨員，也頗爲出人意料。

除夕之夜，蔣介石邀國民黨要員四十多人，聚會南京黃埔路總統官邸，出席晚宴，其中有副總統李宗仁，行政院長孫科以及國民黨中常委張群、陳立夫。張治中、蔣經國等。

宴畢，蔣介石令張群宣讀《元旦文告》，徵求意見。令部屬們驚訝的是，蔣介石一向諱言的

「求和」，卻成了《元旦文告》的核心意思。蔣介石臉色蒼白。部屬們明白，原本宣稱「和談即投降」的蔣介石，在蒙受了慘敗之後，已是「走人檐下過，不得不低頭」了。

一九四九年，在太陽第一次昇起的日子，毛澤東的《將革命進行到底》和蔣介石的《元旦文告》同時在中國發表。緊接著，毛澤東在一月五日又以新華社評論名義發表了《評戰犯求和》一文。如果把毛澤東的《將革命進行到底》、《評戰犯求和》和蔣介石的《元旦文告》加以對照，便構成了他倆的一次「新年對話」。

不過，這與三年半之前，蔣介石三次電邀毛澤東赴重慶談判，已大不相同。那一次，蔣介石居優勢，眼下則是毛澤東居優勢了：

蔣：中正為三民主義的信統，秉承國父的遺教，本不願在對日作戰之後再繼之以剿匪的軍事，來加重人民的痛苦。所以抗日戰爭甫告結束，我們政府立即揭舉和平建國的方針，更進而以政治商談、軍事調處的方法解決共黨問題。不意經過了一年有半的時間，共黨對於一切協議和方案都橫加梗阻，使其不能依預期的步驟見諸實施。而最後更發動其全面武裝叛亂，危害國家的生存。我政府迫不得已，乃忍痛動員，從事勘亂。

毛：中國人民將要在偉大的解放戰爭中獲得最後勝利，這一點，現在甚至我們的敵人也不懷疑了……現在擺在中國人民、各民主黨派、各人民團體面前的問題，是將革命進行到底呢，還是使革命半途而廢呢？如果要使革命進行到底，那就是用革命的方法，堅決徹底乾淨全部地消滅一切反動勢力，不動搖地堅決打倒帝國主義，打倒封建主義，

打倒官僚資本主義，在全國範圍內推翻國民黨的反動統治，在全國範圍內建立無產階級領導的以工農聯盟為主體的人民民主專政的共和國。

蔣：三年以來，政治商談之目的，固在於和平；即動員勘亂之目的，亦在於和平。但是，今日時局為和為戰，人民為禍為福，其關鍵不在於政府，亦非我同胞對政府的片面希望所能達成。須知這個問題的決定完全在共黨，國家能否轉危為安，人民能否轉禍為福，乃在於共產黨一轉念之間。

毛：值得注意的是，現在中國人民的敵人忽然竭力裝作無害而且可憐的樣子了（請讀者記著，這種可憐相，今後還要裝的）。

蔣：只要中共有和平的誠意，能作確切表示，政府必開誠相見，願與商討停止戰爭恢復和平的具體方法。

毛：為了保存中國反動勢力和美國在華侵略勢力，中國第一號戰爭罪犯國民黨匪首蔣介石，在今年元旦發表了一篇求和的聲明。

蔣：要知道政府今天在軍事、政治、經濟無論哪一方面的力量，都要超過共產黨幾倍乃至幾十倍。

毛：哎呀呀，這麼大的力量怎樣會不叫人們嚇得要死呢？姑且把政治、經濟兩方面的力量放在一邊不去說它們，單就「軍事力量」一方面來說，人民解放軍現在有三百多萬人，「超過」這個數目一倍就是六百多萬人，十倍就是三千多萬人，「幾十倍」是多少呢？姑且算作二十倍吧，就有六千多萬人，無怪乎蔣總統要說「有決勝的把握」了。

蔣：只要和議無害於國家的獨立完整，而有助於人民的休養生息，只要神聖的憲法不因此而破壞，中華民國的國體能夠確保，中華民國的法統不致中斷，軍隊有確實的保障，人民能夠維持其自由的生活方式與目前最低生活水準，則我個人更無復他求……只要和平果能實現，則個人的進退出處，絕不縈懷，而一唯國民的公意是從。

毛：人們不要以為戰犯求和未免滑稽，也不要以為這樣的求和聲明實在可惡。須知由第一號戰犯國民黨匪首出面求和，並且發表這樣的聲明，對於中國人民認識國民黨匪首和美國帝國主義的陰謀計畫，有一種顯然的利益。中國人民可以因此知道：原來現在喧嚷著的所謂「和平」，就是蔣介石這一夥殺人兇犯及其美國主子所迫切地需要的東西。

蔣：現在所遺憾的，是我們政府裏面一部分人員受了共黨惡意宣傳，因之心理動搖，幾乎失了自信。因為他們在精神上受了共黨的威脅，所以只看見敵人的力量，而就看不見自己還有比敵人超過幾十倍的大力量存在。

毛：新聞年年皆有，今年特別不同。擁有六千多萬名軍官和兵士的國民黨人看不見自己的六千多萬，倒看見了人民解放軍的三百多萬，這難道還不是一條特別新聞嗎？……蔣介石已經失去了靈魂，只是一具殭屍，什麼人也不相信他了。

不過，毛澤東注意到一個有趣的現象：自蔣介石的《元旦文告》發表之後，說有國民黨公開發表的文件，一律把「共匪」改成「共黨」了。

毛澤東斥責蔣介石求和是虛偽的

蔣介石在他的《元旦文告》中，除了求和，還曲曲折折地透露了他的下野之意。

屈指算來，在蔣介石的政治生涯中，這是第三次下野了。每一回下野，都是他處於政治危機之際：

第一回，在一九二八年八月十三日，蔣介石在北伐時敗於軍閥孫傳芳之手，被迫辭去國民革命軍總司令之職，宣布下野；

第二回，在一九三一年十二月十五日，蔣介石與汪精衛、胡漢民不和，發生寧粵戰爭，蔣介石失利，被迫辭去國民政府主席之職，宣布下野；

這一回，顯然由於在國共決戰中失利，國民黨內倒蔣之聲日益高漲，逼他下野。

蔣介石自己並不想下野。據張治中回憶，一九四八年十一月初，他去見蔣介石時，曾主張跟中共和談。蔣介石當即一口回絕，說道：

「我現在不能講和平，要和，我就得下野，但是現在不是我下野的時候。」

可是，兵敗如山倒，國民黨內「人心浮動」要求和談、倒蔣的呼聲熱烈，白崇禧、程潛等通電要求蔣介石下野。在白崇禧的策畫下，湖北省參議會致電蔣介石，發出嚴厲的警告：「如戰禍繼續蔓延，不立謀改弦更張之道，則國將不國，民將不民。」他們要蔣介石「循政治解決之常軌，尋取途徑，恢復和談」。

美國杜魯門政府也透露了「換馬」之意。杜魯門在十二月致蔣介石的信中，直截了當地問：

「是否已考慮辭職問題？」

另外，美國駐華軍事顧問團團長戴維·巴爾少將在十一月十六日給杜魯門總統的報告中，也清楚地表明對蔣介石的不信任：

「委員長的政治威信大大下降，並且大失民心。誰也不知道這個國家對他企圖維持現政府而採取的新措施會支持到何等程度。」

蔣介石處於內外交困之中。在那些日子裏，他不僅因東北之敗而氣得吐血，而且通宵失眠，連服用了多年的烈性安眠藥都失效了。原本滴酒不沾的他，每夜都要喝一杯半威士忌，借酒安眠，借酒消愁。

十二月十六日，蔣介石派出張群、張治中以及新任總統秘書長的吳忠信，跟李宗仁會談下野之事。經過密談，商定以下三條：

一、蔣總統便於政策的轉變，主動下野。

二、李副總統代行總統職權，宣布和平主張。

三、和談由行政院主持。

另外還就和談，作了準備工作。

這些密談內容，後來就反映在蔣介石的《元旦文告》之中。

對於蔣介石的求和，毛澤東除了在爲新華社所寫的評論《評戰犯求和》之中痛加駁斥外，還於一九四九年一月十四日，正式發表了《中共中央毛澤東主席關於時局的聲明》，作出答覆。

毛澤東在《聲明》中，尖銳地指出：

「中國第一名戰爭罪犯國民黨匪幫首領南京政府僞總統蔣介石，於今年一月一日，提出了願意和中國共產黨進行和平談判的建議」，是「爲著保持國民黨政府殘餘力量，取得喘息時間然後捲土重來撲滅革命力量的目的」。

毛澤東一針見血地指出：

「中國共產黨認爲這個建議是虛僞的。這是因爲蔣介石在他的建議中提出了保存僞憲法、僞法統和反動軍隊等項爲全國人民所不能同意的條件，以爲和平談判的基礎。這是繼續戰爭的條件，不是和平的條件。」

毛澤東代表中共提出了著名的和平談判八項條件：

一、懲辦戰爭罪犯；

二、廢除僞憲法；

三、廢除僞法統；

四、依據民主原則改編一切反動軍隊；

五、沒收官僚資本；

六、改革土地制度；

七、廢除賣國條約；

八、召開沒有反動份子參加的政治協商會議，成立民主聯合政府，接收南京國民黨反動政府及其所屬各級政府的一切權力。

其中列爲首條的「懲辦戰爭罪犯」，這戰爭罪犯指的是哪些人，自然應是很具體的。蔣介石當

然名列其中，而且毛澤東已很明確稱之「第一名戰爭罪犯」、「頭號戰犯」。至於詳細的名單，新華社在一九四八年十二月二十五日曾發出電訊《陝北權威人士論戰犯名單問題》，已一一開列。值得提一句的是，這「陝北權威人士」指毛澤東，而毛澤東當時在河北西柏坡，並不在陝北，只是為了迷惑蔣介石，用了「陝北權威人士」名義。這電訊，明明發自西柏坡，也用了「陝北電」之類字眼。

這《陝北權威人士論戰犯名單問題》，全文如下：

此間各界人士談論戰爭罪犯的名單問題。某權威人士稱：全部戰爭罪犯名單有待於全國各界根據實際情況提出。但舉國聞名的頭等戰爭罪犯，例如蔣介石、李宗仁、陳誠、白崇禧、何應欽、顧祝同、陳果夫、孔祥熙、宋子文、張群、翁文灝、孫科、吳鐵成、王雲五、戴傳賢、吳鼎昌、熊式輝、張厲生、朱家驊、王世杰、顧維鈞、宋美齡、吳國楨、劉峙、程潛、薛岳、衛立煌、余漢謀、胡宗南、傅作義、閻錫山、周至柔、王叔銘、桂永清、杜聿明、湯恩伯、孫立人、馬鴻逵、馬步芳、陶希聖、曾琪、張君勱等人，則是罪大惡極，國人皆曰可殺者，應當列入頭等戰犯名單的人，自然不止此數，這應向各地身受戰禍的人民酌情提出。人民解放軍為首先有權利提出此項名單者。例如國民黨第十二兵團司令黃維在作戰中施放毒氣，即已充分地構成了戰犯資格。全國各民主團體皆有權討論和提出戰犯名單。

蔣介石忍痛宣告「引退」

讀了毛澤東的《聲明》，蔣介石稱之爲「哀的美敦書」。「哀的美敦」即拉丁文「Ultimatum」的音譯，原意爲「最後通牒」。

蔣介石別無選擇，只有下野了。特別是淮海戰役、平津戰役的敗局，在一月裏震撼著南京城。一月十九日，在南京黃埔路總統官邸，蔣介石面對黨政要員們談了對毛澤東《聲明》的看法：「毛澤東對時局的聲明，大家想必都看到了。他提出在八項條件下的和平談判，這些條件太苛刻了，我是決定下野了。現在有兩個方案請大家研究，一個是請李德鄰出來談判，談妥了我再下野，另一個是我現在就下野，一切由李德鄰來主持。」

蔣介石提到的李德鄰，即李宗仁。

兩天後，蔣介石便決定下野。

蔣介石不早不晚，選擇了一月二十一日這一天宣布下野：二十日，杜魯門宣告就職美國新一屆總統；二十一日，則是艾奇遜宣告就任美國國務卿。

杜魯門對於蔣介石早已不悅，所以支持李宗仁競選副總統，希望在中國「換馬」。蔣介石自然也就對杜魯門不悅，一九四八年冬，美國競選總統時，蔣介石派陳立夫赴美，對共和黨總統候選人杜威表示支持，這當然更使杜魯門對蔣介石不滿。不料，杜魯門在競選中獲勝，使蔣介石深爲沮喪。正因爲這樣，蔣介石選擇了杜魯門再度出任美國總統之日，宣告下野。

接替馬歇爾成爲美國新國務卿的艾奇遜，對蔣介石選擇了那麼個日子下野，說道：

「我就職的那一天，委員長辭職了，把那個共和國的總統職位交給副總統李宗仁將軍。但是，他在辭職以前，已把中國的外匯和貨幣儲備全部搬往福爾摩莎，並要求美國把預定運往中國的軍事裝備改運福爾摩莎。這就使李將軍既無經費又沒有軍事裝備的來源了。」①

艾奇遜提到的「福爾摩莎」，即台灣。那時，蔣介石已預感可能在中國大陸無法立足，在作退往台灣的準備了。

二十一日那天中午，蔣介石在總統官邸宴請軍政要員，宣布下野。蔣介石以低沉的語調，說了這麼一番話：

「軍事、政治、財政、外交皆瀕於絕境，人民所受痛苦亦已達頂點。我有意息兵言和，無奈中共一意孤行到底。在目前情況下，我個人非引退不可，讓德鄰兄依法執行總統職權，與中共進行和談，我於五年之內絕不干預政治，但願從旁協助。希望各同志以後同心合力支持德鄰兄，挽救黨國危機。」

蔣介石拿出事先擬好的《引退謀和書告》，請李宗仁在上面簽字。這一文告亦即蔣介石下野宣言：

「戰事仍然未止，和平之目的不能達到。人民之塗炭，曷其有極。爲冀感格共黨，解救人民倒懸於萬一，爰特依據中華民國憲法第四十五條『總統因故不能視事時，由副總統代行總統職權』之規定，於本月二十一日起，由李副總統代行總統職權。」

宴散之際，蔣介石宣布，他今天就離開南京。

李宗仁及軍政要員當然要爲他送行，他卻藉口還有事情要處理，飛機起飛時間未定，不必送

行。

蔣介石臨行，其實並無要事處理。他的汽車離開總統府，直奔中山陵。他在那裏留戀、沉思，內心不勝痛楚。下午四時十分，蔣介石乘「美齡」號專機起飛。他特地囑咐，專機在南京上空盤旋了一圈，讓他多看一眼。

待李宗仁和軍政要員們聞訊趕到機場，他早已離去……

後來，蔣經國在《危急存亡之秋》一文中，寫及蔣介石引退的三條原因：

甲、黨政軍積重難返，非退無法徹底整頓與改造；

乙、打破半死不活之環境；

丙、另起爐灶，重定基礎。

蔣介石在杭州逗留了一天。照他的慣例，每一回下野，總是「下」到他的家鄉奉化溪口。

李宗仁「代行總統職務」

《論語》曰：「名不正，則言不順。」中國人歷來講究「名」。

蔣介石下野了，李宗仁算什麼呢？李宗仁之「名」，便頗費週折。

國民黨中央社為蔣介石下野發佈消息，說蔣介石「因故不能視事」而「引退」，稱李宗仁為「李代總統」。

中央社發出這一電訊後，迅即加以更正，稱李宗仁爲「李副總統」。這一更正表明，雖然蔣介石「因故不能視事」，但他依然是中華民國總統，而李宗仁只是「代行總統職務」，他依然是中華民國副總統。

其實，關於李宗仁之「名」，早在蔣介石下野的凌晨，白崇禧便從武漢給李宗仁打長途電話，叮囑他：「必須當繼任總統，不能當代總統。」

蔣介石當然不可能讓李宗仁當「繼任總統」。弄來弄去，李宗仁最後的「名」是「代行總統職務」的副總統。

李宗仁尚未上台，行政院院長孫科就已跟他唱起反調來了。孫科在一月十九日，以行政院的名義給各國駐南京使節發出通知，要他們遷往廣州——因爲行政院要遷往廣州。在競選副總統時，孫科和李宗仁芥蒂甚深，此刻也就跟李宗仁分庭抗禮。

在李宗仁上台之後，孫科果真於一月二十九日起，把行政院遷到了廣州。

這樣，國民政府也就一分爲三：蔣介石在溪口遙控；李宗仁在南京「代理」；孫科在廣州辦公。就連李宗仁，也不得不稱此爲「一國三公」。

李宗仁一上台，一月二十二日便發表文告，聲稱「決本和平建國方針，爲民主自由而努力」。二十四日，李宗仁命行政院執行以下指令：

一、把全國剿區總司令部改爲軍政長官公署；

二、取消全國戒嚴令；

三、裁撤勘亂建國總隊；

四、釋放政治犯；

五、解除報章雜誌禁令；

六、撤銷特種刑事法庭；

七、通令停止特務活動。

平心而論，李宗仁的這些措施，表明了他想改變南京政府的形象。他甚至還下令釋放張學良。他派出自己的政治秘書程思遠前往台灣，交涉釋放囚禁在那裏的張學良。只是由於張學良屬保密局主管，而保密局直屬蔣介石，他人無法過問。李宗仁只得作罷。

一月二十七日，李宗仁致電毛澤東，表示願以毛澤東在一月十四日聲明中提出的八項條件為基礎，進行和平談判。

李宗仁的電報，受到孫科的反對，乃在意料之中。然而，二月九日，國防部政工局局長鄧文儀，卻也在上海聲稱，要求「平等的和平，全面的和平」，不然「不惜犧牲一切，與共黨周旋到底。」

毛澤東於二月十五日，為新華社寫了評論《四分五裂的反動派為什麼還要空喊『全面和平』？》，對亂糟糟的國民黨政局，進行了抨擊：

「中國共產黨毛澤東主席在一月十四日的聲明，致命擊破了蔣介石的假和平陰謀，使蔣介石在一個星期以後不得不『引退』到幕後去。雖然蔣介石、李宗仁和美國人對於這一手曾經作過各種佈置，希望合演一齣比較可看的雙簧，但是結果卻和他們的預期相反，不但台下的觀眾愈走愈稀，連台上的演員也陸續失蹤。」

毛澤東指出蔣介石在溪口、李宗仁在南京、孫科在廣州，「一國三公」，各唱各的調：

「蔣介石在奉化仍然以『在野地位』繼續指揮他的殘餘力量，但是他已喪失了合法地位，相信他的人已愈來愈少。孫科的『行政院』自動宣布『遷政府於廣州』，它一面脫離了它的『總統』、『代總統』，另一面也脫離了它的『立法院』、『監察院』。孫科的『行政院』號召戰爭，但是進行戰爭的『國防部』卻既不在廣州，也不在南京，人們只知道它的發言人在上海。」

毛澤東勾勒出李宗仁的窘境：

「這樣，李宗仁在石頭城上所看見的東西，就只剩下了『天低吳楚，眼空無物』。李宗仁自上月二十一日登台到現在下過的命令，沒有一項是實行了的。」

毛澤東論蔣介石、李宗仁優劣

蔣介石在一月二十三日回到故鄉溪口，當晚便在母親的墓莊「慈庵」住宿。那時，宋美齡正在美國，為他爭取美援。

蔣介石這一回回老家，脾氣大得很。他一進臥室，見到為他準備的席夢思，大為不悅，要馬上換木板床。給他吃機器碾的大米，他不喜歡，一定要吃用石磨碾的大米。武嶺學校的校務主任施季言給他送來了甲魚，他不但不謝，反而問這年頭甲魚多麼貴，吃甲魚幹什麼……

他心中異常煩悶，脾氣也就異常煩躁。

雖說下野，蔣介石依然是國民黨總裁，而且還是暫不「視事」的總統。電話、電報不斷，又有兩架專機往返穿梭於奉化和南京之間。蔣介石在幕後，依然操縱著一切……

李宗仁呢，他在南京，依然在蔣介石的控制之下，雖說他也並不完全聽命於蔣介石。

毛澤東在西柏坡細細觀察著、比較著蔣介石和李宗仁。他在一九四九年二月二十一日，爲新華社寫了一篇饒有興味的評論，題曰：《蔣介石李宗仁優劣論》。

大抵是三大戰役已經結束，毛澤東有了點「閒情」，所以對蔣介石、李宗仁的優劣比較，產生興趣。此文寫得輕鬆活潑，調侃辛辣，典型的「毛派」筆調。

一開頭，毛澤東便寫及蔣介石和李宗仁的相同，也注意到兩人的不同：

「從一九四九年一月一日起，蔣介石談和平，從同年同月二十二日起李宗仁談和平，兩個人都談和平，這是沒有區別的。蔣介石沒有下過如言論自由、停止特務活動等項命令，李宗仁下了這些命令，這是有區別的。但是李宗仁的命令全是空頭支票……」

毛澤東笑談兩人的另一不同：

「人們罵蔣介石爲美帝國主義的走狗，蔣介石聽慣了，從來不申辯。人們罵李宗仁爲美國帝國主義的走狗，李宗仁沒有聽得慣，急急忙忙起來申辯……」

毛澤東又指出：

「蔣介石撒起謊來，大都是空空洞洞的，例如『還政於民』、『我歷來要和平』之類，不讓人家在他的話裏捉住什麼具體的事物。李宗仁在這件事上顯得蹩腳，容易給人家抓住小辮子……」

毛澤東又指出：

「蔣介石昨天是兇神惡煞，今天也是兇神惡煞。李宗仁、白崇禧及其桂系，昨天是兇神惡煞，今天則有些像笑面虎了。」

毛澤東批駁了李宗仁：

「一九四九年一月二十七日，國民黨反動賣國政府的代總統在其『致電毛澤東』裏面說：貴方所提八項條件，政府方面已承認可以此作爲基礎進行和談，各項問題自均可在談判中商討決定。在雙方商談尚未開始以前，即要求對方必須先執行某項條件，則何得謂之和談？以往恩怨是非倘加過分重視，則仇仇相報，寧有已時，哀吾同胞，恐無噍類，先生與弟將同爲民族千古罪人矣。」哎喲喲，李宗仁來得厲害，這一槍非同小可。但是李宗仁的槍法，仍然不過是小諸葛桂系教程裏的東西，中國自有孫子兵法足以破之。」

毛澤東所說的「小諸葛」，指的就是白崇禧。

毛澤東接著又講述了這次國共和談的「故事」：

「夫『在雙方尚未開始商談以前，即要求對方必須先執行某項條件』者，是因爲南京國民黨反動賣國政府自兵敗如山倒以後，即如喪考妣地要求談判。中共說，好，待我們準備好了你們再來談。戰犯們說，不行，非立刻開談不可。中共說，你們閒得發慌，給你們一件工作做罷，你們去逮捕一批（自然不是全部）戰犯。故事的過程就是這樣。後來，中共又將逮捕改爲監視，算是作了一個極大的讓步，戰犯們就安靜下來，不再吵鬧了。」

毛澤東最後這樣評價李宗仁：

「人們請看，李宗仁就是這樣反覆無常的，又贊成商談懲辦戰犯，又不贊成實行懲辦戰犯，他

的腳踏在兩條船上。」

毛澤東在二月十八日爲新華社寫的另一篇評論《評國民黨對戰爭責任問題的幾種答案》中，則這麼論及李宗仁：

「如果說，李宗仁別的什麼都不好，那麼，他說了這句老實話（引者註：指他承認內戰是『慘絕人寰的浩劫』），總算是好的。而且他對這場戰爭起的名字，不叫『戡亂』或『剿匪』，而叫『內戰』，這在國民黨方面來說，也算得頗爲別緻。」其實，蔣介石把李宗仁推到前台，自己躲在幕後，有他的打算：由李宗仁出面跟中共談判，他借此爭取時間，以整頓潰敗中的國民黨軍隊。

蔣介石作了這樣的部署：

上策——通過和談，實現「劃江而治」，即以長江爲界，與毛澤東形成「南北朝」對立的局面；

下策——和談失敗，失去中國大陸，退往台灣，實現「隔海而治」，即以台灣海峽爲界，與毛澤東形成「大陸、台灣」對立的局面。

蔣介石作這樣的戰略部署，李宗仁並不知道。一九四九年二月，蔣介石瞞著李宗仁，下了手令，把中央銀行庫存的九十二萬兩黃金、三千萬枚銀元，裝上一艘軍艦，極爲秘密地運往台灣……

國民黨代表團在北平受到冷遇

一九四九年四月一日，下午二時，一架來自南京的專機飛抵北平。機上載著國民黨和談代表團的六名代表，即張治中、邵力子、黃紹、劉斐、李蒸、章士釗，以及代表團顧問屈武和二十多位工作人員。

中共中央於五天前由西柏坡遷至北平。三月二十五日下午，北平西苑機場人山人海，毛澤東、朱德、劉少奇、周恩來、任弼時這「五大書記」全都來到那裏，舉行隆重的閱兵式，三萬多部隊受閱。

眼下，機場上冷冷清清！

按照國共過去多次談判的慣例，國民黨代表團以為，在到達時，必定會受到中共代表團的迎接。前幾日中共已經公佈了代表團名單，也是六人，即周恩來、林伯渠、林彪、葉劍英、李維漢、聶榮臻。

令國民黨代表團吃驚的是，機場上空盪盪的，不僅沒有周恩來的身影，連其餘五位中共代表也沒有露面。

前來迎接的人，寥寥無幾，而且全是陌生面孔，經介紹，才知是中共代表團秘書長齊燕銘、北平市副市長徐冰、北平市政府秘書長薛子正、東北野戰軍參謀長劉亞樓。

國民黨代表團一下飛機，就馬上意識到受到冷遇。他們原本以為，這一回是敗軍之將，前來乞和，中共當然給以冷冰冰的面孔。

在極其沉悶的氣氛中，驅車前往北平東交民巷六國飯店。東交民巷原本是北洋軍閥時期外國駐華使館群集之處，六國飯店乃是外國貴賓下榻之處。國民黨代表團步入六國飯店，首先映入眼簾的是一條標語，寫著：「歡迎真和平，反對假和平」。

國民黨代表團下榻之後，從窗口望出去，街上鑼鼓喧天，男女老少在扭秧歌、打腰鼓，令他們感到甚為新鮮。

直到傍晚六時，周恩來等六位中共代表前來六國飯店看望國民黨代表，並設晚宴為之接風洗塵，那冰冷的氣氛，總算略為回昇。不過，平素總是臉帶微笑的周恩來，見到老朋友張治中卻板著面孔，益發使張治中納悶。

直到晚宴後，周恩來約張治中、邵力子談話，張治中這才解開心中之謎。周恩來的第一句話，便責問張治中：「你為什麼在離開南京前，要到溪口去見蔣介石？」

原來，中共對張治中此舉極為不快，所以也就給國民黨代表團以冷遇……

這一代表團是李宗仁派出的。其中，委派張治中為首席代表，委派邵力子為代表，當然是考慮到他倆是「老經驗」，跟中共有著多年的談判經驗。張治中曾三到延安，與毛澤東、周恩來的交情都不錯；邵力子更是中共元老，中共開始創立時，他便參加了上海共產主義小組。黃紹、劉斐是桂系人物，李蒸不屬什麼派系，章士釗乃社會賢達。

張治中受命為首席代表，深知和談方案未得蔣介石點頭是萬萬不行的。這樣，他先是在三月三日去溪口，和蔣介石談了五天。蔣介石、張治中的談話，是由張治中的機要秘書余湛邦記錄的。據余湛邦回憶，蔣介石對毛澤東提出的八條，意見如下：

一、關於懲辦戰犯問題，蔣介石認為與法接受毛澤東的條件，不加談論；

二、關於改編軍隊問題，蔣介石還念念不忘他所謂「軍隊國家化」，主張雙方軍隊保持一定的比例；

三、關於政治體制問題，蔣介石根本迴避了毛澤東提出的「廢除偽憲法」、「廢除偽法統」，只表示同意實現民主化和多黨的民主政治；

四、關於成立民主聯合政府問題，蔣介石迴避了毛澤東提出的「召開沒有反動份子參加的政治協商會議」以及「接收南京國民黨反動政府及其所屬各級政府的一切權利」，只表示同意三三制或六六制，使國共雙方在政府中保持同等的發言權。

張治中顯得很謹慎，在飛往北平前夕，又於三月二十九日由南京飛往溪口，向蔣介石作了請示。臨走時，蔣介石對張治中說：「你這次擔負的是一件最艱苦的任務，一切要當心！我願意和平，願意終老是鄉！」

中共的情報非常靈敏。毛澤東、周恩來迅速得知，張治中在來北平前竟兩赴溪口。這樣，當國民黨代表一到北平，便受到了冷遇。

在雙方會談時，中共首席代表周恩來直言不諱地提及張治中兩赴溪口，質問道：

「你們代表團究竟是代表南京，還是代表溪口？」

這一回的國共談判，與往日那麼多回的國共談判截然不同。如今，中共是佔了絕對優勢，以居高臨下之態跟國民黨代表談判。用周恩來的話來說，三大戰役結束之後，蔣軍主力殲滅殆盡，眼下中國人民解放軍所剩的任務只是打掃戰場而已！

往日的國共談判，以「馬拉松」著稱。這一回，「速戰速決」，中共代表團經過十來天的談判，於四月十三日早上，向國民黨代表團正式提交了《國內和平協定草案》。這一草案是根據毛澤東意見、由周恩來起草的。

國民黨代表團一看，大吃一驚。因爲國民黨方面希望通過談判，達到「劃江而治」、「南北對立」的目的，而《草案》簡直是對國民黨政府的審判書，是要求國民黨政府舉起雙手的「投降書」。

國民黨代表們面面相覷。好在那文件上標著「草案」二字，表明尚有商榷的餘地，於是，國民黨代表花了一天多時間進行修改，這修改無非是把過分刺眼的字句加以改動而已。

四月十五日晚七時，周恩來把標明《國內和平協定》字樣的文件，送交張治中。張治中一看，已無「草案」二字，而內容與《草案》相差無幾。全文共八條二十四款。

周恩來一眼就看出張治中心中的困惑，特地強調了一句：「這是最後的文本。」

張治中當即反問：「也就是『最後通牒』，對嗎？是不是只許我們說一個對，或者不對？」

周恩來點了點頭。

張治中無可奈何道：「也好，乾脆！」

確實乾脆，當夜九時，國共雙方代表團在中南海勤政殿舉行全體會議。他們在一張長條方桌兩側坐了下來，而長桌兩端則坐著雙方的首席代表。頗爲有趣，國民黨方面的代表坐在一起，竟大都是光頭的，跟他們的委員長保持一致。

會議的主角是周恩來，他對《國內和平協定》作了詳細說明。最後，周恩來語出驚人：

「這個協定是定稿，不能再作任何修改。南京政府同意就簽字。但是，如果南京政府不簽字，到本月二十日，中國人民解放軍百萬大軍就要橫渡長江！」

周恩來的話，不折不扣是最後通牒。毛澤東下的這一步棋，完全打破了國民黨政府「劃江而治」、「南北對立」的美夢。

當夜，國民黨代表團決定，派黃紹、屈武於翌日立即飛往南京，把《國內和平協定》送交李宗仁，並急送溪口蔣介石。

李宗仁看罷，猶豫不決。蔣介石看罷，怒道：「文白無能，喪權辱國！」文白，亦即張治中。

蔣介石一錘定音，拒絕了《國內和平協定》。

國共談判，也就告吹。

「百萬雄師過大江」

毛澤東早在一九四九年元旦發表的《將革命進行到底》中，已經說得明明白白：「一九四九年中國人民解放軍將向長江以南進軍，將要獲得比一九四八年更加偉大的勝利。」

三大戰役剛剛結束，中共中央便於一九四九年二月三日發出文件，「準備四月渡江」。如果可能，則「準備三月即行渡江」，「於三月或四月佔領南京（這是最重要的）」。②

就在國共和談期間，一九四九年四月四日，毛澤東在為新華社所寫的評論《南京政府向何處

去？》，便已公開「正告南京政府」：

「時至今日，一切空話不必說了，還是做件切實的工作，借以立功爲好。免得再受蔣介石死黨的氣，免得永遠被人民所唾棄。只有這一次機會了，不要失掉這個機會。人民解放軍就要向江南進軍了。這不是拿空話嚇你們，無論你們簽訂接受八項條件也好，不簽這個協定也好，人民解放軍總是要前進的。」

其實，周恩來在四月十五日晚對國民黨代表團所說的那番話，也就是重申了毛澤東十天前對南京政府發出的警告。

與往日的作戰不同，向來講究奇襲、出其不意的毛澤東，這一回把中國人民解放軍的渡江日子——四月二十日，早早地公開宣布了。這表明，毛澤東對於橫渡長江，充滿著百分之百的把握。

據云，最初定下的渡江日期是四月十一日。因爲長江汛期即將來臨，晚了就不利於渡江作戰。不過，國共談判尚在進行，毛澤東還是把渡江日期推遲至四月二十日。

又據傳，史達林曾勸阻過毛澤東不要過江。

其中的依據之一是《司徒雷登日記》，一九四九年一月四日載，張治中向司徒雷登的私人顧問傅經波說：「中共決心繼續打下去，可並不是由於蘇聯的關係，蓋蘇聯只勸告他們沿著長江停止進軍。」

依據之二是，毛澤東一九五六年四月二十五日在中共中央政治局擴大會議上作《論十大關係》講話時，曾說：「解放戰爭時期，先是不准革命，說是如果打起內戰，中華民族有毀滅的危險。仗打起來，對我們半信半疑。仗打勝了，又懷疑我們是鐵托式的勝利。一九四九、一九五〇兩年對我

們的壓力很大。」其中，毛澤東所說的一九四九年「對我們的壓力很大」，指的就是史達林反對渡江。

依據之三是，一九五七年四月十一日上午，毛澤東在與王方名等人談話時說：「中國革命開始時很困難，陳獨秀、王明、李立三、瞿秋白、張國燾等人跟著別人跑，使中國革命遭受到一個又一個的失敗。直到一九四九年，我們眼看就要過長江的時候，還有人阻止，據說千萬不能過長江，過了就會引起美國出兵，中國就可能出現南北朝（**的局面**）。」毛澤東又說：「我沒有聽他們的。我們過了長江。美國並沒有出兵，中國也沒有出現南北朝，如果聽了他的話，中國倒真可能出現南北朝。歷史證明，中國共產黨人是正確的，而蘇聯領導人主張中國革命應當半途而廢是一種右傾錯誤的觀點。」

依據之四是，一九八四年十一月三日，楊尚昆在和美國記者索爾茲伯里時，就曾提及米高揚在一九四九年初秘密訪問西柏坡，向毛澤東轉達了史達林的警告，勸阻解放軍過江。

但是，也有人以爲史達林未曾發出勸阻過江的警告，主要是在有關檔案裏查不到依據。③不管怎麼說，毛澤東堅決主張過江，這是毫無疑義的。

一九四九年四月二十一日，毛澤東以中國人民革命軍事委員會主席的身分，和中國人民解放軍總司令朱德聯名發佈了由他起草的《向全國進軍的命令》：

「奮勇前進，堅決、徹底、乾淨、全部地殲滅中國境內一切敢於抵抗的國際反動派，解放全國人民，保衛中國領土主權的獨立和完整。」

「奮勇前進，逮捕一切怙惡不悛的戰爭罪犯。不管他們逃至何處，均須緝拿歸案，依法懲辦。

特別注意緝拿匪首蔣介石。」④

不久之前，蔣介石下令通緝毛澤東。曾幾何時，如今挨到毛澤東下令緝拿蔣介石了。儘管自一九四九年元旦起，國民黨官方文件不再稱「共匪」，此時毛澤東乾乾脆脆地稱蔣介石爲「匪首」。

蔣介石曾吹噓長江爲天險，國民黨的江防固若金湯。

駐華美軍司令魏德曼還有一句名言：「一支有戰鬥意志的軍隊，就是拿笤帚柄也能保衛長江。」⑤

雖說國民黨軍隊手中拿的不是「笤帚柄」，而是美式步槍、機槍，卻是一支完全喪失戰鬥意志的軍隊。三月二十五日，蔣介石的「御林軍」——首都警衛師師長王宴清在中共南京地下黨員、《大公報》記者陸平等策反之下，率部倒戈，震驚了南京……

渡江之戰，是在四月二十日子夜開始的——完全是按照毛澤東公開宣布的時間表進行。僅僅依靠木帆船，僅僅依靠「小米加步槍」，僅僅用葫蘆和竹筒做成的「土救生圈」，那「固若金湯」的「天險」頃刻之間，便土崩瓦解了！

毛澤東的興致特別高，居然親自執筆，爲新華社寫了新聞稿，題爲《人民解放軍百萬大軍橫渡長江》：

【新華社長江前線二十二日二十二時電】人民解放軍百萬大軍，從一千餘華里的戰線上，衝破敵陣，橫渡長江。西起九江（不含），東至江陰，均是人民解放軍的渡江區域。二十日夜起，長江北岸人民解放軍中路首先突破安慶、蕪湖線，渡至繁昌、銅陵、青陽、荻港、魯港地區。二十四小時內即已渡過三十萬人……

美國駐南京的大使館也迅即電告美國政府：

「由於要害地點守軍的叛變、最高統帥部意見分歧和空軍未能給以有效支持，共產黨簡直是可笑地一下子就渡過了長江。」蔣介石在溪口聞訊，於二十二日急飛杭州，把李宗仁、何應欽（孫科已於三月十二日辭去行政院長之職，由何應欽繼任）、白崇禧、湯恩伯、張群緊急召至杭州筧橋機場開會。這次會議，是商討「最後一仗的作戰計畫」。蔣介石強調，「天險」長江雖已被中共突破，但仍要堅守寧、滬、杭。

李宗仁向蔣介石表示，南京眼看著保不住，他要求辭去「代行總統職務」。李宗仁說：「現在這種政出多門、一國三公的情形，誰也不能做事，我如何能領導？」

蔣介石當即說，你還是要做下去，「不論你要怎樣做，我總歸支持你！」

蔣介石和李宗仁商定兩條：

一、在政治上，宣布和談破裂，政府今後唯有繼續作戰，黨內不許再倡和談；

二、在軍事上，由行政院長何應欽兼國防部長，統一陸海空的指揮權力。參謀總長直接向國防部長負責。

會議一結束，李宗仁便於當天傍晚飛回南京。這時，在南京已經可以聽見槍聲了！

毛澤東通向李宗仁的「暗線」

對於李宗仁來說，二十二日之夜，輾轉反側，難以入眠。「四郊機槍之聲不絕，首都已一片淒涼。」

李宗仁知道，這是他逗留在南京的最後一夜了。眼看著南京要落入中共之手。

李宗仁面臨著人生的抉擇。在他的面前，有三條路：

一是遵蔣介石之囑，明日飛往廣州。因為國民政府已遷都廣州，他作為臨時元首，當應去廣州；

二是飛回桂系老家桂林，重整桂系勢力，保住西南一角；

三是留在南京，坐等中共的到來。

前兩條是明路，誰都知道；後一條是暗路，毛澤東知道。

蔣介石和李宗仁的矛盾，早已公開化。毛澤東對於李宗仁，下了一步大膽的「暗棋」，即策反！

毛澤東選擇了一位雙方都信得過的人物，充當密使。此人名喚劉仲容，湖南益陽人。他早年留學蘇聯，在莫斯科中山大學學習，跟中共有過聯繫。回國後，他長期在李宗仁、白崇禧左右任參謀議。西安事變時，劉仲容在西安跟周恩來有過交往。抗戰之初，劉仲容作為廣西方面的代表，派駐延安達半年之久，跟中共領袖們頗熟悉。這樣，劉仲容既是中共老朋友，又是李宗仁、白崇禧的老部下，自然是非常恰當的密使。

就在以張治中爲首的國民黨代表團抵達北平前夕，劉仲容攜帶無線電密碼，也從漢口到達北平。他的公開身分是國民黨代表團的顧問兼李宗仁聯絡員。

劉仲容在北平受到的禮遇，比正式的國民黨代表還高。毛澤東兩次在北平西山雙清別墅接見了他。

四月二日，也就在國民黨代表團到達北平的翌日，毛澤東在雙清別墅跟劉仲容談了對李宗仁問題的三點意見：

一、關於李宗仁的政治地位，可以暫時不動，還當他的總統；

二、如果談判成功，歡迎何應欽來，關於桂系部隊，只要不出擊，我們也不動它，等到將來再具體商談。至於蔣介石的嫡系部隊，也是這樣，如果他們不出擊，不阻礙中共渡江，向李先生作主，可以暫時保留他們的番號，聽候協商處理；

三、關於國家統一問題，國共雙方正式商談時，如果李宗仁出席，那麼我們對等，我也出席；如果李不願來，由何應欽或白崇禧當代表也可以，中共方面則派周恩來、葉劍英、董必武參加，來個對等。談判地點在北平。雙方協商取得一致意見以後，成立中央人民政府。到那時，南京政府的牌子就不要掛了。

毛澤東還談及了白崇禧。他說，解放軍過了長江，白崇禧要撤退，「我們可以不追擊，他可以退到長沙」；「如果他要退到廣西，也行，我們可以三年不進攻廣西。」

毛澤東風趣地說：「你白先生喜歡帶兵，將來國防部成立了，給你帶五、六十萬人，做個大元帥好不好？」

四月五日，劉仲容從北平飛回南京，向李宗仁轉達了毛澤東的意見。緊接著，他又於四月十二日飛往北平。幕後的密談，比國共兩黨正式代表的談判更為熱鬧……

劉仲容後來在北京擔任外國語學院院長、中國國民黨革命委員會中央副主席，一九八〇年三月二十七日在北京去世。

中共還派出劉子毅秘密前往南京。劉子毅在南京，跟李宗仁官邸建立了無線電聯絡。從此，李宗仁有了跟北平聯絡的暗線……

就在解放軍渡江之際，毛澤東通過暗線，通知李宗仁：

「在解放軍渡江以後，不要離開南京。」

毛澤東還告知李宗仁：如果「認為南京不安全，可以飛到北平來，將以貴賓相待。」

面對著廣州、桂林、北平三種選擇，李宗仁考慮再三，既不去廣州依靠蔣介石，也不去北平當毛澤東的貴賓，而是回桂系老家去。

翌日上午，李宗仁的專機「追雲號」在南京故宮起飛。他向前來送行的官員聲稱飛往廣州。

李宗仁的專機，在南京上空盤旋了兩圈——比蔣介石離去時多飛了一圈，向南京投去了最後一瞥。

在飛機起飛之後，李宗仁囑駕駛員改飛桂林。當天中午，李宗仁到達桂林，住進桂林文明路一三〇號私宅。在四天前，李宗仁已派飛機把夫人郭德潔從南京送往這裏。

這樣，李宗仁結束了短暫的三個月的代總統生涯。後來，他在《李宗仁回憶錄》中這樣回憶道：

「我在南京出任代總統的三個月期間，本抱『死馬當活馬醫』的態度，欲為不可收拾的戰局盡最後的努力，期望息兵，達成和平局面，解人民於倒懸。古人說：『盡人事而聽天命。』但是因環境特殊，蔣先生處處在背後牽制，使我對這匹『死馬』實未能盡應有的努力。」

蔣介石在四月三十日的日記中，則這樣寫道：

「四月份最重要之事，莫過於共匪政府所提『國內和平協定』條款，使李代總統等主和求降甚至謂『投降即光榮』之投降派亦無法接受，而不得不宣告和談決裂，重新作戰。」

就在李宗仁剛剛離開，當天，蔣介石經營了二十二年的首都南京，落入中共手中。

毛澤東這位詩人已多年沒有詩興。在重慶談判時，老朋友周谷城問他：「過去你寫詩，現在還寫嗎？」

毛澤東笑答：「從前的白面書生，現在成了『土匪』了。」

自一九三六年二月寫了那首《沁園春・雪》之後，毛澤東已十多年沒有寫詩了。這一回，他顯得異常興奮，欣然命筆寫下一首七律《人民解放軍佔領南京》：

「鐘山風雨起蒼黃，
百萬雄師過大江。
虎踞龍盤今勝昔，
天翻地覆慨而慷。
宜將剩勇追窮寇，

不可沽名學霸王。
天若有情天亦老，
人間正道是滄桑。」

其中「宜將剩勇追窮寇，不可沽名學霸王」一句，表明了他對「窮寇」蔣介石一追到底、決不罷休的決心。

中共剛剛佔領了南京，二十五日，在北平發生了戲劇性的一幕：

白崇禧所派的一架專機，由上海起飛，在北平徐徐降落。這架專機是前來接回國民黨和談代表團的——解放軍既已過了長江，又佔領了南京，已沒有什麼可「和談」的了，自然該早早打道回衙。然而，令人驚訝的是，從飛機上走下的，卻是張治中的夫人洪希厚、張治中弟媳鄭淑華等家屬九人！

中共的地下組織，再一次顯示了神通。這幾位家屬，是中共上海地下組織送上飛機的。

原來，周恩來在和談告吹之後，力勸張治中、邵力子等國民黨代表留下。張治中顯得猶豫，因爲他的家屬尚在上海，生怕會牽連家屬。於是，周恩來急命中共上海地下組織，把張治中的家屬送上飛機。這麼一來，原本是接張治中等回去的專機，卻成了送他們家屬去北平的專機！

承辦這一秘密使命的，是中共地下黨員沈世猷。⑥

沈世猷在一九三七年考入桂林軍校。一九四一年，入國民黨八十五軍二十三師。該師師長名曰張文心，乃張文白之胞弟。張文白，亦即張治中。

一九四四年夏，張文心調往重慶受訓，沈世猷隨他一起住在桂園，於是，他與張治中一家都很熟。

後來，沈世猷打入了國民黨政府國防部第一廳，以至打入京滬杭警備司令部作戰處，從事中共秘密工作，與中共上海地下黨王月英保持聯絡。

在一九四八年冬的淮海戰役中，張文心起義，投向中共。消息傳來，中共地下組織把保護張文心夫人鄭淑華的任務交給了沈世猷。當張治中被定爲國共談判國民黨首席代表，飛往北平，中共地下組織又囑沈世猷負責保護張治中家屬安全。

四月二十一日，槍聲可聞的南京一片混亂，沈世猷在這混亂之中，仍盡力把張治中夫人及張文心夫人送往上海。

四月二十五日，奉周恩來之命，在沈世猷以及張治中老部下、當時任上海機場基地指揮官的中共地下黨員鄧士章和夫人幫助下，躲開國民黨特務的跟蹤，終於把兩位夫人和子女護送上了專機……

蔣介石在上海差一點被活捉

話分兩頭，各表一枝。就在李宗仁離開南京之時，蔣介石又從杭州返回溪口。

失去了南京，蔣介石知道再也無法在溪口「終老是鄉」了。

四月二十五日傍晚，蔣介石和蔣經國等一行，乘轎子來到團嶴村，欲乘軍艦「泰康號」赴滬。正值退潮，蔣介石不得不先登上竹排，換上汽艇，在象山港上了軍艦。

蔣介石表情凝重。他是一個家鄉觀念頗重的人，從此，拋下他的祖墳和故居，永別他的故鄉！他如同唐朝崔滌《望韓公堆》一詩所寫：「孤客一身千里外，未知歸日是何年？」

蔣介石途中在鎮海嶼頭停留，二十六日中午一時，「泰康號」駛抵上海。上海人心惶惶，為了安全，蔣介石避居在上海東北角黃浦江畔的小島——復興島。復興島雖然名為「島」，其實只是一條人工所挖的運河和楊樹浦隔開，唯有一座鐵橋可通島上。這樣，在橋頭設了警衛，便外人莫入了。也有幾天，蔣介石隱居在上海金神父路（今瑞金二路）勵志社。

蔣介石要為保衛大上海打氣。所以他一到上海，四月二十八日《大公報》便披露他在上海的消息，並發表他的聲明。蔣介石在表示「擁護李代總統暨何院長領導作戰，奮鬥到底」之後，強調了「剿匪」的新的內涵。他說：

「我們當前的情勢固然是險惡的……但是我們認清了今日剿匪作戰是反侵略主義的民族戰爭，是反集權主義的民主戰爭。」

蔣介石自元旦起不用的「匪」字，如今又冒出來了。蔣介石還說：

「我們今日只有在一個政府之下，以對共的態度，為忠奸試金石。凡是反共的政策，就要力謀貫徹，凡是剿共的命令，便要絕對服從。」

蔣介石到上海才一個星期，五月三日便傳來杭州被中國人民解放軍攻克的消息。寧、滬、杭這「鐵三角」，蔣介石已失去了兩角。上海已危在旦夕。

就在這時，蔣介石差一點被捕於上海復興島！

說來話長，蔣介石有個秘書，名叫沙孟海。他是浙江鄞縣塘溪鄉沙村人氏，跟蔣介石的老家溪口相距不遠。他父親沙孝能是個農村中醫，受父親感染，他喜歡書法，擅長文筆。兄弟五人，他爲長兄，四個弟弟均爲中共黨員。一九二七年「四・一二」政變後，他因爲有赤色背景，無法在上海商務印書館供職，只得到杭州去。杭州市市長乃陳布雷之弟陳屺懷，與他有舊，遂在浙江省政府做了個小職員。後來，中央大學校長朱家驊看中他的文章，聘他爲秘書。

抗戰時期，沙孟海隨朱家驊來到重慶。蔣介石那時正需一位起草應酬文章的秘書，把他調去。考慮到他對溪口文史極熟，蔣介石要他主修蔣氏家譜……蔣介石第三次下野時，還帶著他回溪口，幾次商談修訂蔣氏家譜。

蔣介石沒有想到，沙孟海的二弟沙文漢，那時是中共上海局宣傳部長兼統戰部長；二媳陳修良乃中共南京市委書記！

當蔣介石來到上海，沙文漢化名王亞文，正充任國民黨中將張權的秘書。沙文漢策反了張權。張權秘密調了一艘軍艦，準備炸沉於吳淞口，檔住蔣介石的退路。張權還調來自己的嫡系部隊，密謀襲擊復興島，活捉蔣介石……

不料，中校參謀長張賢把張權的密謀報告了蔣介石。蔣介石聽罷，把手中的杯子摔在地上，摔得粉碎。

張權立即被捕。蔣介石不便聲張，就以「販賣銀元，擾亂市場」的罪名，把張權處死。

沙文漢倖免於難。後來，在一九五四年，被毛澤東任命爲浙江省省長。翌年，卻受潘漢年冤案

株連。一九五七年，他和妻子陳修良雙雙被錯劃爲右派……

至於告密者張賢，獲得蔣介石五千銀元賞金後，則在上海隱匿下來。後來，被識破，於一九五七年九月二十六日被上海市人民法院判處死刑……張權的密謀，使蔣介石不敢在上海久留。

五月六日清早，寧靜的復興島畔，不斷響起汽艇聲。汽艇往返運送蔣介石和他的一百多名隨從，登上停泊在黃浦江的招商局「江靜」號客輪。據船長徐品富回憶，蔣介石穿一身玄色長袍馬褂、足蹬圓口輕便緞鞋，右手執「司的克」，登上了輪船。緊隨蔣介石之後的是蔣經國，還有蔣經國那混血之子艾倫。

蔣介石上船後，並不馬上開船。汽艇仍在往返著，把大批的物品運上船。其中就連蔣介石睡覺的大銅床和所騎的大洋馬，也運上了船。不言而喻，蔣介石要最後告別大上海了。雖說上海大街小巷，正貼滿「誓死保衛大上海」的標語。

這天，蔣介石在船上寫下的日記，稱「舊的創痕還未癒，新的創痕又深了。」他還寫道：

「我眼看到中華民族的危亡，怎能不揮淚前進？前進的一條路誰都知道是困難的，但是不必害怕，……我們今天要前進！莫退，莫退，前進！」

晚上八時，蔣介石吩咐徐品富：

「最好是天要亮未亮時開船，天要黑未黑時到舟山。」

徐品富完全按照蔣介石的吩咐辦。軍艦「泰康號」護航。

蔣介石到了舟山不久，五月十四日，在毛澤東的部署下，中國人民解放軍已完成對上海的三面包圍。這天，徐品富看到三架巨型運輸機飛抵舟山機場，其中的一架便是蔣介石的專機「美齡」

號。

五月十七日下午，蔣介石離開了「江靜」號輪船，登上了「美齡」號飛往馬公島。一週後——二十四日，傳來使蔣介石沮喪的消息：紅旗插上了奉化縣城，紅旗飄揚在溪口！

三日後——二十七日，上海外灘那座橫跨於蘇州河上的外白渡橋，出現長長的中國人民解放軍騎兵部隊。上海人從未見過那麼多的馬，那麼清脆的馬蹄聲。

上海之役，使國民黨部隊十五萬三千多人覆沒。毛澤東、朱德的畫像以及五角星，成爲這座中國第一大城最新標誌。街頭巷尾貼滿署著「主任陳毅、副主任粟裕」的《上海市軍事管制委員會佈告》。毛澤東欣然爲新華社改定了社論《慶祝上海解放》，成爲上海各報競載的頭條要聞……

國共之戰已進入「殘局」

蔣介石連連慘敗，於二十八日飛往台灣岡山。他發出了「死守台灣」的誓言。他要把台灣作爲最後的立足點。

不過，這時的中國，東北、華北全部，華東大部已是一片紅色，而華南、華中、西北、西南，尚在國民黨手中。在中國大陸，蔣介石還要作最後的拚搏。

國民黨政府遷往廣州，李宗仁在桂林，蔣介石在台灣，又一次呈現「一國三公」的局面。

蔣介石仍要把李宗仁拉住，力勸李宗仁「回粵主政」。五月八日，李宗仁終於飛抵廣州。這

樣，李宗仁再度成為蔣介石的傀儡。

毛澤東和蔣介石已進入「殘局之戰」。至六月，國民黨部隊被殲總數達五百五十九萬人！國民黨剩餘的部隊，只有一百五十萬左右了。如毛澤東所說：「肅清這一部分殘餘敵軍，還需要一些時間，但已為期不遠了。」⑦

毛澤東於六月十五日在北平主持召開了新政治協商會議，著手於「迅速召開新的政治協商會議，成立民主聯合政府」。

毛澤東本著「宜將剩勇追窮寇」的決心，頻頻發出繼續進軍的命令，不讓蔣介石有喘息的機會：

五月十六、十七日，連克漢口、武昌、漢陽；

五月二十日，攻克當年拘蔣的古城西安；

五月二十二日，攻下當年舉行「八一起義」的南昌；

五月二十四日，佔領閻錫山的老窩太原；

六月二日，拿下青島；

八月十七日，進軍福州；

九月五日，打下西寧；九月二十三日，進入銀川；

十一月三十日，進抵新疆喀什……

蔣介石仍在那裏「莫退、莫退」。但是，他已無法擋住席捲全中國的紅色旋風。

在這風掃殘雲的時刻，七月十日，蔣介石忽然偕王世杰、吳國楨從台北飛往菲律賓碧瑤。

蔣介石居然還出國訪問？原來，他要與菲律賓總統季里諾組織「太平洋反共聯盟」，還要組織「國際志願軍」，來對付毛澤東，對付中共。蔣介石甚至還考慮到如果台灣失守，他準備在菲律賓組織流亡政府。

蔣介石在菲律賓未敢久留。七月十二日，他飛回台北。兩天後，他飛往廣州。七月十六日，蔣介石在廣州宣布成立國民黨非常委員會，蔣介石任主席，李宗仁任副主席。這個非常委員會在非常時期擁有最高權利。這麼一來，蔣介石結束了下野，又從幕後走到前台來了。

蔣介石又忙於飛來飛去了。八月二日，他宣布在台北建立國民黨總裁辦公室。翌日，他飛往韓國，與李承晚總統商討了「發動遠東各國反共聯盟的具體步驟」。這樣，他作好了立足台灣、以菲律賓和韓國爲兩翼的戰略部署。

由於中國人民解放軍逼近廣州，八月二十二日，蔣介石飛抵廣州，在那裏佈置廣州保衛戰。蔣介石聲稱這是「決定黨國最後成敗的一戰」。

在廣州席不暇暖，蔣介石於二十四日又飛往山城重慶。蔣介石重新步入山洞林園，觸景生情。整整四年前，正是在這一天，毛澤東在延安第三次電覆蔣介石，表示願來重慶進行談判。八月二十九日，毛澤東抵達重慶，當晚蔣介石正是在林園歡宴毛澤東……歲月無情，不過四年功夫，他卻落到這等地步。

預料廣州難保，九月七日，國民政府由廣州遷來重慶。這是國民政府二進山城了……

別了，司徒雷登！

在那些日子，毛澤東顯得異常忙碌。用他的話來說，正處於百廢待興的時刻：他忙於建立新政權；他忙於「追窮寇」……就在這個時候，從八月十四日至九月十六日，短短的一個來月中，毛澤東卻親自動筆，爲新華社接連寫了五篇評論，抨擊美國政府。

從表面上看，事情是由於八月五日美國發表中國白皮書引起的。這一白皮書的全稱是《美國同中國，特別是一九四四－一九四九年期間的關係》。這一白皮書，長達一千零五十四頁，正文共分八章。

白皮書是美國國務卿艾奇遜建議編寫的。艾奇遜在他的回憶錄中，這樣寫道：

「我極力主張編寫一份以最近五年爲中心的我國同中國關係的詳盡報告，在它垮台時予以發表。總統表示同意，於是，成立了一個由富有學識和專長的人員組成的小組，在沃爾頓・巴特沃思的領導下開始工作，後來由無任所大使菲利普・傑塞普博士擔任主編。」

另外，艾奇遜還給杜魯門總統寫了一封題爲《美中關係概要》的長信，與白皮書一起發表。

杜魯門總統爲白皮書的發表，寫了這樣的聲明：

「此時發表這份坦率和翔實的報告，其主要目的是爲了保證我們對中國和整個遠東的政策將以有情報根據和明智的輿論爲基礎。」

白皮書的發表，引發了毛澤東和美國政府之間的一場激烈的論戰。其實，這場論戰，或遲或早總要發生的，白皮書只是成了導火線罷了。在國共之間，雖說美國人多次扮演了調解人的角色，實

際上美國政府是蔣介石的後台。隨著蔣介石的慘敗，誠如艾奇遜所言：「現在已經很清楚大陸上的國民黨政權已經接近垮台了，今後美國必將不再支持大陸上的政權。」艾奇遜所說的「大陸上的政權」，不言而喻，指的是中共政權。

毛澤東在《丟掉幻想，準備鬥爭》，這麼評論道：

「美國國務院關於中美關係的白皮書以及艾奇遜國務卿給杜魯門總統的信，在現在這個時候發表，不是偶然的。這些文件的發表，反映了中國人民的勝利和帝國主義的失敗，反映了整個帝國主義世界制度的衰落。帝國主義制度內部的矛盾重重，無法克服，使帝國主義者陷入了極大的苦悶中。」

雖說美國政府和中共的決裂，乃是意料之中。然而，美國政府和中共之間在蔣介石政權即將垮台之際，卻有過一番秘密談判。毛澤東在《別了，司徒雷登》一文中，有那麼幾句令人玩味的話：

「人民解放軍橫渡長江，南京的美國殖民政府如鳥獸散。司徒雷登大使老爺卻坐著不動，睜起眼睛看著，希望開設新店，撈一把……」

毛澤東所稱的這位「大使老爺」司徒雷登，是一位道地的中國通。迄今，在杭州耶穌堂弄三號，尚可見到司徒雷登的父親司徒爾先生來杭州傳教時，在一八七三年建造的花園別墅。司徒雷登先生就出生於此屋，並在此度過了青少年時代。

中共對於這位「大使老爺」，原本有著不錯的關係。一九四五年十一月，當赫爾利辭去美國駐華大使之職時，美國政府曾準備委任魏德曼爲駐華大使。魏德曼明顯地傾向於蔣介石。

周恩來得知這一消息，在重慶見到美國總統特使馬歇爾時，說道：「魏德曼將軍與蔣介石關係

極爲密切。讓他出任美國駐華大使，中國不僅無法實現聯合政府，而且內戰將是不可避免的。」

馬歇爾當即問周恩來：「你以爲誰是美國駐華大使最合適的人選？」

周恩來敏捷地答曰：「燕京大學校長吉·雷登·司恰特博士，無論在學識上和人格上，還有在政治的中立方面，難道不是最合適的人選嗎？」

周恩來所提到的吉·雷登·司恰特博士，其中文名字便曰司徒雷登。馬歇爾元帥接受了周恩來的建議，後來美國政府果真任命司徒雷登爲駐華大使……

一九四九年四月二十二日，南京已岌岌可危。這天清早，國民政府代理外交部長葉公超風風火火前去拜訪司徒雷登，轉達了李宗仁代總統的話：「請大使先生盡快離開南京，移駐廣州。」司徒雷登確如毛澤東所言，「坐著不動，睜起眼睛看著」。

當中國人民解放軍進入南京，司徒雷登依然「坐著不動，睜起眼睛看著」。他派他的私人秘書傅涇波在南京城裏打聽著消息。

四月二十八日，一位重要人物從北平乘火車南下，到達南京，使司徒雷登喜出望外。此人名叫黃華，受周恩來的委派，出任南京軍事管制委員會外事處處長。周恩來派黃華來南京，是考慮到南京原是國民政府首都，有著眾多的外國大使館，有著許多涉外事務需要處理。

司徒雷登對於黃華的到來，深爲欣慰，是因爲黃華肄業於燕京大學，是他的學生，又是傅涇波的同班同學。司徒雷登留在南京，其本意就是爲了試探與中共秘密談判，而黃華與他以及傅徑波有這樣熟悉的關係，自然很有利於談判。

於是，就在黃華抵達南京不久，五月六日，司徒雷登就派傅涇波前去拜訪了黃華，表示司徒雷

登願與黃華就美國政府和中共的關係進行秘密會談。

五月十三日，黃華以私人身分，前去拜訪司徒雷登，進行了秘密會談。

司徒雷登表示，在中共新政權成立時，美國可以考慮予以承認，但必須有兩個條件：一是中共必須按照國際公認的慣例，尊重國家之間的條約；二是中共建立的新政權，必須得到人民的擁護。黃華則明確指出，美國政府如果願與新中國建立新關係，首先的條件是不干涉中國內政。黃華提及，美國駐青島的軍艦、陸戰隊，必須盡快撤走。

在這次會談後一星期，駐青島的美軍果真撤走了。

不久，傅涇波來見黃華，說司徒雷登擬和他一起飛美一次，向美國政府請示有關問題。

六月三日，中共中央致電中共南京市委及中共中央華東局《關於允許司徒雷登及傅涇波赴美的指示》，指出：

「青島美軍艦隊確已退走，國民黨匪軍已東撤完，我軍冬或江日可入青市。」

「可同意司徒帶傅涇波飛美，當其提出申請並完成手續後，即予許可，並由南京市人民政府發給傅涇波以個人名義的出國護照。在司徒赴滬前，黃華可與之見面一次。」中共中央的電報，還就黃華的談話內容作了指示：

「黃華與司徒會面時，可向司徒指出，我方久已宣告不承認國民黨反動政府有代表中國人民的資格，現在國民黨政府已經逃亡，不久即可完全消滅，各外國不應該再與逃亡政府發生關係，更不應和逃亡政府討論對日和約問題。否則，我們及全國人民將堅決反對。」

「黃華可向司徒或傅涇波透露個人看法，新政協可能在佔領廣州後召開，不要說很快召開的

話。」⑧

黃華接到中共中央電報三天後——六月六日，在南京軍管會外事處約見了司徒雷登和傅涇波，轉告了中共中央的意見。黃華又一次強調，美國政府如果要和即將誕生的新中國建立外交關係，其前提是美國政府必須斷絕與國民黨逃亡政府的外交關係，停止對蔣介石的援助。司徒雷登則不願正面作出答覆。秘密會談的氣氛雖說客客氣氣，但雙方各自堅持自己的原則。

司徒雷登回去後，改變了主意，不急於回國請示。六月八日，他又派傅涇波去見黃華，詢問司徒雷登在返美之前，可否去一趟北平，以便直接了解中共高級領導人的意見。傅涇波問及黃華是否跟周恩來有著聯繫。黃華當即明白，司徒雷登想去北平拜會周恩來。

黃華迅即電告中共中央。北平表示，既然美軍果真從青島撤退，表明美國政府對中共的政策有所鬆動，而且司徒雷登也還是做了好事，讓司徒雷登來北平有好處。但是，司徒雷登畢竟是美國政府駐中華民國的大使，他以這樣的身分來北平，自然不便。於是，中共中央建議司徒雷登以私人身分前來北平。

司徒雷登是個聰明人，他很快就想出一個非常體面而又符合邏輯的理由：他長期擔任北平燕京大學校長，每年六月都返校過生日，今年也不例外。

司徒雷登給燕京大學陸志韋校長寫了信，表達了自己的意思。

也就在這時，中共中央電報中提及的「新政協」，於六月十五日召開了籌備會。司徒雷登注意到毛澤東在開幕詞中所講的關於對外關係的一段話：

「任何外國政府，只要它願意斷絕對於中國反動派的關係，不再勾結或援助中國反動派，並向人民的中國採取真正的而不是虛偽的友好態度，我們就願意同它在平等、互利和互相尊重領土主權的原則的基礎之上，談判建立外交關係的問題。」

六月二十八日，黃華前往司徒雷登住處，轉告他，周恩來歡迎他去北平燕京大學，也歡迎在北平跟他晤會。

司徒雷登急電美國國務卿艾奇遜。

七月一日，艾奇遜電覆司徒雷登：

「根據最高層的考慮，指示你在任何情況下都不能訪問北平。」

這就是說，美國政府關上了與中共談判的大門。

於是，司徒雷登不得不結束了他的使命，告別生活了五十年之久的中國，於八月二日和傅涇波一起啓程返回美國。

於是，八月五日，美國國務院公佈了中國白皮書。

於是，八月十四日起，毛澤東開始接二連三地抨擊白皮書。

毛澤東在八月十八日，發表了《別了，司徒雷登》一文。毛澤東寫道：

「美國的白皮書，選擇在司徒雷登業已離開南京，快到華盛頓、但是尚未到達的日子——八月五日發表，是可以理解的，因爲他是美國侵略政策失敗的象徵。」

毛澤東恢諧地稱司徒雷登爲「滾蛋大使」，笑稱艾奇遜爲「一位可愛的洋大人」，「不拿薪水上義務課的好教員」（**因為毛澤東稱白皮書為反面教材，艾奇遜為反面教員**），又稱杜魯門爲「馬歇爾幕後總司令」……司徒雷登回到美國，艾奇遜囑他要避開新聞記者，免談中美關係。

一九五二年，司徒雷登辭去了有名無實的駐華大使之職，埋頭於寫回憶錄《在華五十年》，於一九五四年出版。

一九六二年，司徒雷登病逝於美國華盛頓寓所，終年八十有六。

毛澤東在北京主持開國大典

金秋時節，天高雲淡。毛澤東在北平忙得不可開交。

九月二十一日晚六時，北平中南海懷仁堂彩燈高懸，六百多名代表已開始步入會場。

主席台的佈置，別具一格。上方，掛著大字橫幅「中國人民政治協商會議第一屆全體會議」；正中，掛著政治協商會議會徽以及孫中山、毛澤東巨幅畫像；兩側，掛的則是中國人民解放軍軍旗。

七時整，場外響起五十四響禮砲。場內，軍樂隊奏起《中國人民解放軍進行曲》。作爲大會執行主席，毛澤東在掌聲中登上主席台。

毛澤東在會上作主旨講話：

「我們的會議之所以稱爲政治協商會議，是因爲三年以前我們曾和蔣介石國民黨一道開過一次政治協商會議。那次會議的結果是被蔣介石國民黨及其幫兇們破壞了，但是已在人民中留下了不可磨滅的印象。那次會議證明，和帝國主義的走狗蔣介石國民黨及其幫兇們一道，是不能解決任何有

利於人民的任務的。」

毛澤東又說：

「現在的中國人民政治協商會議是在完全新的基礎之上召開的，它具有代表全國人民的性質，它獲得全國人民的信任和擁護。因此，中國人民政治協商會議宣布自己執行全國人民代表大會的職權。」

這就是說，這次政治協商會議將在中國正式產生新的政府。

正當毛澤東在北平穩穩步上主席台的時候，蔣介石正在中國西南處於異常慌亂之際。

九月二十二日那天，蔣介石在重慶吃早飯，在昆明吃中飯，卻在廣州吃晚飯！

蔣介石是突然在上午十時由重慶飛抵昆明的，事先沒有通知雲南省主席盧漢。他已風聞盧漢與中共暗中來往，有可能叛變。所以他只在前一天派兒子蔣經國先來昆明，摸清虛實，這才突然飛來。他有過西安事變的經驗，所以提防著盧漢軍變。

蔣介石一到昆明，作了訓話，不敢在那裏勾留，於當晚飛到廣州。

蔣介石剛下飛機，便挨了一棒：綏遠省主席董其武在這天率八萬軍隊投奔中共！

毛澤東呢?他正喜氣洋洋，在北平忙於為即將誕生的新國家和政協代表們商議著……

人有姓名，國有國號。關於國號，黃炎培、張自讓建議用「中華人民民主國」，張奚若則提議用「中華人民共和國」（據查證，任弼時在一九四八年一月十二日最早使用「中華人民共和國」一詞）。經討論採用了「中華人民共和國」一詞。

會上，有人建議「中華人民共和國」可簡稱「中華民國」，因為中華民國是孫中山締造的。但

是，多數人反對此議，因為蔣介石二十八年來一直用中華民國這一國號，容易混為一談。

會議代表從眾多的設計稿中，選中五星紅旗為中華人民共和國國旗。紅色向來是中共的代表色，從紅區、紅軍直至紅都、紅旗，皆為紅色，象徵熱烈。黃色意味和平，又象徵黃色人種。五星，象徵中華民族五千年文明史，象徵五億人口。五角星中的大星，象徵中國共產黨，四顆小星象徵四個階級，即工人階級、農民階級、小資產階級、資產階級。

中華人民共和國採用公元紀年，不再採用中華民國紀年。

中華人民共和國定都北京。從一九四九年九月二十七日起，改北平為北京。其實，北平原稱北京。一九二八年六月二十日，南京國民政府改北京為北平特別市，從此叫北平。

中華人民共和國國徽由齒輪、麥穗、五星、天安門組成。

中華人民共和國國歌為《義勇軍進行曲》。

會議通過了「臨時憲法」——《中國人民政治協商會議共同綱領》。

九月三十日，中國人民政治協商會議第一次全體會議，選舉五十六歲的毛澤東為中華人民共和國中央人民政府委員會主席，朱德、劉少奇、宋慶齡、李濟深、張瀾、高崗六人為副主席。

這時，蔣介石正在廣州。九月二十五日，他得知國民黨新疆省警備總司令陶峙岳、新疆省主席鮑爾漢發表通電，率八萬之眾投向中共。蔣介石連聲說：「至為痛心！至為痛心！」

蔣介石很擔心有人暗害，就連李宗仁宴請他，他都暗中派人在廚房監視，生怕有人下毒。

十月一日，北京披上節日的盛裝。

下午二時，中央人民政府委員會在中南海勤政殿舉行就職典禮，五十一歲的周恩來被任命為政

務院總理兼外交部長，毛澤東為人民革命軍事委員會主席，朱德為中國人民解放軍總司令，林伯渠為中央人民政府秘書長。

下午三時，開國大典在北京天安門廣場舉行，三十萬人出席。在禮砲聲中，在《義勇軍進行曲》聲中，毛澤東按動電鈕，昇起第一面五星紅旗。

毛澤東在天安門城樓上宣讀《中華人民共和國中央人民政府公告》：

「本政府為代表中華人民共和國全國人民的唯一合法政府。凡願遵守平等互利互相尊重領土主權等項原則的任何外國政府，本政府均願與之建立外交關係。」

朱德則宣讀《中國人民解放軍總部命令》：

「堅決執行中央人民政府和偉大的人民領袖毛主席的一切命令，迅速肅清國民黨反動軍隊的殘餘，解放一切尚未解放的國土，同時肅清土匪和其他一切反革命匪徒，鎮壓他們的一切反抗和搗亂行為。」

那天，蔣介石在廣州「華聯號」軍艦上度過。

十月二日，蘇聯政府宣布承認中華人民共和國，決定建立外交關係，並決定斷絕與蔣介石政府的關係，自廣州召回外交代表。

蔣介石聞知，以氣憤之情，寫下日記：

俄帝之承認匪偽政權，實乃既定事實，且為必有之事，而其所以如此急速，蓋以我在聯大控俄案通過，彼乃不能不出此一著，以作報復之行動耳。今後俄帝必與共匪建立

空軍與海軍，則我為勢更劣，處境更艱，此為最大之顧慮。」

蔣介石對中國大陸的最後一瞥

蔣介石在一九四九年十月中旬，又蒙受了三次沉重的打擊：

十四日，廣州插上五星紅旗；

十七日，廈門落入中共手中；

二十日，中國人民解放軍進入新疆迪化。

緊接著，在司令員劉伯承、政治委員鄧小平的指揮下，中國人民解放軍第二野戰軍向西南大進軍：十一月十五日，貴陽紅旗飄揚。十一月二十二日，桂系的大本營桂林響起《中國人民解放軍進行曲》。

代總統李宗仁稱病，於十一月二十日由南寧飛往香港，住入太和醫院。二十六日，李宗仁申請赴美就醫。

十二月五日，李宗仁和夫人郭德潔等飛往美國。李宗仁臨行聲稱：「胃疾劇重，亟待割治。」

在貴陽危如累卵之際，重慶告急。蔣介石於十一月十四日下午由台北急飛重慶，調兵遣將主持制定了「保衛大重慶」方案。

其實，蔣介石也知道重慶已很難保住，他下令在重慶「中美合作所」，亦即關押共產黨人的白

公館、渣滓洞進行大屠殺。在此之前，九月十七日，蔣介石下令在白公館附近的松林坡，秘密殺害了楊虎城將軍夫婦及其秘書宋綺雲。

蔣介石還從台灣調來了「技術大隊」，由保密局毛人鳳、徐遠舉組成「重慶破廠辦事處」。所謂「破廠」，也就是破壞工廠，炸毀重要設備。

就在蔣介石到達重慶不久，中共地下組織曾密謀拘捕蔣介石。這一密謀，不久前由徐州某老幹部休養所的蕭德宣透露出來……

蕭德宣乃中共特別黨員，原本在國民黨邱清泉兵團任職。淮海戰役中，受中共第三野戰軍政治部主任鍾期光的派遣，混在亂軍之中，來到重慶。一九四九年四月，他被任命為國民黨暫編一五〇師少將副師長。

蔣介石來到重慶之後，蕭德宣密謀與二二八團團長何顏亞對蔣介石進行突然襲擊：定於八月十七日子夜，以進行夜間演習為名，把二二八團拉出，襲擊蔣介石所住的林園別墅。

在行動之前，何顏亞為他的部屬考慮，下達了緊急疏散軍官家屬的命令。這一命令，洩漏了天機，以至二二八團官兵被憲兵繳械，拘蔣計畫化為泡影。

十一月二十八日，解放軍攻下江津，逼近重慶。當時任行政院長的閻錫山由重慶飛逃成都。但蔣介石仍坐鎮重慶指揮。

十一月三十日，解放軍由江津順江場等處強渡長江，國民黨海軍江防艦隊「永安」號、「郝家」號起義。這時，蔣介石不得不倉惶乘飛機逃往成都。當天，山城重慶易幟。

成都，成了蔣介石在中國大陸最後的據點。蔣介石要在成都和中共作最後的較量。

爲了振奮軍心，蔣介石一反他平日行蹤保密的習慣，成都各報在十二月一日都刊載了蔣介石來蓉的消息：

【中央社】蔣總裁今日晨九時許，乘中美號專機由兩架驅逐機護衛，自重慶白市驛機場起飛來蓉，降落新津機場，黃少谷、俞濟時、谷正綱、陶希聖、蔣經國、沈昌煥、周宏濤、曾聖芬、夏幼權等隨行，成都方面，陸校張耀明校長、空軍第三軍區司令徐煥升，均趕赴機場恭迎，省桓各要員，均未及前往。總裁駐節軍校官邸，十一時許，閻院長、王主席等，赴軍校晉謁。

又訊：蔣總裁十時許到達北校場，約閻院長晤談，張群、王陵基、嚴嘯虎十一時前往軍校晉謁。

報導中提到的王主席，即四川省主席王陵基；閻院長，即行政院長閻錫山；嚴嘯虎，爲成都警備司令。

蔣介石「駐節軍校」，指的是座落在北校場的中央陸軍軍官學校，亦即黃埔軍校。在那兵荒馬亂的時刻，成都唯有這中央軍校算是安全地帶。軍校內，武擔山腳，一座三層的法國式小樓，名曰「黃埔樓」，成了蔣介石的行館。

成都，勾起蔣介石無限傷心的是一座新墳，人稱「戴公墓」。墳前的新碑上，刻著「戴季陶之墓」。戴季陶和蔣介石有著莫逆之交。一九四九年二月十一日深夜，面對國民黨無可挽回的敗局，

他走上了三個月前陳布雷所走的路——服用了大量安眠藥，自殺於成都棗子巷家中……

蔣介石抵達成都後的第五天，十二月四日，在黃埔樓接待了美聯社記者慕沙，發表了談話。蔣介石說：

「余此次應李代總統之邀入川，正值共軍滲入川東，陪都危急，余亟願李代總統急返中樞，共挽危局，而李代總統卻決意出國。余為國民一份子，並負領導國民革命之責任，唯有竭盡一切力量，不避任何艱險，協助政府，與大陸軍民共同奮鬥。」

蔣介石還論及了中國大陸的反共戰鬥形勢：

「重慶淪陷，西南局勢更步入艱苦之境，但世界民主各國人士，應知中國大陸反共戰鬥，不僅並未停止，反而不顧任何代價，一切犧牲亦且益趨擴大，刻在各地結集軍隊，使西南反共戰鬥持久。……中國共黨在莫斯科指揮之下，企圖以暴力吞併中國國家，奴役中國四億五千萬人民，然中國人民在青天白日旗幟之下，為獨立自由而戰，絕非暴力所能屈服。」

十二月七日，蔣介石眼看形勢越來越不妙，終於發出了這樣的電報：

「命令政府遷設台北，並在西昌設大本營，統率陸海空軍，在大陸作戰。此令 蔣中正 民國三十八年十二月七日」

蔣經國也在同一天的日記中寫道：

「對於中央政府駐地問題，曾經數度研究。起初，擬遷西昌，固守西南，俟機反攻，收復失土。到此乃知大勢已去，無法挽回矣。因於晚間作重要決定，中央政府遷往台北，大本營設置西昌，成都設防衛司令部。」

這樣，國民政府的駐地，由南京，而廣州，而重慶，而成都，此時不得不遷往台北。這一過程，正是表明了蔣介石是如何節節敗退的。

十二月九日這天，三處來電向蔣介石報告令他「痛心不已」的消息：

昆明來電，雲南省主席盧漢宣布投向中共（這表明兩個多月前蔣介石獲知盧漢「動搖」的消息是確切的）；

彭縣來電，西康省主席劉文輝、西南軍政副長官鄧錫侯、潘文華宣布投向中共；

宜賓來電，二十二兵團司令兼七十二軍軍長郭汝瑰率三個師投向中共。

風雨飄搖，眾叛親離，蔣介石意識到已無法在中國大陸久留。

就在這時，中共成都地下黨組織了一支二百多人的「捉蔣敢死隊」，密謀襲擊黃埔樓。

也就在這時，十二月八日，成都的晚報刊載消息：

「蔣總裁已於今晨乘中美號專機離蓉，因事前未通知，故王主席等均未趕上送行。」

讀了報紙，「捉蔣敢死隊」連連頓足，以爲錯失良機。

令人困惑的是，十二月十一日成都《新新新聞》忽地又載：

「蔣總裁昨離蓉飛台。」

這表明，蔣介石是在十日離開成都的！

蔣介石究竟何時離蓉，成了一個謎！這也表明，在那樣岌岌可危、如履薄冰的時刻，蔣介石的行蹤極爲詭秘！

那位四川省主席王陵基在一九四九年十二月二十一日，曾被中國人民解放軍俘獲，他化名戴正

名，逃脫。後來又在四川江安被捕。據王陵基在一九六五年回憶，蔣介石離開成都是在十日。那天清早，他正準備躺下去睡一會兒，得知蔣介石要走，便急急趕往鳳凰山機場送行。

另據蔣經國日記記載，他和蔣介石是在十日下午二時從鳳凰山機場起飛的。

這樣，蔣介石離開中國大陸的最後日子，通常認爲是十二月十日。

不過，近年來，也有人以爲是十二月十三日離開成都。⑨其依據是蔣經國的日記，十一日空白，而十二日卻寫「日昨尚在成都」，表明蔣介石十一日尚在成都！而據嚴嘯虎在一九六二年回憶：「蔣遂於十三日飛逃台灣。」

蔣介石先是在南京上空繞了一圈，爾後含淚告別故鄉溪口，爾後告別上海復興島，告別重慶林園……終於，他向中國大陸投去了最後一瞥，從此一去不復返。

後來，蔣經國在《蔣經國自述》一書中，回憶父親蔣介石在中國大陸那段充滿風險的最後日子時，頗爲感嘆：

「此次（父親）身臨虎穴，比西安事變時尤爲危險，禍福之間，不容一髮。」

注釋

①《艾奇遜回憶錄》，上冊，上海譯文出版社一九七八年版。

②《中共中央文件選集》第十八卷。

③兩種不同意見，可參看陳廣相《對史達林干預我軍過江問題的探討》，載《黨史研究資料》一九八九年七、八期；余湛、張光佑《關於史達林曾否勸阻我過長江的探討》，載《黨的文獻》一九八九年一期；向青《關於史達林勸阻解放大軍過江之我見》，載《黨的文獻》一九八九年六期。

④《毛澤東選集》第四卷。

⑤《艾奇遜回憶錄》，上海譯文出版社一九七八年版。

⑥王為崧，《秘密北飛》，《大江南北》一九九三年一期。

⑦《在新政治協商會議籌備會上的講話》，《毛澤東選集》第四卷。

⑧《中共中央文件選集》第十八卷。

⑨陳宇，《蔣介石在大陸的最後時刻》，南海出版公司一九九二年版。

第十一章 隔著海峽

蔣介石只能實行第三方案

一九四九年十二月十日傍晚，蔣介石告別中國大陸，從成都向東飛行，越過海峽，抵達台北。一路上，蔣介石「俯視眼底大陸河山，心中愴然」。

從此，蔣介石落腳台灣。

後來，在一九六六年七月八日，毛澤東在給江青的信中，這樣論及蔣介石的失敗：

「中國自從一九一一年皇帝被打倒以後，反動派當權總是不能長久的。最長的不過二十年（蔣介石），人民一造反，他也倒了。蔣介石利用了孫中山對他的信任，又開了一個黃埔軍校，收羅了一大批反動派，由此起家。他一反共，幾乎整個地主資產階級都擁護他，那時共產黨又沒有經驗，所以他高興地暫時地得勢了。但這二十年中，他從來沒有統一過，國共兩黨的戰爭，國民黨和各派軍閥之間的戰爭，中日戰爭，最後是四年大內戰，他就滾到一群海島上去了。」①

毛澤東的這一段話，差不多是在給蔣介石作總結了！

蔣經國後來則在久《負重致遠》一書中，這樣寫及敗退台灣的蔣介石的處境：

「民國三十八年，可以說是中華民族的『危急的存亡之秋』，父親所處的地位環境，乃是空前

未有的惡劣和複雜。國運正如黑夜孤舟，在汪洋大海的狂風暴雨和驚濤駭浪中飄搖、震盪；存續淪亡，決於俄傾。我們身歷其境，當時也懵懵惚惚，不知不覺，恍如浮光掠影，隨波而逝。可是到了今天追憶起來，閉目沉思，始覺得當時國脈民命繫於一髮，真令人動魄驚心，不寒而慄了。」

就在蔣介石到達台灣不久，毛澤東以中華人民共和國中央人民政府主席的身分，前往蘇聯莫斯科訪問。毛澤東乘火車行進在冰天雪地的西伯利亞。這是他平生第一次出國訪問。他在蘇聯訪問了兩個多月，直至一九五〇年三月四日才返回北京。

蔣介石離開成都之後，託付胡宗南坐鎮壓陣。無奈，軍心浮動，胡宗南已壓不住陣腳。

中國人民解放軍第一野戰軍在賀龍率領下，第二野戰軍在劉伯承、鄧小平率領下，進逼成都。眼看成都風雨飄搖，十二月二十三日，胡宗南由成都飛往海南島。二十七日，戴五角星的隊伍行進在成都街頭。

中國人民解放軍總部發表十二月份的戰績公報：在西南。華南殲滅國民黨部隊七十九萬五千人，俘虜國民黨高級軍官、川湘鄂綏靖專署主任宋希濂等一百四十二人。

一九五〇年元旦，《人民日報》發表社論《完成勝利，鞏固勝利》，明確指出：

「解放台灣、西藏、海南島，完成統一全中國大業。」

這時，中國人民解放軍的總兵力，爲五百五十萬人；國民黨的總兵力，則劇降爲六十萬人，只相當於中國人民解放軍的十分之一左右。

胡宗南剛從成都飛逃海南島，便接蔣介石命令，要他飛往西昌指揮。這樣，胡宗南不得不在一九四九年十二月二十八日飛往西昌，作「最後的奮鬥」。

一九五〇年三月二十八日，西昌這顆蔣介石在中國大陸的最後的釘子，被中國人民解放軍拔除。蔣介石不得不承認：「在大陸有組織的戰鬥乃爲之告終。」

蔣介石在危敗之際，原本制定了三種方案：

一是以四川爲中心，西南爲根據地，走當年抗戰的老路，與毛澤東長久對抗；

二是以海南島爲最後退路；

三是以台灣爲最後退路。

如果這三種方案都失敗，則退到菲律賓，組織流亡政府。

重慶、成都、西昌的接連失守，蔣介石的第一方案宣告破產。

就在打下西昌之後，半個多月——四月十六日傍晚六時半，幾百艘木帆船從雷州半島出發，朝南駛去。

駐守海南島的是蔣介石的嫡系、當年在長征時追剿毛澤東的薛岳，他擔任瓊崖保安司令兼防衛總司令。

薛岳知道海南島難保，曾面見蔣介石，請求從海南島主動撤退，遭到蔣介石的拒絕。

蔣介石說：「海南島是反攻大陸的跳板，不可放棄。」如今，得知中共部隊渡海峽而來，薛岳急命出動飛機、軍艦攔擊，卻無法阻擋那數百條木帆船。

毛澤東在一九五〇年一月十日給林彪的電報中，便指出：「爭取春夏兩季內解決海南島問題。」

按照毛澤東部署，在三月五日、二十六日，兩小批中共部隊曾經用木帆船渡過瓊州海峽，登上

海南島和那裏的中共游擊隊——瓊崖縱隊會師。這樣，中共對於橫渡瓊州海峽已是熟門熟路了。

這樣，只花了四個多小時，幾百條木帆船在夜色的庇護之下，居然一舉渡過海峽。在瓊崖縱隊和先期登陸的兩批部隊的配合下，中共主力強佔灘頭，站穩了腳跟。中共的後續部隊也就不斷地渡海而來。

經過十多天的戰鬥，海南首府海口於四月三十日落入中共部隊手中。五月一日，海南島最南端的榆林港，紅旗飄揚，從此，海南全境已是中共的天下，薛岳部隊三萬多人被殲。

於是，蔣介石第二方案又遭破產。

自一九五〇年十月七日起，中國人民解放軍開始進軍西藏。藏軍第九代本主官桑格旺堆於十一日起義。十九日，昌都解放。

緊接著，西藏地方政府派出代表團前往北京，進行談判。一九五一年五月二十三日，達成了和平解放西藏的「十七條協議」。九月九日，中國人民解放軍先遣部隊到達拉薩。十月二十六日，由張國華、譚冠三兩位將軍所率主力部隊進入拉薩，舉行了入城式。從此，西藏插上五星紅旗。

這樣，中國全境除台灣以及少數島嶼之外，都已是紅旗的天下。

這樣，蔣介石別無選擇，只能實行他的第三方案——以台灣爲最後退路。

這樣，毛澤東和蔣介石以台灣海峽爲「楚河漢界」，繼續對立著。

蔣介石對退往「美麗島」作了周密部署

台灣，有著「美麗島」、「東方甜島」的美譽。本島面積三萬五千七百五十九平方公里。論大小，在世界的海島之中，排名第二十八位。

台灣和中國大陸之間，最近的距離爲一百三十公里。在晴朗之日，從福建沿海登高遠眺，澎湖列島上的煙火，以至台灣高山的雲霧，皆隱約可見。

一九四六年台灣的總人口爲六百二十四萬。一九四九年，台灣的總人口猛增了一百三十萬。這些新增的人口，大部分爲「外省人」——台灣本地人對從大陸而去的人的習慣稱呼。這些「外省人」之中，有近六十萬人爲蔣介石帶去的部隊。

蔣介石曾說過這樣的話：

「處絕地也可以生。……有台灣在，即使大陸盡失，也可以復興。」

一九四六年十月二十五日，是台灣從日本佔領下光復一週年的紀念日。蔣介石曾和宋美齡一起赴台灣視察。當時蔣介石便說過這樣的話：

「中央政府之視台灣，一如離別家庭五十年的弟兄……中央的愛護台灣，遠勝於全國其他任何一省；中央對於台灣建設的重視，也勝於其他的省分」。

一九四六年十月二十六日，蔣介石在日記中寫道：

「台灣尚未被共黨份子所滲透，可視爲一片乾淨土，今後應積極加以建設，使之成爲一模範省，則俄、共雖狡詐百出，必欲之我國家而甘心者，其將無如我何乎！」

這一次視察，台灣重要的戰略地位、長夏無冬的氣候、豐富的物產、秀麗的風光，給蔣介石留下了深刻的印象。

蔣介石在一九四九年元旦宣布準備下野的前夕，部署了台灣的退路。蔣介石說：

「在俄帝集團侵略之下，寧可失了整個大陸，而台灣是不能不保的。」

「只要有了台灣，共產黨就無奈我何，就算是整個大陸被共產黨拿去了，只要保著台灣，我就可以用來恢復大陸」。

在蔣介石看來，憑藉著台灣海峽這天險，退可以求得生存，進可以反攻大陸。

一九四八年十二月二十四日，蔣介石突然任命陳誠爲台灣省主席。陳誠是蔣介石的嫡系。蔣介石讓陳誠掌管台灣，爲自己留下一塊安身之地。

李宗仁這樣回憶當時的情景：

「此次新職突然發表時，前主席魏道明（引者註：指前台灣省主席）事前竟毫無所知。陳誠得令後，立即自草山遷入台北，三八年（引者註：即一九四九年）一月五日便在台北就職視事，行動的敏捷，爲國民黨執政以來所鮮見。由此可知蔣先生事前佈置的周密，」

其中提及的「自草山遷入台北」，指當時陳誠在草山養病。其實，蔣介石讓陳誠以養病爲名去台灣，已預作佈置。所以，一旦蔣介石宣布了對陳誠的任命，陳誠隨即「敏捷」地走馬上任。

蔣介石還任命長子蔣經國爲國民黨台灣省黨部主任委員，陳誠兼任台灣警備司令。這樣，台灣的黨政軍大權，全部落在了蔣介石嫡系手中。

蔣介石的另一部署，在當時乃絕密行動。直到一九六〇年六月二日，才由《中央日報》透露出

來：

「在某一個深夜裏，海軍總司令桂永清密令軍艦一艘，停泊在上海黃浦灘央行（**引者註：中央銀行的簡稱，下同**）附近的碼頭邊，央行附近的街道，臨時戒嚴，一箱一箱的黃金，悄悄運上軍艦，在天未破曉以前，該軍艦已駛出吳淞口，以最大的速率，駛向基隆。兩天以後，陳主席（**引者註：指台灣省主席陳誠。不過，當時陳誠尚未被正式任命為台灣省主席。**）打電報給俞氏（**引者註：指中央銀行總裁俞鴻鈞**），全部黃金已妥藏在台灣銀行的保險庫裏，坐在外灘央行總裁辦公室裏的俞氏，這時才感覺肩膀上的萬鈞重擔豁然減輕。」

不過，這篇報導沒有透露運往台灣的黃金的具體數字，而只是說「一箱一箱的黃金」。黃金論箱，而且是「一箱一箱」，當然相當可觀。

後來，據中央銀行稽核處長李立俠回憶，搶運黃金共分三批：

「第一批，也是主要的一批，是一九四八年十二月一日午夜由上海裝運，總數為二百萬零四千餘兩，運至基隆；第二批運走五十二萬二千餘兩，運至廈門，再轉運台灣；第三批是俞鴻鈞辭職以後，劉攻蕓繼任中央銀行總裁，由湯恩伯親臨央行運走十九萬八千兩，這時離上海解放已不到十天了。前後三批，共搶運黃金二百七十七萬五千餘兩。同時運往台灣的還有一千五百二十萬銀元，另有一千五百三十七萬四千美元則存進美國銀行的國民黨政府帳戶。」②

這批黃金，成了蔣介石初入台灣時的經濟支柱。誠如蔣經國後來所言：

「政府在播遷來台的初期，如果沒有這批黃金彌補財政和經濟情況，早已不堪設想了，那裏還有今天這樣穩定的局面！古語說：『無糧不聚兵』，如果當時餉饋缺乏，軍隊給養成了問題，那該

是何等嚴重！」

這樣，蔣介石的立足點尙未移至台灣之前，已在黨、政、軍、財四個方面，對台灣作了周密的部署。

一九四九年六月一日，從上海敗退的蔣介石，來到台灣高雄要塞過端午節。六月二十一日，蔣介石住於台北大溪，非常喜歡，稱那裏的風景很像他的故鄉溪口。二十四日，蔣介石在台北之北十三公里的草山，看中一幢別墅，作爲自己的住處。這所別墅名叫「士林」，原是台灣糖業公司的賓館。那裏附近多溫泉，花木繁茂。蔣介石改草山爲「陽明山」，以表明他對明代哲學家王陽明的崇敬之情。

蔣介石在台北設立了總裁辦公室。

在台灣安排好退路之後，蔣介石這才又飛往廣州、重慶、成都，作「最後的奮鬥」。直至這「最後的奮鬥」失敗，這才從成都飛來台北。

在蔣介石回到台北不久，宋美齡也於一九五〇年一月十三日從美國來到台北。

蔣介石迫使李宗仁讓位

在他回台北前三天，國民政府遷至台北。不過，此時的國民政府只有行政院，而代總統李宗仁卻在美國哥倫比亞大學附設的長老會醫院。蔣介石雖然是台灣的實權人物，是「非常委員會」主

席，是國民黨總裁，但畢竟是下野總統。一國無總統，總是「名不正，言不順」。蔣介石早有復出之意，無奈，總得由代總統李宗仁主動讓位才行。可是，李宗仁卻怎麼也不肯讓位，甚至把蔣介石復出稱爲「復辟」。

據李宗仁回憶，蔣介石的復出計畫，早在一九四九年七月，便已開始進行了：

> 七月間，我還在廣州的時候，黃埔系將領及蔣夾袋中的政客，已有請蔣復職的企圖，然那時尚無人敢公開提出。抵渝之後，情勢便迴然不同了。他們認為廣州既失，我已墜入蔣的甕中，可以任其擺佈了。這時，ＣＣ系和政學系控制下的報紙，對蔣已不再以「總裁」而逕以「總統」稱呼。我深知蔣已呼之欲出，不久便要「復職」了。
>
> 果然不久，吳忠信、張群、朱家驊等便先後來找我，他們不敢明言要我勸蔣復職，只是含糊其辭地說，當前局勢緊張，希望我拍一電報請蔣來渝坐鎮。其實，蔣一直在飛來飛去，向來不需要我敦請，現在何以忽然要我拍電促駕呢？他們辭窮，便隱約說出希望我聲明「引退」，並參加他們「勸進」。
>
> 當吳忠信仍向我叨叨不休時，我勃然大怒道：「禮卿兄，當初蔣先生引退要我出來，我誓死不願，你一再勸我勉為其難；後來蔣先生處處在幕後掣肘，把局面弄垮了，你們又要我來『勸進』。蔣先生如要復辟，就自行復辟好了，我沒有這個臉來『勸進』！」
>
> 他們見我態度堅決，才不敢勉強。③

只是由於李宗仁不願讓位，蔣介石這才無法「復辟」。

李宗仁在美國，倒是真的動了手術。據其自云，是「割治十二指腸」，「恢復甚快」，「一九五〇年一月間，我身體已大致復元。」一月二十日，李宗仁出院仍在美國居住。台北的監察院連連電催李宗仁回台，李宗仁不願回去，但又不願讓位。

蔣李矛盾，終於公開爆發。一九五〇年二月二十一日，非常委員會致電李宗仁，限他三天內回到台北，不然就被視爲放棄代總統職權。李宗仁拒絕回台。

二月二十五日，監察院彈劾李宗仁。

三月一日蔣介石宣布復職，亦即復任中華民國總統。

三月十三日，蔣介石在革命實踐研究院講話時，談到了他三次復職的經歷：

「我每一次復職時所預定的目標，亦無不如計完成。我在第一次復職以後，不到八個月的功夫，北伐即告成功。第二次復職以後，雖然經過十四年的長期奮鬥，但終於促使日本投降，達到了我們雪恥復仇收復失地的目的。現在是第三次復職了，這一次復職以後，我們革命的目標，是恢復中華民國，消滅共產國際，……我相信我們一定可以完成我第三次復職的使命。」

從此，蔣介石到他死去，一直連任中華民國總統，成了終身總統：

蔣介石是在一九四八年第一屆國民大會第一次會議上，當選爲中華民國總統。按照《中華民國憲法》規定，總統任期爲六年。一九五〇年三月，他尙在任期之內，只是由下野變爲復職重任；

一九五四年，六年期滿。蔣介石連任第二屆總統；

一九六〇年，又六年期滿，而《中華民國憲法》規定總統只能連任一次。爲了使蔣介石連任

總統，國民大會通過了《臨時條款》：「動員勘亂時期，總統、副總統得連選連任，不受憲法第四十七條連任一次之限制。」據此，蔣介石連任第三屆總統；

又據《臨時條款》，蔣介石每六年連任一次總統。他在一九六六年，連任第四屆總統；

到了一九七二年，年已八十五歲的蔣介石，向國民大會發表了遜謝之辭：「本人已多年膺任此職，深感歉疚，謹鄭重懇請諸位代表另選賢能，繼承本人擔任總統職位。」自然，國大代表們表示懇請。於是，蔣介石不得不表示「只得遷就民意」。這樣，再據《臨時條款》，蔣介石連任第五屆總統；

倘若他不死的話，定然會據《臨時條款》，連任第六屆總統。

蔣介石反思失敗的原因

每天清晨六時，台北介壽路準時響起中華民國國歌，青天白日滿地紅之旗徐徐昇起。那裏是總統府的所在地，路名爲「介壽路」，是紀念蔣介石六十誕辰時取的。總統府原本是東南軍政長官公署，也改稱「介壽館」。蔣介石在一九五〇年三月一日復任總統時，便在介壽館三樓辦公。

在蔣介石的辦公桌上忽然出現一本不平凡的書，書名曰《中國革命戰爭的戰略問題》，作者乃海峽彼岸他的政敵毛澤東。

毛澤東此書寫於一九三六年十二月。蔣介石怎麼會研讀起毛澤東的十四年前的舊著呢？

在毛澤東此書的千千萬萬的讀者之中，蔣介石是最特殊而讀了最有體會的一位讀者。因爲毛澤東此書所寫的，就是如何打敗蔣介石的戰略問題。當年，蔣介石就翻過這本書。無奈，他正忙於跟毛澤東打仗，心靜不下來。如今，他是敗軍之將，正在作沉痛的反思。讀毛澤東此書，使他感慨萬分。他這才明白，他敗在毛澤東手下，毛澤東確實是一位熟知戰爭規律的戰略家。毛澤東正是用這些戰略戰勝了他。

毛澤東寫道：「弱軍對於強軍作戰的再一個必要條件，就是揀弱的打。」可不是嗎？毛澤東經常用的就是這一手。

毛澤東又說：「『打得贏就打，打不贏就走』，這就是今天我們的運動戰的通俗解釋。……一切的『走』都是爲著『打』，我們的一切戰略戰役方針都是建立在『打』的一個基本點上。」可不是嗎？毛澤東也常用這一手。

毛澤東還說：「『拚消耗』的主張，對於中國紅軍來說是不適宜的。『比寶』不是龍王向龍王比，而是乞丐向龍王比，未免滑稽。」想當年，井岡山上的毛澤東確實是個「乞丐」，而擁有數百萬軍隊的他確實是「龍王」。

最令蔣介石嘆息不已的是毛澤東書中的一段話：「誰人不知，兩個拳師放對，聰明的拳師往往退讓一步，而蠢人則其勢洶洶，劈頭就使出全副本領，結果卻往往被退讓者打倒。」蔣介石不正是毛澤東所說的蠢人嗎？

痛定思痛，蔣介石檢討著自己在大陸失敗的原因。

蔣介石此時此際，認識到自己在發動內戰之初所實行的「速戰速決」、「全面進攻」，犯了戰略性的錯誤。

蔣介石說：「我們在進攻中雖然佔領了許多城市，卻要處處設防，尤其是交通要點和後方基地更須置重兵據守，每處至少佈置一團以上兵力，我們的兵力就這樣被四處分散，並且都成了不能機動使用的『呆兵』，而共軍則能隨時集中主力，採取主動，在我們正面積極活動，伺機突襲，將我各個擊破。」

在此之前，蔣介石也曾這樣說過：「國軍處處設防，備多力分，形成處處薄弱之虞。共匪乘此弱點，乃『以大吃小』之戰法，集中其全力攻擊我薄弱之一點，於是屢被其各個擊破，此所以逐漸造成今日嚴重之局勢。」

蔣介石在作了這些戰略檢討之後，認為：「我們此次失敗並不是被共匪打倒的，實在是我們自己打倒了自己！」

蔣介石總結了四條「自己打倒自己」的原因：

第一、是內部不能精誠團結，因之予奸匪以分化挑撥的可乘之機。

第二、是違反國父遺教，大家不以服務為目的，而以奪取為目的。

第三、是喪失了革命的黨德，不能以個人自由與能力，貢獻於革命大業。

第四、是喪失了民族的自信心，不知道民族道德的力量，和民族精神的偉大。

蔣介石反思了自己的軍隊，總結了高級將領們的八大缺點：

一、本位主義；

二、包辦主義；

三、消極被動，推諉責任；

四、大而無當，粗製濫造；

五、含糊籠統，不求正確；

六、因循苟且，得過且過；

七、遲疑猶豫，徘徊卻顧；

八、主觀自大，固步自封。

由此，蔣介石認爲，他的軍隊也就成了「六無」之軍，即「無主義、無紀律、無組織、無訓練、無靈魂、無根底的軍隊」。由此，蔣介石認爲，軍人們也就成了「六無」之軍人，即「無信仰、無廉恥、無責任、無知識、無生命、無氣節」。

由此，蔣介石得出結論：「非失敗不可。」

蔣介石說：「我們的幾百萬軍隊，沒有同共軍作過一番較量，就被解決了，無數優良的裝備送給了共產黨，用來消滅我們自己。」

其實，毛澤東在《中國革命戰爭的戰略問題》中，倒也調侃地說過這樣類似的話：「倫敦和漢陽的兵工廠，我們是有權利的，並且經過敵人的運輸送來。這是真理，並不是笑話。」

難怪，毛澤東常常笑稱蔣介石爲「運輸大隊長」，給他送來「無數優良的裝備」。

蔣介石又反思了國民黨。他總結了國民黨的散漫、腐朽：

「黨內不能團結一致，同志之間，派系分歧，利害摩擦，違反黨紀，敗壞黨德，以致整個的

黨，形成一片散沙，最後共黨乘機一擊，遂致全盤瓦解，徹底崩潰。」為此，蔣介石在一九五〇年一月，著手成立了「國民黨改造案研究小組」。

為此，蔣介石在一九五〇年三月，向二千名國民黨中高級幹部，發表了長篇演說。他的演說分三大部分：

一、虛心接受中國大陸失敗的教訓。

二、不惜犧牲感情與顏面，徹底改造。

三、他自己將鞠躬盡瘁，爭取最後勝利。

蔣介石的演說，使座中不少人涕淚滿面……

美國政府既「拋蔣」又「棄台」

毛澤東在中華人民共和國成立不久，便去蘇聯訪問。一九五〇年二月十四日，毛澤東和史達林在莫斯科簽訂了《中蘇友好同盟互助條約》，從此，中華人民共和國正式與蘇聯結盟。

雖說毛澤東曾與史達林有過一些意見分歧，但是大體上關係還不錯。毛澤東早在一九四九年六月三十日的《論人民民主專政》一文中，便宣告「一邊倒」，即倒向蘇聯。毛澤東是這麼說的：

「中國人不是倒向帝國主義一邊，就是倒向社會主義一邊，絕無例外。騎牆是不行的，第三條道路是沒有的。我們反對倒向帝國主義一邊的蔣介石反動派，我們也反對第三條道路的幻想。」

緊接著，在一九四九年九月三十日，由毛澤東起草的中國人民政治協商會議宣言中，非常明確地寫上了：

「首先是聯合一切蘇聯和各新民主國家，以爲自己的盟友，共同反對帝國主義者挑撥戰爭的陰謀，爭取世界的持久和平。」

毛澤東提到的「新民主國家」，即後來的社會主義陣營國家。正因爲這樣，中華人民共和國一成立，在蘇聯率先予以承認之後，在一九四九年十月三日至五日，「新民主國家」便接連予以承認，其中有保加利亞、匈牙利、朝鮮民主主義人民共和國、波蘭、羅馬尼亞、捷克斯洛伐克。稍後，有蒙古、德意志民主共和國、阿爾巴尼亞。毛澤東在外交上，果真實行「一邊倒」。

蔣介石則倒向美國，這原本是毫無疑義的。可是，由於蔣介石的戰敗，美國總統杜魯門希冀「換馬」，轉爲支持李宗仁，一度使蔣介石陷入了內外交困的境地！毛澤東口口聲聲罵蔣介石爲「美帝國主義的走狗」，眼下「美帝國主義」要拋掉蔣介石，怎不使蔣介石極度尷尬？

杜魯門不悅於蔣介石，這在當年李宗仁競選副總統時，已經明明白白地顯露出來。

一九四九年八月五日，美國《白皮書》的發表，不僅深深激怒了毛澤東，他爲此寫了一系列文章抨擊《白皮書》，而且也深深激怒了蔣介石，因爲《白皮書》用相當多的篇幅批評蔣介石的無能！

最使蔣介石惱火的是，美國國務卿艾奇遜居然如此「目中無蔣」。艾奇遜把國民黨的慘敗，歸結爲「其領袖不能應變，其軍隊喪失鬥志，其政府不爲人民所支持」。

一句話，美國政府此時所實行的政策曰「拋蔣」。

毛澤東反正已經「一邊倒」，他罵「美帝國主義」，罵得再厲害也無所謂，所以他可以連篇累牘地公開抨擊《白皮書》；蔣介石卻全然不同，他只能在他的日記中，悄悄地發洩他對於《白皮書》的憤懣。

《白皮書》發表之際，蔣介石正在韓國訪問。蔣介石在八月六日的日記中，這樣寫道：

「到韓國後，更覺定靜光明，內心澄澈無比，是天父聖靈與我同在之象徵也。對美國《白皮書》可痛可嘆，對美國務院此種措置，不僅為其痛惜，不能不認為其主持者缺乏遠慮，自斷其臂而已。」

蔣介石還恨恨地寫道：

「甚嘆我國處境，一面受俄國之侵略，一面美國對我又如此輕率，若不求自強，何以為人？何以立國？而今實為中國最大之國恥，亦深信其為最後之國恥，既可由我受之，亦可由我湔雪也。」

回到台灣後，蔣介石得以細細閱讀《白皮書》，他在八月十日的日記中，連著罵了馬歇爾、艾奇遜和杜魯門：

「馬歇爾、艾奇遜因欲掩飾其對華政策之錯誤與失敗，不惜徹底毀滅中美兩國傳統友誼，以隨其心，而亦不知其國家之信義與外交上應守之規範；其領導世界之美國總統杜魯門竟准其發表此失信於世之《中美關係白皮書》，為美國歷史上留下莫大之污點。此不僅為美國悲，而更為世界前途悲矣。」

隨著《白皮書》在世界上產生廣泛的影響，蔣介石實在忍無可忍，終於以國民政府外交部的名義發表聲明，斥責美國政府落井下石。

美國政府實行「拋蔣」，其原因有幾點：

一是艾奇遜所說的，蔣介石是個扶不起的「阿斗」。美國在蔣介石身上花了那麼多的錢，那些錢如同扔進水裏；

二是美國政府實行扶李。也正因爲這樣，李宗仁以治病的名義，於一九四九年十一月二十六日申請赴美就醫，翌日，美國國務院就表示同意他入境治病；

三是美國政府認爲蔣介石守不住台灣，中共會迅速攻下台灣。一九四九年十二月二十三日，美國國務院發出的第二十八號密令，作了這樣的估計：「台灣的失陷已在廣泛預期中，在國民政府統治下，台灣民政和軍事情勢趨於惡化的事實，益增強了這種預期。」既然台灣保不住，美國政府也就冷眼對待蔣介石。

正因爲這樣，當國民政府遷往台北時，美國駐華大使司徒雷登一直住在美國，而在台北只有一名領事級的代表而已。

不過，美國政府對於毛澤東也充滿敵意。在中華人民共和國宣告成立之後，十月四日，美國國務院發表聲明：「美國只承認國民政府爲合法政府的政策」。

一九四九年十二月二十九日，美國國務卿艾奇遜對軍方人員的談話中，對中國形勢作了這樣的估計：

「必須承認，中國共產黨事實上控制著全中國，其原因主要是因爲國民黨自己崩潰。」

艾奇遜主張「在中國問題上眼光要放遠一點」。

一九五〇年一月五日，美國總統杜魯門發表了一份新聞公報，宣布了美國對台政策。這一公

報，極為重要。杜魯門宣告美國無條件地承認福爾摩莎（即台灣）為中國領土，然後宣告：

美國對福爾摩莎或任何其他中國領土都沒有野心。在目前，美國不想在福爾摩莎取得特別權利或特殊利益或建立軍事塞地。它也無意使用它的武裝部隊來干預當前的局勢。美國政府不會採取導致捲入中國內戰的方針。同樣地，美國政府將不向在福爾摩莎的中國軍隊提供軍事援助或軍事顧問。在美國政府看來，福爾摩莎的實源足以使他們能夠得到他們認為保衛該島所必需的東西。美國政府建議，根據現行的立法授權繼續執行經濟合作著目前的經濟援助計畫。④

杜魯門的這一公開聲明，等於表示，如果毛澤東以武力進攻台灣，美國將袖手旁觀。不以武力加以干涉。

杜魯門的這一公開聲明，無疑使蔣介石雪上加霜。

這樣，美國政府既「拋蔣」又「棄台」。

正在美國請求援助的宋美齡，此刻在美國如同在冰水中。她不得不在一月十三日離美返台。而杜魯門居然在白宮設宴，請李宗仁以中華民國國家元首的身分赴宴，簡直把蔣介石的鼻子氣歪了……

美國政府還下令，撤離美國在台僑民。這表明，在美國政府眼裏，毛澤東進攻台灣已是近在眼前了。

美國政府甚至準備在中共打下台灣之後，即與中華人民共和國建交。

朝鮮的槍聲使蔣介石喘了一口氣

就在蔣介石風雨交加、台灣搖晃不定之際，一場突然爆發的戰爭救了蔣介石的命。

那是一九五〇年六月二十五日星期日，蔣介石正在吃早飯，蔣經國向他報告了緊急情況：朝鮮半島動向異常，似乎有可能發生大規模的南北之戰！

由於時差的關係，美國國務卿艾奇遜得知這一消息，是在六月二十四日晚十點。艾奇遜那天離開首都華盛頓，到哈伍德農場去度週末。他剛睡下，白宮的電話把他吵醒。那是因爲美國駐韓國大使約翰・穆西奧從漢城發來電報，報告：北方越過三八線向南朝鮮部隊發動進攻。這是一次同過去那種邊界巡邏衝突不同的猛烈襲擊。這是對大韓民國的全面進攻。

正在美國密蘇里州獨立城度週末的杜魯門總統，也接到同樣的報告。

這消息使美國的要員們結束了休息，投入了緊張的工作。

據《艾奇遜回憶錄》載：

「第二天早上國務院收到的消息是壞的。以一個坦克縱隊爲核心的大規模進攻，正指向漢城和金浦機場。南朝鮮的武器裝備顯然遠遠不能抗衡……」

美國軍政首腦在布萊爾大廈召開緊急會議。

艾奇遜向杜魯門總統提出了三項建議：

一、除了已經由軍事援助計畫分配的之外，授權和指示麥克阿瑟將軍對朝鮮提供武器和其他裝備。

二、命令美國空軍在美國從屬人員撤退時，轟炸任何向金浦機場方向前進的北朝鮮地面和空中部隊，以保護金浦機場。

三、命令第七艦隊從菲律賓向北開行，以防止中國向福爾摩莎進攻，或相反的情況。

杜魯門總統接受了艾奇遜的建議。

另外，美國遠東軍總司令麥克阿瑟提出了關於台灣問題的重要意見。他說：「台灣是美國太平洋防線，自阿留申群島經日本、沖繩，而至菲律賓之一環。」麥克阿瑟說了一句名言：「台灣可以成爲一艘不能擊沉之航空母艦。」

這麼一來，美國對於台灣問題來了個急轉彎，即由「棄台」轉爲「保台」。

六月二十六日，杜魯門總統對麥克阿瑟下達訓令：「對韓國予以海空軍支援。」這道訓令表明，美國從此介入了朝鮮內戰。

六月二十七日，杜魯門總統就朝鮮戰爭發表公開聲明，其中涉及台灣問題。這時，杜魯門的對台政策，與他半年前——一月五日的新聞公報，截然不同：

「鑒於（中國）共產黨軍隊的佔領台灣，將直接威脅到太平洋區域的安全，並威脅到在該區域履行合法而必要之活動的美國部隊，因之，本人已命令美國第七艦隊防止對台灣的任何攻擊，並且本人已請求台灣的中國政府停止對大陸的一切海空活動。」這下子，蔣介石大大地鬆了一口氣。

當時蔣介石派駐漢城的大使邵毓麟，曾對朝鮮戰爭、亦即韓戰與台灣的關係，作了頗爲生動的分析：

「韓戰對於台灣，更是只有百利而無一弊。我們面臨的中共軍事威脅，以及友邦美國遺棄我國，與承認匪僞的外交危機，已因韓戰爆發而局勢大變，露出一線轉機。中韓休戚與共，今後韓戰發展如果有利南韓，也必有利我國。如果韓戰演成美俄世界大戰，不僅南北韓必然統一，我們還可能會由鴨綠江而東北而重返中國大陸。如果韓戰進展不幸而不利南韓。也勢必因此而提高美國及自由國家的警覺，加緊援韓絕不致任國際共黨渡海進攻台灣了。」

就在杜魯門總統發表聲明後的第三天，美國第七艦隊駛入了台灣海峽，從而在毛澤東和蔣介石之間的「漢河楚界」，爲蔣介石築起了一道防線，從而使台灣處於美國武力的保護傘之下。美國也就從「拋蔣」轉爲「保蔣」。

美國的舉動，理所當然地激起了毛澤東的極度憤怒。六月二十八日，周恩來外交部長代表中華人民共和國政府發表聲明，強烈譴責美國政府侵略朝鮮、台灣及干涉亞洲事務。周恩來嚴正宣布：

「台灣屬於中國的事實永遠不能改變。」

「我國全體人民，必將萬眾一心，爲從美國侵略者手中解放台灣而奮鬥到底。」

此後，九月十五日，美軍七萬餘人在朝鮮仁川登陸向北推進，並向中國東北進行轟炸掃射。十月十九日，毛澤東派出中國人民志願軍跨過鴨綠江，支援金日成，與美軍直接交戰。中共與美國政府的關係，進入完全對立的階段。

此後，美國官員頻頻訪問台灣。特別是一九五二年十月艾森豪威爾當選美國總統，任命杜勒斯爲國務卿。杜勒斯是一位堅決反共的人物，採取了堅決支持蔣介石的態度，向台灣派駐了大使蘭金。另外，艾森豪威爾總統還宣布取消前總統杜魯門的承諾，即杜魯門所聲明的「本人已請求台灣的中國政府停止對大陸的一切海空活動」。也就是說，第七艦隊的使命，只是保護台灣不受中共攻擊，而允許台灣進攻中國大陸。美國政府不再貌似中立了。

此後，蔣介石結束了風雨飄搖的日子。

歷史給了毛澤東和蔣介石不同的機遇：抗日戰爭的爆發，使中共得以大發展；朝鮮戰爭的爆發，卻使蔣介石在台灣站穩了腳跟。

毛澤東的解放台灣和蔣介石的反攻大陸

隔著海峽，毛澤東和蔣介石依然是宿敵。在海峽此岸，毛澤東提出解放台灣；在海峽彼岸，蔣介石則把反攻大陸定爲國策。他倆依然針鋒相對著。

「解放台灣」這一口號，最早見諸於一九四九年十二月三十一日中國共產黨中央委員會發佈的《告前線將士和全國同胞書》：

「中國人民解放軍和中國人民在一九五〇年的光榮戰鬥任務，就是解放台灣、海南島和西藏，殲滅蔣介石匪幫的最後殘餘，完成統一中國的事業，不讓美國帝國主義侵略勢力在我國的領土上有任何立足點。」

此後，中共領導人的講話，各種政府文告，都不斷地重申解放台灣。

蔣介石在一九五〇年三月一日復職總統時，便宣誓要「光復大陸」。六月，由於朝鮮戰爭的爆發，蔣介石制定了這樣的戰略計畫：「一年準備，兩年反攻，三年掃蕩，五年完成。」從此，他提出了「反攻大陸」的口號，要把台灣建成「反攻復國的基地」。

毛澤東所說的解放台灣，也就是指武力進攻台灣。毛澤東確實著手解放台灣的部署。

一九四九年十二月五日，毛澤東以中央軍委主席身分，命令空軍司令員劉亞樓著手修復各地的機場，並要中央財政委員會「支付必不可少的一部份經費」。

一九五〇年二月四日，正在蘇聯訪問的毛澤東，曾致電中共中央轉粟裕，要求加強傘兵訓練，以備解放台灣之用。粟裕當時任中國人民解放軍第三野戰軍副司令員、華東軍區副司令員。毛澤東記起，蔣介石的傘兵第三團曾起義投誠，所以發去以下電文：

粟裕同志：（**中央轉**）

一、前起義過來的傘兵第三團，現在還有多少人，跳傘技術程度如何，他們中間的政治工作進行得怎樣，有無黨員的發展，一般的政治情緒如何，望電告。

二、這批傘兵盼加強對他們的政治訓練，我們需要以這批傘兵作基礎，訓練一個傘兵部隊，作為台灣登陸作戰之用。

毛澤東

二月四日

過了六天，毛澤東在給劉少奇的電報中，表示：「同意粟裕調四個師演習海戰。」毛澤東調四個師給粟裕演習海戰，就是爲了作解放台灣之用。

一九五〇年四月，在中國人民解放軍一舉渡海攻下海南島之後，毛澤東充滿信心，準備解放台灣。

這時在台北的電線杆、小巷、車站，忽地有人貼出了震撼台灣的標語：「歡迎中國人民解放軍解放台灣！」「擁護毛主席，活捉蔣介石！」

正在這時，朝鮮戰爭爆發，毛澤東不得不放慢了解放台灣的步伐：一是他要準備出兵朝鮮；二是美國的第七艦隊遊弋於台灣海峽，成了解放台灣的極大障礙。

這樣，一九五〇年八月八日，毛澤東致函病中的粟裕：

「目前新任務不甚迫切，你可以安心休養，直至病癒。」

一九五〇年九月二十九日，毛澤東在給他的政治秘書胡喬木的信中，提醒在宣傳工作中，不要提「在一九五〇年打台灣」這類話。毛澤東的信，全文如下：

喬木同志：

請查過去宣傳中有無規定在一九五〇年打台灣的事，有人說他看過今年元旦文件內說今年要打台灣的話，未知確否？以後請注意，只說要打台灣西藏，不說任何時間。各黨派賀詞中一九五一年任務我已全部刪去，因其中有打台灣西藏一項。

毛澤東

九月二十九日

這封信表明，隨著朝鮮戰爭的爆發，隨著美國第七艦隊進駐台灣海峽，毛澤東放慢了解放台灣的步伐。

蔣介石呢，他幾乎在他每一次公開的講話，以及種種政府文告中，總要提及反攻大陸。

隔著一道海峽，海軍、空軍力量不足的毛澤東，一下子無法實現解放台灣；蔣介石總共才六十來萬軍隊，守島尚可，至於反攻大陸未免力量懸殊。如此這般，雙方都只是在口頭上喊著。

雖說毛澤東一下子無法解放台灣，蔣介石又一下子無法反攻大陸，雙方在五十年代之初卻仍處於交戰狀態。這時的國共之戰，以一種新的形式出現：

毛澤東打蔣介石，打的是大陸周邊那些被蔣介石軍隊佔領的小島；

蔣介石打毛澤東，打的是空襲戰，小股登陸、騷擾戰。

這跟遼瀋戰役、淮海戰役、平津戰役、寧滬杭戰役相比，只能說是小打小鬧了。不過，這小打小鬧，在那時卻不停地打，不斷地鬧。

毛澤東一個一個打下了蔣介石部隊佔領的小島：

一九五〇年五月二十五日，中國人民解放軍對珠江口外的萬山群島，發起攻擊，至十二月七日全部佔領那一群小島；

一九五〇年五月十三日至五月十七日，中國人民解放軍攻下舟山群島；

一九五一年九月九日，蔣介石把一位名叫「秦東昌」的特殊人物派往浙江沿海的大陳島，在那

裏設立了浙江省政府，「秦東昌」爲主席。這位「秦東昌」，其實就是當年毛澤東的老對手、「西北王」胡宗南。

一九五五年一月十八日，中國人民解放軍攻下了大陳島西北的一江山島。二月二日，得知蔣可能會從大陳島撤退，毛澤東給國防部部長彭德懷寫了一封信：

彭德懷同志：

在蔣軍撤退時，無論有無美（艦）均不向港口及靠近港口一帶射擊，即是說，讓敵人安全撤走，不要貪這點小便宜。

毛澤東

二月二日

蔣軍果真撤退，解放軍亦果真未在其撤退時砲擊。這是毛澤東和蔣介石難得的一次戰場上的「合作」：蔣介石料定大陳難保，爲了保存實力，把十五萬部隊急急撤回台灣。毛澤東「高抬貴手」，下令「讓敵人安全撤走」。

二月十三日解放軍佔領了大陳島、披山島。

從此，這種小島之爭，畫上了句號。

蔣介石那時掌握著中國的制空權，雖說他的陸軍大部覆沒，空軍卻幾乎很完整地退到台灣，也正因爲那時中共還沒有空軍力量，所以蔣介石可以從成都從從容容地飛回台北，不必擔心途中會有

中共的飛機截擊。

蔣介石的空軍那時有各種型號的飛機四百架。由於缺乏維修的零件，其中能夠投入戰鬥的大約爲半數。蔣介石憑藉著這二百來架飛機，不斷飛越海峽，轟炸大陸沿海城市。

其中最爲著名的是一九五〇年二月六日，根據國民黨潛伏特務羅炳乾提供的情報，蔣介石派十七架飛機轟炸了上海的發電廠、自來水廠等重要目標，投彈七十多枚，造成上海停電、停水，居民死傷達千人以上。上海人爲之震驚，稱爲「二・六」轟炸。

蔣介石的海軍那時也佔優勢，退往台灣的艦艇有五十多艘。憑藉著這些艦艇，蔣介石不時騷擾著大陸沿海。一九五〇年八月二十五日毛澤東獲悉蔣軍情報，給中國人民解放軍中南軍區發去電報：

「台灣敵人向潮汕及海陸豐舉行登陸襲擊是極有可能的。你們必須：一、加強偵察工作，務使我軍在敵舉行登陸襲擊之前，獲得可靠情報；二、加強兵力，請考慮從西面抽調一部兵力（例如一個強的師）及一部砲火加強東面，確保潮汕及海陸豐沿海防線，並派一個軍級指揮部去擔任指揮，遇敵襲擊時能堅決殲滅之。」

另外，在一九五二年一月十日及一九五三年七月十六日，蔣介石曾兩度派部隊騷擾閩粵交界處的東山島。特別是第二次，蔣介石出動了登陸艇、砲艇、兵艦，在空軍的配合下，一萬三千多人撲了過來。打了一天，被殲三千多人，這才趕緊退走。這樣的打打鬧鬧，持續了好多年……

海峽兩岸，處於緊張的對峙之中。海峽此岸，那時最流行的歌曲是《我們一定要解放台灣》；海峽彼岸，那時最流行的歌曲是「反共第一歌」——《保衛大台灣》。

海峽此岸，毛澤東著力於開展「鎮壓反革命運動」，以挖出蔣介石逃離大陸時在大陸埋伏下的五十萬左右特務人員。那時，大陸最走紅的是反特電影，如《人民的巨掌》、《羊城暗哨》、《徐秋影案件》等等；海峽彼岸，蔣介石實行「戒嚴令」，開展反共運動，深挖「共謀」。那時，台灣最走紅的是反共電影，如《惡夢初醒》、《永不分離》、《春滿人間》等等。

「克什米爾公主號」的迷霧

一九五五年四月十一日下午三時，南中國海上空的一聲爆炸，震驚了全世界。

那是印度國際航空公司的一架C-69型客機「克什米爾公主號」，由印度孟買經香港飛往印度尼西亞首都雅加達。途經北婆羅洲沙勞越海面上空時，突然發出沉悶的爆炸聲。機長傑塔鎮定地駕駛著搖搖欲墜的飛機，從一萬八千英尺高空降落在海面上。在烈火中，傑塔機長、四位機組人員及十一位乘客喪生，另三位機組人員及其餘乘客獲救。

這次空難事故之所以震驚世界，是因爲中華人民共和國總理周恩來原本要搭乘這一航斑，飛往印尼。

周恩來前往印尼，是爲了出席四月十八日至二十四日在印尼萬隆召開的亞非政府首腦會議，史

稱「萬隆會議」。這時，在台北的國民政府未在被邀請之列，因爲大多數亞非國家只承認中華人民共和國，而把台北的國民政府稱爲「蔣介石集團」。蔣介石對於未能出席萬隆會議，深爲不快。

周恩來臨時改變了行期，未上「克什米爾公主號」，倖免於難。

「克什米爾公主號」失事，眾說紛紜。美國《紐約時報》說這是一次普通的飛行事故，與政治無關。但是，美國新聞處四月十二日的電訊，卻轉達了北京的憤怒的抗議聲：

中國今晚抗議美利堅合眾國及國民黨集團昨天預謀破壞飛機，謀殺中國總理周恩來先生和其他往萬隆出席亞非會議的共產黨代表團員。

北京電台說失事飛機在離開香港前，「中華人民共和國政府已獲悉美國和蔣介石集團的秘密組織正積極破壞中國代表團所來坐的印度飛機，對以周恩來總理為首的中國代表團進行謀殺，破壞亞非會議」。

美國新聞處的電訊，發自倫敦，是從北京方面的電台播出的中華人民共和國外交部聲明中，獲悉北京的抗議。飛機失事才二十四小時，北京方面怎麼會如此迅速作出反應，明明白白地指責這是美、蔣進行的政治謀殺呢？

其實，北京方面在事情還沒有發生之前，就已經獲悉重要情報。正因爲這樣，周恩來改變了行期，沒有乘坐「克什米爾公主號」。

留著八字鬍，戴一副紫黑顏色邊框眼鏡的李克農，事先獲悉了蔣介石特務的謀殺計畫。這位

中國人民解放軍上將，當時擔任外交部副部長、中國人民解放軍副總參謀長兼聯絡部部長。他在一九二六年加入中共。自一九二八年起，他在中共特科從事秘密工作。廈建奇勳：

一九三一年四月，顧順章在武漢叛變時，把周恩來以及中共中央機關在上海的地址和盤托出。密電發往南京，落在國民黨中統頭子徐恩曾的秘書、中共地下黨員錢壯飛手中，錢壯飛急派女婿劉杞夫趕往上海，奔往上海西藏路東方旅館，把密信交給住在那裏的李克農。李克農火速通知周恩來，使周恩來及中共中央機關迅速得以安全轉移……

一九三六年十二月，在震驚全國的西安事變中，李克農在幕後也扮演了重要角色。西安事變前，他是中共中央聯絡局局長，專門負責與張學良、楊虎城的秘密聯絡。一九三六年三月四日，在陝西洛川與張學良秘密會談的中共代表，便是李克農。此後，四月九日，他又陪同周恩來前往膚施（延安），秘密會晤張學良。在西安事變發生時，他出任中共中央代表團秘書長……

四十年代，他是中共中央社會部部長，北平軍事調處執行部中共代表團秘書長。

一九五一年，他參加了朝鮮停戰談判。一九五四年，他是出席日內瓦會議的中國政府代表團成員之一……

李克農可以說是一位無線電專家，早在一九二九年，便打入上海無線電管理局，那時的局長就是徐恩曾。李克農憑藉著他對於國民黨無線電系統的經驗，在破譯密碼專家的配合下，在潛伏台灣的中共特工幫助下，事先獲知了蔣介石特務的絕密謀殺計畫。正因爲這樣，「克什米爾公主號」剛一失事，北京就以極爲肯定的語氣，譴責這是美、蔣特務謀殺周恩來和中國代表團的陰謀。

後來的調查表明，李克農的情報完全正確：

五月二十六日，印尼調查委員會指出，「克什米爾公主號」失事，是由於右翼尾輪昇降道中的定時餌雷（炸彈）爆炸所造成的，否定了那是「普通事故」。

此後，又反覆調查當時在香港機場曾經接近過「克什米爾公主號」的二十七人，細細「過篩」，查明定時炸彈是香港航空工程公司的雇員周駒所放。周駒是個化名，本名周梓銘。台灣特務機關花重金收買了周梓銘，讓他把一枚帶有鐘表結構的定時炸彈悄然放上了「克什米爾公主號」。事發後，周梓銘逃往台灣……

這一重大事件發生在香港，英國政府不能不進行認真調查。

一九五六年一月十一日，英國外交部把關於「克什米爾公主號」飛機失事調查結果聲明，由英國駐北京代辦歐念儒送交中華人民共和國外交部。聲明說：「克什米爾公主號」飛機被破壞事件，經英國政府調查，是蔣介石集團指揮他們在香港的特務機關，在飛機右翼內部安置定時炸彈所造成的直接結果。

蔣介石集團特務策畫「克什米爾公主號」事件，其原因在於亞非首腦會議把蔣介石集團排除在外。出席這一會議的有亞非二十九個國家，蔣介石被排除在外，深感外交上的孤立。他們想借謀殺周恩來，給北京以打擊。

……

周恩來在萬隆首次提出解決台灣問題

一九五五年四月十六日下午六時，當周恩來出現在雅加達瑪腰蘭機場時，機場上爆發了雷鳴般的掌聲。

周恩來成了亞非政府首腦會議上的「明星」。這不僅僅由於幾天前發生了驚心動魄的「克什米爾公主號」事件，而是在於他的第一流的外交才幹，在於他所代表的中華人民共和國在亞非的重要地位。那時，亞非各國頗多分歧，周恩來鮮明地提出了「求同存異」的著名方針。

周恩來在當年漫長的國共談判之中，在和蔣介石的一次次會談之中，磨練了一身難得的談判功夫。此刻，他作為中華人民共和國首席代表，在大會上發表了深得人心的演講。

周恩來說，中國代表團是來求團結，而不是來吵架的。中國代表團是來求同，而不是來立異的。求同的基礎，就是亞非絕大多數國家和人民自近代以來都曾經受過，並且現在仍在受著殖民主義所造成的苦難和痛苦。從解除殖民主義痛苦和災難中找到共同基礎，我們就很容易互相了解和尊重，互相同情和支持，而不是互相疑慮和恐懼、互相排斥和對立。我們的會議應該求同存異。

周恩來的講話，贏得一片贊同。這樣，會議達成了關於國家之間和平相處的十項原則，史稱「萬隆精神」。

萬隆會議是一次國際性會議，周恩來在會上卻也談起了國內問題，亦即台灣問題。周恩來說，對於台灣問題，也可以本著求同存異的精神去解決，我們願意在可能的條件下，爭取用和平方式解決台灣問題。

周恩來說：「中國人民同美國人民是友好的。中國人民不要同美國打仗。中國政府願意同美國政府坐下來談判，討論和緩遠東緊張局勢的問題，特別是和緩台灣地區的緊張局勢問題。」

美國注意到周恩來的這番話。不過，當時的美國政府和中華人民共和國之間沒有外交關係，而英國與中華人民共和國有著外交關係，於是中美雙方通過英國進行聯絡。在英國的聯絡下，一九五五年八月一日，中美雙方選擇了一個中性的地點——瑞士首都日內瓦，在那裏舉行中美兩國大使級會談。

中方首席代表爲中華人民共和國駐波蘭大使王炳南，美方首席代表爲尤·阿·約翰遜。王炳南參與策動過西安事變。在重慶談判時，他擔任過毛澤東秘書。他在一九五五年四月，奉派爲駐波蘭大使。

經過中美雙方的會談，於一九五五年九月十日達成一份協議：

「中華人民共和國（美利堅合眾國）承認中華人民共和國的美國人願意返回美利堅合眾國者（美利堅合眾國的中國人願意返回中華人民共和國者）享有返回的權利，並宣布已經採取適當措施，使他們能盡速行使其返回的權利。」

日內瓦的會談表明，自從朝鮮戰爭以來，北京和華盛頓之間對立的關係有了緩和。這理所當然對北京和台灣的關係產生了影響。

自從周恩來在萬隆會議上第一次公開提出以和平方式解決台灣問題，當即引起世界各國的注意。人們猜測著北京究竟以什麼樣的和平方式解決台灣問題。

其實早在一九五〇年，毛澤東已經考慮了和平解決台灣問題。毛澤東遴選從事和平解決台灣問

題的人物時，首先想及了那位號稱「和平大使」的張治中。

張治中確實是非常恰當的人選。他曾是國共談判時的國民黨首席代表，台灣有著他的眾多的舊部好友，他和蔣介石也有著頗深的淵源，就連蔣介石下野之後，他還兩度赴溪口聆教……

一九五〇年，張治中任人民革命軍事委員會委員兼國防研究小組組長、西北軍政委員會副主席。

三月十一日，毛澤東致電張治中，全文如下：

> 張副主席文白先生：
>
> 寅微電悉，極感盛意。先生現正從事之工作極為重要，尚希刻意經營，借收成效。
>
> 毛澤東
>
> 寅真

其中，「寅」爲代月地支，亦即三月。「微」、「真」爲代日韵目，分別爲五日、十一日。毛澤東電報中提及的「先生現正從事之工作」，指經中共中央和毛澤東的批准，張治中正在進行爲爭取和平解次台灣問題的工作。這在當時，是極爲機密的。不過，那時國共大決戰剛剛結束，塵埃尚未落地，海峽兩岸的對立情緒還非常嚴重，張治中的和平使命難以實行。

當周恩來在萬隆會議上首次批露了願意和平解決台灣問題的意見之後，從上海來了一位毛遂自薦者，願赴台灣去見蔣介石。此人名喚袁希洛。

袁希洛給中國民主建國會主任委員黃炎培寫信，其中附了一封致毛澤東的信。黃炎培把信交中共中央統戰部副部長徐冰（即邢西萍）請他轉毛澤東。一九五五年八月十七日，毛澤東作了如下批語：

劉、周、陳、鄧、彭真、陳毅閱，退毛。

似可允其來京一行，並參加國慶觀禮，此人是江蘇教育會派要人之一，似可考慮給以某種名義。

毛澤東

八月十七日

「劉、周、陳、鄧」，即劉少奇、周恩來、陳雲、鄧小平。

袁希洛此人，確實頗有點來歷，他是辛亥革命時的同盟會會員，臨時議會代表，二十年代任江蘇啓東縣縣長。

袁希洛到了北京，說是可以去見蔣介石。

爲此，毛澤東於十月十二日在袁希洛要求去見蔣介石的信上，作了如下批示：

劉、周、陳毅、彭真閱，退毛。

此人要求之（去）見蔣，我說須得台灣許可才能去，因此他寫了一封信，似可聽其

發去。此人書生氣很重，人是好人。

退徐冰處理。

毛澤東
十月十二日

此事，不了了之。不過，袁希洛後來擔任了上海市人民政府參事室參事，上海市文史研究館館員。

章士釗和程思遠各負特殊使命

爲了著手和平解決台灣問題，和平解放台灣委員會在北京成立。主任委員爲張治中，秘書長爲邵力子。他倆均爲當年國民黨談判代表。委員之中，還有章士釗，亦爲當年國民黨談判代表。一九四九年四月二十日，國共談判破裂，章士釗和張治中、邵力子一起留在北京。

章士釗跟毛澤東有著很深的友誼，他是湖南長沙人，一九一七年任北京大學教授。一九一八年任廣州軍政府秘書長，南北議和時的南方代表。早在一九一九年便結識了毛澤東。毛澤東的岳父——楊開慧之父楊懷中，是章士釗的摯友，他稱毛澤東爲「潤公」。

一九五六年春日，章士釗接受了特殊使命。由他出面，把中共致蔣介石的一封信，託香港友人

轉往台灣。

這封信提出了解決台灣問題的四種方案，供蔣介石考慮：

一、除了外交統一中央外，其他台灣人事安排，軍政大權，由蔣介石管理；

二、如台灣經濟建設資金不足，中央政府可以撥款予以補助；

三、台灣社會改革從緩，待條件成熟，亦尊重蔣介石意見和台灣各界人民代表進行協商；

四，國共雙方要保證不做破壞對方之事，以利兩黨重新合作。

中共的信末，還轉達了蔣介石故鄉信息：「奉化之墓廬依然，溪口之花草無恙」。

蔣介石收到了來自北京的信，並未馬上表態。

雖說蔣介石默不出聲，客居美國的一位國民黨要員卻公開表態了。此人便是李宗仁。

李宗仁仔仔細細研讀了周恩來的萬隆講話，於一九五五年八月在美國發表了關於解決台灣問題的具體建議。

李宗仁說，他與蔣介石絕無個人恩怨。他曾一度期望蔣先生繼承孫中山先生遺訓，把台灣建成「三民主義實驗區」。但是蔣先生自一九四九年到台以來，所作所爲，無不與三民主義背道而馳。諸如憑藉外方，孤芳自賞；鉗制輿論，削除異己；獨裁專制，尤有甚於大陸時代。且他侈言「反攻復國」，此實爲不切實際的濫調，而長期分裂苟安，反陷其自身於日益不利的境地。

爲此，李宗仁以爲解決台灣問題，只有以下兩條道路：

一、國共再度和談，中國問題由中國人自謀解決，美國人不應插手。經過國共談判，希望能爲國家統一作出適當安排。

二、美國應正式聲明，承認台灣是中國神聖領土的一部分，然後在美國撤走其第七艦隊的同時，實行台灣地區非軍事化。

一九五六年四月二十八日，李宗仁的政治秘書程思遠應邀前來北京觀光。五月十二日，周恩來在中南海紫光閣接見了程思遠。

據程思遠回憶，周恩來十分讚賞李宗仁的建議，但有一點他不能同意。周恩來說：

「台灣不能像李先生所說的那樣非軍事化，祖國統一以後，台灣還需要那裏的駐軍維持地方治安嘛！」

周恩來還對程思遠說了一番重要的話：

「我們主張愛國一家，和為貴，團結對外。我們歡迎李宗仁先生和所有在海外的國民黨人士都回來看看，保證來去自由。」

周恩來的這番話，由程思遠帶給了李宗仁，使他動了回歸之念。

一九五六年六月二十八日，周恩來在第一屆全國人民代表大會第三次會議上，花了相當多的時間談台灣問題。這一回，他把和平解決台灣問題，說得更為明白：

「我國政府曾經再三指出：中國人民解放台灣有兩種可能的方式，即戰爭的方式和和平的方式；中國人民願意在可能的條件下，爭取用和平的方式解放台灣。」

周恩來還說：

「現在我代表政府正式表示：我們願意同台灣當局協商和平解放台灣的具體步驟和條件，並且希望台灣當局在他們認為適當的時機，派遣代表到北京或者其他適當的地點，同我們開始這種商

談。」

曹聚仁為北京和蔣經國牽線

就在周恩來說了關於和平解決台灣那一番話之後，從香港又來了一位特殊人物。

他是以新加坡工商考察團隨團特派記者的名義，於一九五六年七月一日飛抵北京。前往機場歡迎的是和平解放台灣委員會的秘書長邵力子，表明此人來歷不凡。

他叫曹聚仁。他的女兒曹雷這麼勾畫他的形象：「五短身材，操著一口浙江官話，嗓音也沒什麼特點，唱什麼歌都像吟古詩那樣哼哼，右臉頰上還因兒時患牙齦炎，留下了一條深深的疤槽。」

曹聚仁是一位記者、作家、學者。他的一輩子，差不多都是在筆耕中度過。據云，他一生的著作，多達四千萬字。

他是浙江浦江縣蔣畈村（屬蘭溪縣）人氏。一九一六年，他在浙江省立第一師範讀書時，擔任學生自治會主席，陳望道是他的老師。一九二一年，他來到上海，在愛國女中任教，同時為邵力子主編的《國民日報》副刊《覺悟》撰稿，得到邵力子的提攜，所以他跟邵力子有著很久的友情。

此後，他擔任過許多報紙的主編、記者，其中有幾段經歷是頗為重要的：

一是自一九三三年起，他跟魯迅有過許多交往；

二是在一九三九年春，曾在浙江金華中國旅行社採訪過周恩來；

三是此後不久，蔣經國在贛南，邀他擔任《正氣日報》主筆、總編輯，跟蔣經國有過密切的交往。所以他後來寫了《蔣經國論》一書，於一九七一年九月由香港創墾出版社出版。

曹聚仁此人，不滿於國民黨的腐敗，曾在文章中寫過「國民黨不亡，是無天理」。正因為這樣，他不願憑藉他和蔣經國的關係去台灣。

曹聚仁此人，又感到中共不大適合於他那自由主義的「自我」。這樣，他又不願留居中國大陸，於一九五〇年別妻離雛，移居香港，任《星島日報》編輯。

一九五四年，他脫離該報，為新加坡《南洋商報》撰稿。

他與邵力子有著通信。邵力子知道他與蔣經國有著深誼，便向周恩來建議請他來北京。周恩來認識他，便想通過他架起北京和蔣經國之間的橋樑。

正巧，新加坡工商考察團要訪問北京，曹聚仁為新加坡《南洋商報》的特派記者，隨團來到了北京。他在北京受到了不平常的禮遇。

七月十六日晚，周恩來在頤和園宴請他，陳毅作陪。舊友重逢，分外欣喜。

作為記者，曹聚仁當然不會放過這麼好的採訪機會。他也就直截了當地問周恩來：

「你關於和平解放台灣的談話，究竟有多少實際價值？」

周恩來答道：

「『和平解放』的實際價值和票面完全相符。國民黨和共產黨合作過兩次，第一次合作有國民黨革命軍北伐的成功；第二次合作有抗戰的勝利，這都是事實。為什麼不可以來合作建設呢？我們對台灣，絕不是招降，而是要彼此商談，只要政權統一，其他都可以坐下來共同商量安排的。」周

恩來這一段話，首次提出了「國共第三次合作」。

聽了周恩來的話，曹聚仁頗有感觸地說道：

「國共合作，則和氣致祥；國共分裂，則戾氣致禍。」

曹聚仁用他的筆，向海外轉達了周恩來發出的這一重要信息。他在八月十四日的《南洋商報》上，發表了《頤和園一夕談——周恩來總理會見記》。海外報紙迅即紛紛轉載此文。

由於周恩來的推薦，毛澤東也決定接見曹聚仁。

那是在中共「八大」剛剛結束，印尼總統蘇加諾於九月三十日訪華。毛澤東於十月三日下午晤會了曹聚仁。

關於毛澤東的談話，曹聚仁不便馬上加以報導。一年之後，他才在《北行小語》中加以透露。他寫道：

> 因為毛氏懂得辯證法。世間的最強者正是最弱者。老子說：「天下之至柔，馳騁天下之至堅。天下莫柔於水，至堅強者莫之能勝。」從這一角度看去，毛澤東從蔑視蔣介石的角度轉而走向容忍的路的。他們可以容許蔣介石存在，而且也承認蔣介石在現代中國史上有他那一段不可磨滅的功績的。在黨的仇恨情緒尚未完全消逝的今日，毛氏已經冷靜下來，準備和自己的政敵握手，這是中國歷史又一重大轉變呢。

曹聚仁回到香港，報界對曹聚仁北京之行，猜測紛紛。也難怪，作爲新加坡工商考察團的隨團

特派記者，在北京竟然會受到毛澤東、周恩來的親切接見，人們怎不把他視為負有特殊使命的人物？

面對眾說紛紜，曹聚仁笑著只說了一句話：「誠所謂假作真時真亦假，無為有處有還無。」

對於曹聚仁，陳毅的印象是：「此公好作怪論，但可喜。」

周恩來則說他：「終究是一個書生，把政治問題看得太簡單了。他想到台灣去說服蔣經國易幟，這不是自視過高了嗎？」

蔣介石派出宋宜山密訪北京

在一九五六年，北京對台灣發起了一陣陣和平攻勢。蔣介石終於在一九五七年初，作出表態了。

那時海峽兩岸對立，香港成了「中轉站」。毛澤東的和平攻勢通過香港傳往台灣，蔣介石的反應，也通過香港傳過來。

那信息是從蔣介石會晤許孝炎時透露出來的。許孝炎來自香港，他是國民黨派往香港負責文宣工作，並主持《香港時報》。《香港時報》是國民黨在香港的機關報。

蔣介石對許孝炎說了這麼頗為重要的一番話：

「基於『知己知彼，百戰不殆』的原則，針對中共發動的和平統一攻勢，決定派人到北京一

行，實際了解一下中共的真實意圖。至於人選，不擬自台灣派出，而在海外選擇。」

遵照蔣介石的意思，許孝炎提出了在海外的三個人，供蔣介石選用：曾經擔任過立法院長的童冠賢，擔任過立法院秘書長的陳克文，立法委員的宋宜山。

蔣介石以爲三人均可，請許孝炎徵求他們本人的意見，然後從三人中擇一前往北京。

許孝炎回到香港，經徵求意見，童冠賢搖頭，陳克文和宋宜山點頭。

經過比較，蔣介石最後選中了宋宜山。蔣介石爲什麼選中宋宜山呢？這有兩方面的原因：

第一，宋宜山長期在國民黨中央黨部工作，擔任過國民黨中央組織部人事處長這一機要職務，蔣介石信得過；

第二，宋宜山的胞弟乃宋希濂，國民黨中將，正關押於北京功德林戰犯管理所。宋宜山以探親名義前往北京，「名正言順」，不大會受人注意。

宋希濂，湖南湘鄉人氏。一九二四年，宋希濂進入黃埔軍校第一期，成爲蔣介石的學生。一九三三年，他擔任國民黨三十六師師長，參加過對紅軍的圍剿。一九三七年任西安警備司令。此後，歷任第七十一軍軍長，中國遠征軍第十一集團軍總司令，新疆警備司令，華中剿匪司令。一九四九年初，西南吃緊，蔣介石調宋希濂出任川湘鄂綏靖專署主任，兼十四兵團司令。

蔣介石兵敗如山倒。一九四九年十一月，宋希濂手下尚有數萬兵馬，在荒亂中節節敗退。宋希濂本人於十一月十九日被俘於大渡河北岸一座小廟之中。

宋希濂被俘後的一幕，頗爲有趣。一位首長模樣的解放軍來看他。他稱之「軍長」，對方搖頭；呼之「師長」，也搖頭。原來，那人叫陰法唐，是一個團長，令宋希濂大吃一驚！因爲在他的

心目中，解放軍的追兵起碼是幾個軍。當時的情景如下：

陰團長見宋希濂這般誤會疑慮，連忙搖頭笑著說：

「我不是軍長，也不是師長。我是五十二師一五五團的團長。沿大渡河在後面追擊的先頭部隊只有我這一個團，確切地說，只有八百人的兵力，僅相當於一個加強營。」

宋希濂一聽說，在後面追擊他的只是一個團，而且只有八百人的兵力，便「唉」地長嘆了一聲，懊悔地坐在椅子上，喃喃自語：「我總以為在後面追擊我的有幾個軍，有情報說是九個軍。早知如此，就是有三個團、五個團，我也有力量……」

這回輪到宋希濂大叫「虧得冤枉」了。⑤

從此，宋希濂成了階下囚，他先是被關在重慶的白公綰，跟當年的四川省省主席王陵基等關在一起。王陵基笑稱在白公館過著「四望」生活：「夜裏望天亮，早上望吃飯，中午望晚飯，晚上望睡覺。」宋希濂那時成天價和他的黃埔軍校一期同學鍾彬下象棋。

後來，宋希濂被押往北京功德林戰犯管理所，跟被俘的國民黨要員們關押在一起。

功德林戰犯管理所，其實是人們叫慣了的俗稱，只是由於附近有一所名叫「功德林」的廟宇罷了。那裏的前身，是京師第二模範監獄，位於北京德勝門外，內有三百五十多間監房，可容納一千多名犯人。

一九五七年四月，宋宜山從香港來到了北京。他是為了到功德林探望弟弟宋希濂而來的，所以

並不怎麼引人注目。他一到，一位名叫唐生明的人便與他聯絡。

唐生明乃國民黨名將唐生智之弟。唐生智是湖南東安人，擔任過國民黨湖南省政府主席，第四集團軍總司令，南京衛戍司令。他跟宋希濂不同，在一九四九年八月，通電起義，投向中共。所以他與「功德林」無緣，而是擔任湖南省人民政府副主席。

在唐生明的安排下，宋宜山到北京的第三天，周恩來便接見並宴請他。這表明，中共對於蔣介石來使的重視。周恩來向宋宜山面談了和平解決台灣問題的有關原則。周恩來說，具體問題將由中共統戰部部長李維漢與他會談。

也真巧，李維漢是湖南長沙人。這樣，宋宜山、唐生明、李維漢，三個湖南老鄉聚在一起。

在會談中，李維漢向宋宜山闡述了中共關於台灣問題的四項原則：

一、兩黨通過對等談判，實現和平統一；

二、台灣爲中國政府統轄下的自治區，實行高度自治；

三、台灣地區的政務仍歸蔣介石領導，中共不派人前往干預，而國民黨可派人到北京參加對全國政務的領導；

四、美國軍事力量撤離台灣海峽，不容許外國干涉中國內政。

這四項原則，實際上也就是鄧小平後來提出的「一國兩制」的設想。

在會談之餘，宋宜山到「功德林」看望了弟弟宋希濂，也在北京進行了參觀訪問。

五月，宋宜山回到了香港，向許孝炎作了匯報。許孝炎囑，寫成書面報告，以便轉呈蔣介石。宋宜山在報告中寫了與周恩來、李維漢會晤的情形，也寫了北京欣欣向榮的景象。

蔣介石閱罷，大爲不悅。蔣介石對許孝炎說，今後宋宜山不必再回台灣了！

此後，一九五九年十二月，宋希濂獲特赦出獄。一九八〇年赴美。他在言詞之中，對中共頗多讚語。一九八四年四月四日，台灣《中央日報》斥之爲「中共鷹犬」。而同年六月，台灣政論家李豪發表長文，題爲《鷹犬將軍》，爲之申辯。

宋希濂晚年從事寫作長篇自傳，耐人尋味的是，該書出版時，他竟用《鷹犬將軍》作爲書名。他以爲這是一個極好的書名，坦然道：「若不是別人奉送，自己再冥思苦想也是想不出來的。」

一九九三年初，他病逝於美國。

他的胞兄宋宜山，一九七二年因出席在香港舉行的章士釗追悼會，被蔣介石以「附共」之名，撤銷了立法委員職務。

注釋

①《「文化大革命」研究資料》，上冊，國防大學，一九八八年版。

②石四維，《二百七十七萬兩黃金搶運台灣》，《上海灘》一九九〇年七期。

③《李宗仁回首話當年》，湖北人民出版社一九八一年版。

④《艾奇遜回憶錄》上冊，上海譯文出版社一九七八年。

⑤陳宇，《宋希濂怎樣兵敗被俘》，台灣《傳記文學》一九九三年五期。

第十二章　未完的棋

萬砲齊轟金門震驚了世界

一九五八年八月二十三日中午十二時整，全世界被金門島上震耳欲聾的爆炸聲所震驚。如同疾風暴雨，在短短的八十五分鐘內，三萬發砲彈密集地落在金門島上。島上的蔣介石部隊，毫無思想準備。傾盆而下的砲彈，一下子使駐守金門的蔣軍三位副司令趙家驤、章傑、吉星文喪生。國民黨第十二兵團司令長官、金馬防區上將總指揮胡璉和美國軍事總顧問，差一點被炸死。蔣軍傷亡達六百多人……

這陣突如其來的猛烈砲擊，使海峽兩岸形勢驟然緊張。自一九五六年以來的和平景象消失了。蔣介石接到金門告急電報，大吃一驚，以爲毛澤東下令攻佔金門島，甚至以爲這是進攻台灣的信號彈。

萬砲齊轟金門島，這命令確實是毛澤東親自下達的。

對於中共來說，金門有著難忘的一箭之仇……

那是一九四九年十月十七日，中國人民解放軍第三野戰軍第十兵團經過兩天兩夜的激烈戰鬥，終於殲滅了湯恩伯所率的蔣軍兩萬七千人，佔領了廈門。他們馬不停蹄，在十八日便下達了進攻大

小金門島的作戰部署命令。

金門島位於廈門東北，離大陸最近處只有五海浬。金門分大金門島和小金門島，大金門島為一百二十四平方公里，小金門島則只有十五平方公里。

毛澤東於十月二十五日曾以軍委名義，給十兵團下達如下命令：

華東局並告華南局：

同意十月二十二日二十三日時電所提十兵團解除出擊潮汕的任務，以便於攻克金門後迅即部署福建全省的剿匪工作。

軍委

十月廿五日

第十兵團司令員為三十四歲的葉飛。他原名葉啓亨，福建南安縣人。他對於廈門人熟地熟，因為他當年和二哥葉啓存是在廈門中山中學讀書的。

一九二八年，在廈門共產主義青年團。在項英的領導下，在廈門從事地下工作，一度被捕。一九三一年，他離開了廈門，翌年加入中共。他成為中國工農紅軍閩東獨立師師長。後來，他成為新四軍第一師副師長。中國人民解放軍第三野戰軍第十兵團，實際上就是由原先的新四軍演變過來的。葉飛部隊在山東孟良崮曾大勝國民黨王牌七十四師張靈甫，又率部從上海打到福州，又打到廈門，重回他當年走上紅色之路的地方，心情是非常激動的……

坐守金門的湯恩伯獲知中共部隊集結欲攻金門，急忙於十月二十日電告蔣介石，聲稱「金門即將不守」。

蔣介石得知，立即回電：

「金門不能丟，必須就地督戰，負責盡職。」

蔣介石急調胡璉兵團增援金門。

葉飛得知胡璉兵團從台灣向金門增援，決定搶在胡璉兵團到達之前，攻下金門。

進攻金門，是在十月二十四日晚七時開始的。十兵團下轄的第二十八軍第一梯隊登船，向金門島撲去，於二十五日凌晨二時登陸。

按照計畫，第一梯隊登陸後，船隊要馬上返航，以便運送第二梯隊上島。意想不到，當時正是漲潮最高峰，國民黨軍隊在海灘所佈下的障礙物被潮水所淹沒，許多船衝到了障礙物之上。潮水稍退，船隊受阻於障礙物，無法動彈了。於是後續部隊難以繼續登陸，而已經登陸的第一梯隊成了一支孤軍。

蔣介石命令湯恩伯部隊猛烈反擊。胡璉兵團又趕到金門，投入了戰鬥……

毛澤東於十月二十九日發出電報給「各野戰軍前委、各大軍區」，通報了金門之戰失利情況，要求各軍從中吸取教訓。

毛澤東的電報如下：

各野戰軍前委、各大軍區：

據第三野戰軍粟裕袁仲賢周駿鳴三同志十月二十八日致第十兵團葉陳及福建省委電稱，十月「二十七日八時電悉。你們以三個團登陸金門島，與敵三個軍激戰兩晝夜，後援不繼，致全部壯烈犧牲，甚為痛惜。

查此次損失，為解放戰爭以來之最大者。其主要原因，為輕敵與急躁所致。當你們前次部署攻擊廈門之時，擬以一個師攻佔金門，即為輕敵與急躁表現。當時，我們曾電你們，應先集中力量，攻佔廈門，而後再轉移兵力攻佔金門，不可分散力量。但未引起你們深刻注意，致有此失。除希將此次經驗教訓深加檢討外，仍希鼓勵士氣，繼續努力，充分準備，周密部署，須有絕對把握時，再次發起攻擊。並請福建省委，用大力為該軍解決船隻及其他戰鬥問題。至失散人員，仍望設法繼續收容」等語，特為轉達，請即轉告各兵團及各軍負責同志，引起嚴重注意。當此整個解放戰爭結束之期已不在遠的時候，各級領導幹部中，主要是軍以上領導幹部中，容易發生輕敵思想及急躁情緒，必須以金門島事件引為深戒。對於尚在作戰的兵團進行教育，務必力戒輕敵急躁，穩步地有計畫地殲滅殘敵，解放全國，是為至要。

金門一仗，中共付出了沉重的代價，登島的部隊三個多團，九千零八十六人，大部分戰死，一部分被俘，成為自一九四六年六月國共決戰爆發以來，中國人民解放軍最重大的一次敗仗。

國民黨雖說保住了金門島，但也付出了傷亡九千多人的代價。

葉飛沉重地總結金門之敗，說道：「指揮員，尤其是我的輕敵，是金門失利的最根本的原

因。」

對於金門之敗，葉飛曾請求處分。毛澤東說：「金門失利，不是處分的問題，而是接受教訓的問題。」

好在毛澤東還要打金門。葉飛要「戴罪立功」。

毛澤東在一九五〇年對於中國人民解放軍第三野戰軍副司令員粟裕的作戰計畫上，作了如下批語：

粟裕同志：

先打定海、再打金門的方針應加確定，待定海攻克後，拔船拔兵去福建打金門。是否如此，請考慮告我。

毛澤東

三月廿八日

毛澤東確定了「先打定海、後打金門」的方針，是考慮到定海易打、金門難啃，來了個先易後難。然而，突然爆發的朝鮮戰爭，打亂了毛澤東的計畫。這樣，打金門的計畫就擱置下來。

不過，一九五三年七月十六日，葉飛有了一次和胡璉交手的機會：胡璉率部襲擊福建東山島，葉飛予以還擊，打了大勝仗，殲敵一萬三千人，正好和金門之敗倒了個個兒……

金門成了毛澤東和蔣介石爭鬥的焦點

在朝鮮戰爭結束之後，在一九五五年一月打下一江山島、大陳島之後，金門成了中國大陸沿海唯一被蔣介石部隊佔領的島嶼。金門這橫臥在廈門跟前的小小的島嶼，變得十分顯眼。

蔣介石和毛澤東都十分看重金門。

蔣介石看重金門，是不言而喻的。蔣介石說：

「今日東南亞的金門，可比今日歐洲的西柏林及第二次世界大戰期間的馬爾達島，這是一座反共堡壘。」

蔣介石還這樣形容金門的戰略地位：

「金門是反攻大陸的橋頭堡。如果金門失守，馬祖亦勢必難保，直接影響台灣的安全。」

毛澤東呢？他最初是要攻取金門的。當年慘烈的金門之戰，便是明證。可是，後來，當中共的海軍、空軍變得頗爲強大，完全可以攻克那近在眼前的金門時，毛澤東卻不去部署攻取金門。

這是爲什麼呢？毛澤東以戰略的眼光，看待這一步棋。毛澤東曾作過這樣的分析，認爲還是把金門留給蔣介石爲好：

第一，蔣介石要把金門作爲反攻大陸的橋頭堡，勢必要在金門駐紮大批的部隊，一年到頭，要從台灣運送大批的物資，這等於給蔣介石揹上一個沉重的包袱；

第二，更爲重要的是，一旦佔領了金門，也就使大陸跟台灣「一刀兩斷」。隔著海峽，變得鞭長莫及。留個金門在跟前，蔣介石表現不好時，用大砲轟一陣，懲罰他一下。

於是，金門砲戰，便成了海峽兩岸關係的晴雨表。

一九五四年九月三日，葉飛曾奉毛澤東下令，對金門空一行猛烈砲擊。那是因爲蔣介石準備與美國簽定《共同防禦條約》，毛澤東要給蔣介石一點顏色看，那砲彈成了獻給《共同防禦條約》的「禮物」。

一九五四年九月九日，葉飛又奉毛澤東之命，猛轟金門。那是因爲在這一天，美國國務卿杜勒斯抵達台北，作爲時五小時的訪問。毛澤東這一回，要給蔣介石和他的美國客人一點顏色看。

此後，凡是海峽兩岸關係一緊張，金門一帶就響起了砲聲：要麼是蔣介石打過來；要麼是毛澤東打過去。

自從一九五六年四月，周恩來在萬隆會議上首次提出和平解決台灣問題，大陸的大砲就不大「開口」了，以表示一種和平的姿態。

蔣介石呢？也曾一度表示和平的姿勢，金門的大砲一度沉默。

一九五七年四月十六日，蘇聯最高蘇維埃主席團主席伏羅希洛夫訪問北京，毛澤東發出了關於台灣問題的重要信號。

那時，曾任國民黨行政院長的翁文灝已於一九五一年一月回到大陸，曾任東北剿匪總司令的衛立煌則於一九五五年三月十五日回到大陸。伏羅希洛夫來到北京，周恩來舉行盛大國宴歡迎，衛立煌也在座。周恩來在向伏羅希洛夫介紹衛立煌時，說及「國共兩黨過去已經合作過兩次」，毛澤東當即接著說了一句：「我們還準備進行第三次合作。」

毛澤東的這句話，引起各方注意。翌日，《人民日報》不尋常地立即在頭版報導毛澤東這句

話，而且加上了醒目標題：「毛主席說：我們還準備進行第三次國共合作。」

在這種氣氛之下，毛澤東許久不曾下令砲擊金門。

一九五七年十月，在台北召開的國民黨「八全」大會，提高了反共的調門。那是因爲一九五六年秋在東歐發生了匈牙利事件、波蘭事件，赫魯雪夫又在蘇共「二十大」激烈抨擊史達林，世界紅色陣營產生動盪。毛澤東和赫魯雪夫之間產生公開分歧。蔣介石以爲，已是「反攻復國之最有利的形勢」。這樣，他在「八全」大會上，提出了「反攻復國」的政治綱領。蔣介石連任國民黨總裁。他提出「本黨設副總裁案」，陳誠當選爲副總裁。

針對新的形勢，毛澤東寫出了《關於正確處理人民內部矛盾的問題》，蔣介石則寫出二十多萬字的《蘇俄在中國》。

蔣介石在毛澤東發出「我們還準備第三次國共合作」的信號之後，依然故我，依然在那裏鼓吹反攻大陸，依然把「反攻復國」定爲政治綱領，這使毛澤東頗爲惱火。毛澤東決計要揍蔣介石一頓——造成了導致「八・二三」砲轟金門的潛因。

葉飛透露出砲打金門的內情

一九五八年八月二十日，葉飛忽接北京電話，要他即飛北戴河。那時，中共中央政治局擴大會議正在北戴河舉行。葉飛知道，要他急飛北戴河，事關重大。

擊金門。

午三時，毛澤東便在住處接見了葉飛，彭德懷、林彪也在那裏。毛澤東緊急召見葉飛，便是爲了砲

據葉飛回憶，由於半途遇雷雨，他不得不在開封降落，過夜，於二十一日中午飛抵北戴河。下

葉飛後來在回憶錄《征戰紀事》①中，這麼寫及毛澤東決定砲轟金門的原因：

「毛主席選擇這個時機大規模砲擊金門，擺出我軍要解放金門以至台灣的姿態，一是警告蔣介石，二是同美帝國主義進行較量，把美國的注意力吸引到遠東來，以調動當時正在侵略中東的美國第六艦隊，支援中東人民的鬥爭。」

其中關於「支援中東人民的鬥爭」，毛澤東一個月前——七月十八日，在中央軍委會議上，曾這樣談及：

「美軍在黎巴嫩、英軍在約旦登陸，企圖鎮壓黎、約兩國人民及中東人民的反侵略鬥爭和民族解放運動，爲了支持阿拉伯人民的反侵略鬥爭，遊行示威是一個方面，是道義的支援，還要有實際行動的支援。選擇哪個方向進行實際行動的支援呢？只有選擇金門馬祖地區，主要是打蔣介石。金門、馬祖是我國領土，打金門、馬祖是我國內政，敵人找不到藉口，而對美帝國主義有牽制作用。」

由於多日未曾砲擊金門，所以金門島上的國民黨官兵冷不及防。據云，第一陣砲彈落下時，差一點炸死蔣經國的兒女親家、國民政府國防部長俞大維以及葉飛的老對手胡璉。

「八・二三」砲擊，導致國共雙方陸海空開戰：陸軍互相砲擊，海軍、空軍直接交戰。這樣的戰爭，持續了四十多天，使台灣海峽陷入一片緊張之中。蔣介石以爲毛澤東要攻佔金門，並準備進

攻台灣。

毛澤東呢，在金門硝煙瀰漫之際，他倒瀟瀟灑灑地在寫文告，一連寫了五篇之多。這些文告，在當時都是署「中華人民共和國國防部部長彭德懷」名義發表的。這些文告寫得潑辣、調侃，一派毛氏風格。

當時，大陸的語言學家朱德熙便發表了《評國防部文告的風格》一文，分析了那不同於眾的國防部文告的語言特色：

「一般政府文告的特點是態度嚴肅，語氣莊重。國防部幾個文告不僅做到這一點，同時進一步吸取了散文中生動、活潑的筆調。一方面莊重嚴肅，氣勢磅礡，另一方面，娓娓而談，又讓聽話的人感到親切。」

雖說在當時便有很多人猜測是毛澤東寫的——毛澤東和蔣介石不同，蔣介石的文告要別人為之捉刀，而毛澤東不僅自己的文告自己寫，還常常替別人捉刀！例如，當年毛澤東曾以朱德名義發表過不少文告；如今，當然完全可能以彭德懷的名義發表這些文告。後來，這些文告被收入一九八一年出版的《毛澤東軍事文選》，證實了當年人們的猜測。

說實在的，如果對《毛澤東選集》作個統計，在前四卷（一九二六年三月至一九四九年九月）出現頻率最高的名詞要算是「蔣介石」了；可是，在一九四九年十月起的毛澤東著作中，「蔣介石」出現的頻率大大降低，表明毛澤東的主要精力用於治理大陸內政，偏居於海島一隅的蔣介石，不再是他的議事日程上的主題。在砲轟金門的那些日子裏，毛澤東卻一反常日，連篇累牘地寫下了一系列文告，表明了他對老對手蔣介石的新看法……

佈。

曹聚仁在緊張時刻出現在北京

毛澤東所寫的第一篇文告，曰《告台灣同胞書》，於一九五八年十月六日以彭德懷的名義發佈。

毛澤東在文告中說明了砲打金門的原因。他寫道：

「我們都是中國人。三十六計，和為上計。金門戰鬥，屬於懲罰性質。你們的領導者們過去長時期間太猖狂了，命令飛機向大陸亂鑽，遠及雲、貴、川、康、青海，發傳單，丟特務，炸福州，擾江浙。是可忍，孰不可忍？因此打一些砲，引起你們注意。台、澎、金、馬是中國領土，這一點你們是同意的，見之於你們領導人的文告，確實不是美國人的領土。台、澎、金、馬是中國的一部分，不是另一個國家。世界上只有一個中國，沒有兩個中國。這一點，也是你們同意的，見之於你們領導人的文告。你們領導人與美國人訂立軍事協定，是片面的，我們不承認，應予廢除。美國人總有一天肯定要拋棄你們的。」

毛澤東所說的「你們領導人」，不言而喻，指的是蔣介石。儘管毛澤東和蔣介石乃敵對的雙方，但如毛澤東所育，雙方都一致承認：「世界上只有一個中國，沒有兩個中國。」

毛澤東又一次申明了和談之意：

「你們和我們之間的戰爭，三十年了，尚未結束，這是不好的。建議舉行談判，實行和平解決。這一點，周恩來總理在幾年前已經告訴你們了。這是中國內部與我兩方有關的問題，不是中美兩國有關的問題。……」

「中華人民共和國與美國之間並無戰爭，無所謂停火。無火而談停火，豈非笑話？台灣的朋友們，我們之間是有戰火的，應當停止，並予熄滅。這就需要談判。當然，再打三十年，也不是什麼了不起的大事，但是究竟以早日和平解決較為妥善。何去何從，請你們酌定。」

值得注意的是，就在毛澤東的《告台灣同胞書》發表的前一日，即十月五日，那家與曹聚仁有著密切關係的《南洋商報》，以消息極為靈通的姿態，發表獨家重要新聞。此新聞署「本報駐香港者郭宗義三日專訊」，其中稱：

「據此間第三方面最高人士透露，最近已有跡象，顯示國共雙方將恢復過去邊打邊談的局面。據云：在最近一週內已獲致一項默契，中共方面已同意從十月六日起，為期約一星期，停止砲擊、轟炸、攔截台灣運送補給在金門、馬祖的一切船隻，默契是這些船隻不由美艦護航。」

毛澤東的《告台灣同胞書》中的一段話，表明《南洋商報》的消息，完全準確。毛澤東宣告：

「為了人道主義，我已命令福建前線，從十月六日起，暫以七天為期，停止砲擊，你們可以充分地自由地輸送供應品，但以沒有美國人護航為條件。如有護航，不在此例。」

一家遠在新加坡的民間報紙，能夠如此準確事先披露北京高層的重要動向，足以表明此報有人「通天」，表明曹聚仁非同一般的背景。

果真，在砲擊金門的緊張時刻，曹聚仁來到了北京。曹聚仁帶來了海峽彼岸的信息。

毛澤東於一九五八年十月十一日，致函周恩來，這樣談及曹聚仁：

「曹聚仁到，冷他幾天，不要立即談。我是否見他，待酌。」

顯然，對於曹聚仁此次來京，毛澤東故意「冷」了他一下，與上一回全然不同。那一次，毛澤東原本是要出席歡迎印尼總統蘇加諾的大會，卻未赴會，抽出時間晤會曹聚仁。

毛澤東「冷」落曹聚仁，其實是做給蔣介石看的。

毛澤東不理會曹聚仁，卻在此後所寫的《再告台灣同胞書稿》中，忽地提及了新加坡的《南洋商報》：

「好幾個星期以前，我們的方針就告訴你們的領導人了，七天爲期，六日開始。你們看見十月五日的南洋商報嗎？行人有新聞觀點，早一天露出去，那也沒有什麼要緊。政策早定，堅決實行，有什麼詭計，有什麼大打呢？」

在一份政府文告中，如此顯眼地提到海外一家並不很有影響的報紙，是不尋常的。

這份《再告台灣同胞書稿》原定十月十三日發表，臨時毛澤東改變了主意，不發表了。其中的原因，據云是由於有一段文字寫及台灣那位孫立人將軍，稱之「美國走狗」，而台灣國民黨軍陸軍總司令兼保安司令孫立人是因「陰謀叛亂罪」，被蔣介石於一九五五年八月撤職，後遭軟禁。

毛澤東在這篇未發表的文告中，還曾算了一筆國共歷史之帳：

「讓我們算一下帳吧。我們和你們歷史上有過兩次和談。一次，一九四五年，各黨派開政治協商會議，地點重慶，通過了一個全民團結共同建國的協定。是誰撕毀這個協定的呢？國民黨。又一次，一九四九年，兩黨代表團聚於北京，議定了四十八條和平協定，雙方全權代表簽字同意。是誰不願意批准這個協定寧願繼續打下去的呢？國民黨。由此看來，你們經驗雖多，不會總結。你們不自反省，反而歸結為共產黨不可信任。顛倒是非，一至於此！」

戲劇性的砲擊金門

砲擊金門，是世界戰爭史上罕見的戰例。萬砲齊鳴，不是為了去佔領金門，而只是為了示威；停停打打，打打停停，沒完沒了。除了八月二十三日那天的砲轟是突然襲擊之外，此後的砲擊竟事先通知！打了一陣了，考慮到金門補給發生困難，那就「高抬貴手」，停幾天，等補給運上來了，再打……天底下，哪有這等打法？

十月十三日那天，毛澤東沒有發表寫好的《再告台灣同胞書稿》，另外發表了由他起草的《中華人民共和國國防部命令》。在這份命令中，毛澤東便宣布：

「金門砲擊，從本日起，再停兩星期，借以觀察敵方動態，並使金門軍民同胞得到充分補給，包括糧食和軍事裝備在內，以利他們固守。兵不厭詐，這不是詐。」

毛澤東還指出：

「在台灣國民黨沒有同我們舉行和平談判並且獲得合理解決以前，內戰依然存在。台灣的發言人說：停停打打，打打停停，不過是共產黨的一條詭計。停停打打，確是如此，但非詭計。你們不要和談，打是免不了的。在你們採取現在這種頑固態度期間，我們是有自由權的，要打就打，要停

就停。」

毛澤東在十月二十五日，發表了《中華人民共和國國防部再告台灣同胞書》。這一文告，並非上次未發表的《再告台灣同胞書稿》，是毛澤東另寫的一篇新文告。

這一回，毛澤東以彭德懷名義發出新的命令：

「我已命令福建前線，逢雙日不打金門的飛機場、料羅灣的碼頭、海灘和船隻，使大金門、小金門、大擔、二擔大小島嶼上的軍民同胞都得到充分的供應，包括糧食、蔬菜、食油、燃料和軍事裝備在內，以利你們長期固守。如有不足，只要你們開口，我們可以供應。化敵為友，此其時矣。逢單日，你們的船隻、飛機不要來。逢單日，我們也不一定打砲，但是你們不要來，以免受到可能的損失。」

天底下會有這樣的戰爭，堪稱史無前例。

毛澤東還以張學良之父張作霖為例，警告蔣介石：

「你們知道張作霖將軍是怎樣死去的嗎?東北有一個皇姑屯，他就是在那裏被人炸死的。世界上的帝國主義份子都沒有良心。美帝國主義者尤為兇惡，至少不下於炸死張作霖的日本人。同胞們，我勸你們當心一點兒。我勸你們不要過於依人籬下，讓人家把一切權柄都拿了去。」

在十月三十一日，毛澤東在給周恩來等的信中，對於砲擊金門又作了新的規定：

「應將逢雙日不打的地方加以推廣，就是說，逢雙日一律不打砲，使蔣軍可以出來活動，曬曬太陽，以利持久。只在單日略為打一點砲。由內部通知福建實行，暫不再發聲明。」

十一月三日，是單日，毛澤東忽然下令大打，猛轟金門。毛澤東於十一月二日上午五時在鄭州

下達命令，如下：

「建議明三日（逢單）大打一天，打一萬發以上，對一切軍事目標都打。以影響美國選舉，爭取民主黨獲勝，挫敗共和黨。」

也真有趣，蔣介石則希望共和黨取勝，民主黨失敗。

砲擊金門，就這樣戲劇性地持續下去，停停打打，打打停停，半停半打，半打半停。每逢節日，諸如春節，則以國防部長的名義發表公告，聲明節日期間停止砲擊，以便讓金門軍民和大陸同胞共度節日。只是從一九五九年九月十七日起，原國防部長彭德懷因在中共八屆八中全會（即廬山會議）反對毛澤東而遭撤職，此後的國防部文告是以新部長林彪名義發佈的。

一九六〇年六月十七日和十九日，毛澤東下令大打金門。其中的原因是美國共和黨總統艾森豪威爾在那幾天訪問台灣。

順便提一句，艾森豪威爾自一九五二年十一月四日首次當選美國總統，一九五三年一月二十日出任美國第三十四任總統；又於一九五六年十一月六日再次當選總統，一九五七年一月二十日連任，一九六一年一月二十日卸任。

儘管毛澤東只是砲擊金門，並不準備攻佔金門，蔣介石也知道毛澤東的用意，反而把調子唱得更高了。按照蔣介石的習慣，每年的雙十節（中華民國國慶日）、元旦和青年節，他都要發表文告。這些文告都是經蔣介石反覆修改後發表的，據云有的改了十次之多。

在這些文告中，蔣介石反覆強調「誓死堅守金門」，「金、馬、台、澎為亞洲反共陣營之中流砥柱」，「金門為堅不可摧的反共前哨」。

蔣介石還一次次組織人馬，前往金門視察、勞軍，聲稱金門的一寸土地也不能送給中共。其中，光是蔣經國到金門便達一百二十三次之多……

自一九六二年起，台灣行政院新聞局逐年為台灣國語影片和影藝人頒發「金馬獎」。「金馬獎」以金質戰馬獎盃為獎品，取義是雙關的：既是「如金之真純，如馬之奔騰」，又是金門島和馬祖島的象徵。以金門、馬祖命名「金馬獎」，據云是為了褒揚「英勇的抗擊精神」。

戲劇性的砲擊金門，從一九五八年一直延伸到一九七九年元旦，才由中華人民共和國國防部部長徐向前發表文告，宣布結束砲擊金門。徐向前的文告說：

「為了方便台、澎、金、馬的軍民同胞來往大陸省親會友、參觀訪問，和在台灣海峽航行、生產等活動，我已命令福建前線部隊，從今日起停止對大金門、小金門、大擔、二擔等島嶼的砲擊。」

如今，當筆者前往廈門探訪，廈門前線卻已成了旅遊「熱點」——人們爭著在那裏用望遠鏡一睹金門風光，所見對岸，一片和平景象，國民黨士兵毫無顧忌來來往往，與當年砲擊金門別若天淵……

毛澤東的經濟失誤使蔣介石幸災樂禍

蔣介石自從退到台灣之日起，便念念不忘反攻大陸，早在一九五〇年六月，蔣介石就已提出這

樣的戰略性口號：

「一年準備，兩年反攻，三年掃蕩，五年完成。」

一年過去了，兩年過去了，三年、五年過去了。蔣介石年年在號召反攻大陸，年年成了一句空話。

不過，細細探究，倒也可以從中發現規律：每當國際形勢發生不利於毛澤東的變化時，或者由於毛澤東的政策失誤使大陸發生困難時，蔣介石的反攻大陸的調子就提高了。其中，到了大陸的「三年自然災害」期間，達到了高潮。

所謂「三年自然災害」，一般泛指一九六〇年至一九六二年。雖然名爲「自然災害」，其實是三分天災，七分人禍。這七分人禍，便是毛澤東自一九五八年以來倡導「三面紅旗」所造成的惡果。這「三面紅旗」，是指大躍進、人民公社和「多、快、好、省」的總路線。

毛澤東早在一九四九年三月五日，於中共七屆二中全會上所作的報告，便已說過：

「我們很快就要在全國勝利了。……奪取這個勝利，已經是不要很久的時間和不要花費很大的氣力了；鞏固這個勝利，則是需要很久的時間和要花費很大的氣力的事情。」

毛澤東在一九四九年六月三十日發表的《論人民民主專政》一文中，也這麼說過：

「嚴重的經濟建設任務擺在我們面前。我們熟悉的東西有些快要閒起來了，我們不熟習的東西正在強迫我們去做。這就是困難。帝國主義算定我們辦不好經濟，他們站在一旁看，等待著我們的失敗。」

毛澤東在中華人民共和國還沒有成立之前所說的這兩段話，就把國共大決戰結束之後的形勢說

得明明白白。

確實，「嚴重的經濟建設任務」是毛澤東所「不熟習的東西」。毛澤東不熟悉經濟建設工作，發出了「向蘇聯學習」的口號。他照搬蘇聯模式，使他吃了大虧，使中國大陸吃了大虧。

其實，在國共大規模的決戰結束之後，又在另一個戰場上開始新的比試。這個新的戰場，就是經濟建設。

蔣介石作爲一位軍人，對經濟也並不在行。中國在他的統治之下，經濟也一團糟。退到台灣之後，蔣介石痛定思痛，在經濟上倒是採取了一些有益的措施，使台灣經濟慢慢復甦。比如，他實行和平土改政策，即政府用低息貸款給農民，購買地主的土地，實現耕者有其田，又規定地主把所得的錢必須購買股票，轉入工商業，從而促使農業和工商業的發展。蔣介石還制定了一期又一期的「四年計畫」，從宏觀上引導經濟各部門均衡發展……

經濟的競賽，不像戰爭那樣「立竿見影」。毛澤東可以用一百多天的時間，接連發動了遼瀋戰役、淮海戰役、平津戰役，消滅了蔣介石主力，贏得了決定性的勝利。大陸和台灣的經濟競賽，卻是經歷了相當長的時間，才慢慢顯示出差距——最初，在五十年代，兩岸的經濟競賽，並沒有明顯地顯示出差距。

蔣介石在美國的幫助下，亦即靠著「美援」，實行四年計畫，度過台灣經濟最初最艱難的日子。毛澤東則在蘇聯「老大哥」的幫助下，靠著「蘇援」，實行五年計畫，度過大陸經濟百廢待興的那些日子。

一九五七年十一月，在慶祝蘇聯十月革命四十週年的日子裏，毛澤東第二次訪問蘇聯。赫魯雪

夫提出和美國進行和平競賽：「今後十五年內不僅趕上並且超過美國。」

毛澤東立即響應，他在莫斯科說：「我也可以講，十五年後，我們可能趕上或者超過英國。」毛澤東定下了不切實際的高指標，把當年打仗那一套搬到經濟建設上來。他以詩人的浪漫和軍事家的決斷搞建設，急於求成，於是來了個「大躍進」，來了個「大煉鋼鐵」，來了個「畝產萬斤放衛星」……「大躍進」的虛火，使中國大陸的經濟陷入了泥淖。彭德懷對毛澤東的「大躍進」提出批評，便遭撤職。

此時此際，毛澤東和「老大哥」的關係又日益緊張。毛澤東指斥赫魯雪夫為「現代修正主義」。於是，中蘇關係惡化。赫魯雪夫撤走了派往中國的專家，撕毀了合同。

也就在此時此際，中國大陸又遭到了自然災害。

於是，毛澤東陷入空前未有的困境，人禍天災一齊襲來。

以打敗蔣介石而在黨內享有崇高聲譽的毛澤東，不得不在一九六二年一月至二月在北京召開的「七千人大會」上作了自我檢查。所謂「七千人大會」，即擴大的中央工作會議，因有七千多人參加而得名。

毛澤東面對七千人說，他在去年六月十二日中央工作會議上，「我講了自己的缺點和錯誤」。這一回，他要在更大的範圍中檢查。毛澤東說：

「凡是中央犯的錯誤，直接的歸我負責，間接的我也有份，因為我是中央主席。」

毛澤東坦率地承認自己對於經濟的外行：

「拿我來說，經濟建設工作中間的許多問題，還不懂得。工業、商業，我就不太懂。對於農

業，我懂得一點。但是也只是比較地懂得，還是懂得不多。」

毛澤東這話，其實也就是他在一九四九年所說的「我們不熟習的東西正在強迫我們去做」。時間已經過去十三年，毛澤東對於他原先「不熟習的東西」依然不熟習！依然「還不懂得」！

如果真正意識到自己對於經濟建設「不熟習」「不懂得」倒也罷，嚴重的問題是毛澤東在「不熟習」「不懂得」的情況下，急於求成，造成了大陸經濟跌入危機，亦即所謂「三年自然災害」。

也正如毛澤東早在一九四九年便已說過的那樣：「帝國主義者算定我們辦不好經濟，他們站在一旁看，等待我們的失敗。」

那時，毛澤東沒有把「手下敗將」蔣介石放在眼裏。其實，蔣介石和「帝國主義者」們一樣，也「站在一旁看」，等待著毛澤東的失敗。

毛澤東陷入經濟困境，使蔣介石興高采烈。蔣介石這種幸災樂禍之情，在一九六三年十一月召開的國民黨「九全」大會上，達到了高峰。

在「九全」大會上，由蔣介石的副手、國民黨副總裁陳誠作政治報告。

陳誠說，由於「三面紅旗」，毛澤東「慘重的失敗了」，「造成空前未有的嚴重饑荒」，「使大陸經濟全面破產」，「激起了大陸人民的強烈反抗」，「政權隨時可以崩潰瓦解」。

陳誠還把一九五八年「八·二三」砲擊金門以來漸漸沉寂的砲聲，稱爲國民黨「台海砲的輝煌勝利」，是「反攻復國鬥爭過程中一個非常重要的里程碑」。

蔣介石則號召，「向反攻復國的目標邁步前進」。

國民黨「九全」大會，通過了《關於對敵鬥爭與大陸革命工作之決議案》，並決定籌建「中華

民國反共建國聯盟」。

一九六四年十二月二日，蔣介石視察金門，發動了「勿忘在莒」運動。莒，今日山東莒縣一帶。公元前二八四年，燕國大將樂毅率兵大敗齊國，齊國國土大部分喪失，只剩下莒和即墨兩座城市。莒人不忘復仇，苦心經營五年，終於在齊國大將田單的率領下，打敗燕軍，反攻復國，獲得大勝。蔣介石發動「勿忘在莒」運動，就是要台灣軍民向莒人學習，反攻復國。

毛澤東呢？他喜歡中國古代寓言，他向來訪的法國總理孚爾講述了這樣的故事。據孚爾回憶，毛澤東說：

「中國有一則《鶴蚌相爭》的寓言，鶴在海灘上啄起一隻蚌，但是蚌也緊夾住鶴的嘴。他們開始爭論不休。蚌對鶴說。你會在三天之內死去。鶴也對蚌說，你沒水喝，也會在三天之內死去。雙方都不肯讓步，這時漁夫經過，就把鶴蚌都捕捉去了。」

毛澤東把中國大陸和台灣比喻爲鶴和蚌。而那漁夫，毛澤東說是長著高鼻子的——美國漁夫。

蔣介石和毛澤東都在那裏尋找中國典故，他倆所選用的《勿忘在莒》和《鶴蚌相爭》，正是表達了他們不同的政治意圖。

在中國大陸「三年自然災害」期間，蔣介石的反攻大陸日趨活躍。不過，他只能派小股部隊騷擾，派飛機偵察、撒傳單、空投特務。論軍力，蔣介石無法跟毛澤東相比。因此，蔣介石的反攻大陸，只能以失敗告終：

所派四十三股特務，亦即「國軍游擊隊」，全部被殲，有去無回；

蔣軍飛機，被擊下十多架；

美國無人駕駛偵察機，被擊下二十多架。就連最新式的高空偵察機「U-2」型飛機，也一次次被擊下……

毛澤東笑謂李宗仁歸來「誤上賊船」

進入一九六五年，海峽兩岸的形勢，仍如繃緊了的弦。

元旦剛過，一月二日，一架美軍無人駕駛高空偵察機便在中國大陸東南地區上空被擊落；

一月十日，美製蔣軍一架「U-2」型高空偵察機在中國大陸華北地區上空被擊落；

三月十八日，美製蔣軍一架「RF-101」型飛機在中國大陸東南沿海上空被擊落；

三月三十一日，美軍一架無人駕駛高空偵察機在中國大陸華南地區上空被擊落；

四月三日、十八日，兩架美軍無人駕駛高空偵察機在中國大陸中南地區上空被擊落；

五月二日，中國人民解放軍擊沉蔣軍「東江」號巡洋艦，近百名國民黨士兵葬身大海；

八月六日，激烈的海戰又起。在福建南部詔安海灣，兩艘國民黨軍艦運載一批特種部隊準備登陸，遭到中國人民解放軍猛烈反擊。兩艦名叫「漳州」號、「劍門」號，均沉沒海底，死傷達數百人。尤其是「劍門」號，排水量爲八百九十噸。這次兩艦覆沒，台灣爲之震驚……

就在兩次海戰之間，七月十四日，香港《快報》刊出獨家新聞，使台灣一片嘩然：「李宗仁將返大陸」！

翌日，美聯社自日內瓦發出電訊稱：「香港報章推測中國前總統李宗仁可能前往北京，此間台灣官員對此表示懷疑。」

就在「台灣官員對此表示懷疑」之際，七月十八日上午十一時，李宗仁和夫人郭德潔出現在上海虹橋機場，受到早已在那裏等候的周恩來、陳毅、葉劍英的熱烈歡迎。

七月二十日，當李宗仁夫婦飛往北京，周恩來提前二十分鐘起飛，又在北京機場迎接他的到來。

七月二十六日，毛澤東在中南海宴請李宗仁夫婦，表示熱忱的歡迎。

毛澤東一見李宗仁，出語驚人：「德鄰先生，你這一次歸國，是誤上賊船了！」

李宗仁一聽，一時不知如何答覆。

毛澤東哈哈大笑：「蔣介石口口聲聲叫我為『匪』，還把中國大陸稱為『匪區』。你今天到『匪區』來見『匪』，豈不是誤上賊船！」

聽毛澤東這麼一說，李宗仁也不由得哈哈大笑起來……

李宗仁回歸北京，其實是意料中的事。李宗仁與蔣介石的深刻矛盾，使他理所當然地倒向北京。

早在一九五〇年七月，李宗仁便向美國共和黨領袖羅伯特·塔夫脫談及國民黨失敗的原因時，尖銳地抨擊了蔣介石：

「就我所知，國民黨所以失敗，實由於蔣介石二十年的獨裁專制，政治腐敗，人心離散；軍事上指揮錯誤，士無鬥志，這些是主要因素。」

在一九五八年至一九六二年由李宗仁口授、唐德剛筆錄的《李宗仁回憶錄》中，他便這樣論及毛澤東和蔣介石：

「中共席捲大陸以來，政權已漸穩定。唯中共急於工業化和實現共產社會理想，不無躁進之嫌。然中共十餘年來百廢俱興，建設規模之大與成就之速，皆史無前例。國勢日振，真可說舉世側目。我本人雖失敗去國，而對北平諸領袖的日夜孜孜，終有今日，私心彌覺可喜。」

「至於台灣，十餘年來，蔣小朝廷內的一切作風似仍沿習大陸時代的惡習而無甚改進，且有甚於大陸時代。如此而猶欺人自欺，動輒以『反攻大陸』作宣傳，豈不可笑。一種政治宣傳，如果連自己都欺騙不了，又如何能欺騙世人呢！」

李宗仁還回憶起他跟毛澤東最初的交往：

「我和毛澤東第一次見面，是在國民黨二中全會的會議席上。他那時任國民黨中央黨部所辦的農民講習所所長，並擔任短時期的國民黨中央宣傳部代理部長。他身材高大，時常穿一件藍布大褂。在會議席上，他雖發言不多，但每逢發言，總是斬釘截鐵，有條不紊，給我印象很深，覺得這位共產黨很不平凡。」

一九六三年七月十四日，意大利米蘭《歐洲週報》發表李宗仁對該報女記者奧古斯托・瑪賽麗的談話。他這麼談及蔣介石：

「許多年來，蔣一直是中國元首，而現在他的舉動好像他的經驗還沒有一個村長多，他不懂歷史。每年一度他站在金門、馬祖海邊的懸崖上發表演說。他總是重複著同樣一句話：『我們一定要回去』，很難說他本人是否了解這一事實，回大陸是不可能的。」

李宗仁接著又談到了他自己：

「我像蔣介石和國民黨一樣，是一個失敗者。唯一的區別是，我完全不把這件事放在心上。作爲個人來說，我自己無關緊要，我不能妨礙中國的前途和她的進步。我由於自己的失敗而感到高興，因爲從我的錯誤中，一個新中國正在誕生。……什麼時候我們曾經有過像我們今天有的這樣一個強大的中國呢？」

經過李宗仁的政治秘書程思遠幕後穿梭，多次密訪北京，由周恩來作了安排，這樣一九六五年六月十三日，李宗仁以陪夫人前往瑞士治病的名義，飛往蘇黎世小住。然後悄然前往巴基斯坦卡拉奇，由那裏轉往廣州……

李宗仁的歸來，在中國大陸颳起一陣「李宗仁旋風」。中共各方要人、國民黨各地舊部，紛紛宴請李宗仁夫婦。其中最爲有趣的是，末代皇帝溥儀握著他的手說：「歡迎你回到我們偉大祖國懷抱裏來！」末代皇帝和末代總統的相見，一時傳爲佳話。

李宗仁於一九六九年一月一日，死於直腸癌，終年七十八歲。

曹聚仁穿梭於北京─香港─台北

就在李宗仁歸來的那些日子裏，一位神秘的人物穿梭於「香港─北京─香港」、「香港─台北─香港」。

此人在一九五八年「八·二三」砲轟金門的緊張時刻，負台灣方面的使命出現於北京。毛澤東曾「冷他幾天」。

此人便是曹聚仁。

一九五九年十月一日，北京舉行中華人民共和國成立十週年盛大慶典，他也應邀來到北京，下榻於北京崇文門的新僑飯店。國務院給他派了專車，供他使用。

一天清早，曹聚仁尚在睡夢中，忽聞敲門之聲。一開門，門口竟站著十年未曾見面的結髮之妻王春翠。

曹聚仁來來去去於香港、大陸之間，因負有特殊使命，很少有機會跟妻子王春翠相見。王春翠住在浙江蘭溪縣蔣畈村，交通甚爲不便。這一回，曹聚仁從香港乘飛機到達廣州，馬上給王春翠匯去一筆錢，請她來北京相會。果真，妻子趕來了。

幾天後，周恩來宴請曹聚仁，未見王春翠同來。一問，才知道王春翠從鄉間來到大城市，生活不習慣，病了。言談間，曹聚仁說起想把妻子送到南京，和年已九旬的老母住在一起，只是生怕無法報進南京戶口。周恩來當即答應可以遷入。此後，王春翠果真遷往南京安居……

這一回，在李宗仁歸來前夕，曹聚仁匆匆趕往北京，爲的是報告來自台北的重要信息。據他的台灣朋友告知，將接他去台北。周恩來向曹聚仁談了中共關於和平解決台灣問題的有關意見。

在曹聚仁返回香港之後，李宗仁從海外回到北京。人們紛紛從李宗仁談到蔣介石，猜測蔣介石會不會仿效李宗仁。

台灣果真來人接曹聚仁去台北。在蔣經國的陪同下，曹聚仁拜會了蔣介石。曹聚仁轉達了周恩

來的意見。經過密談，初步談成了一些意向。這些談話，原屬絕密之事。近來，有傳聞道，雙方初步達成以下六條。是否可靠，尚待若干年後由檔案文件證實：

一、蔣介石偕同舊部回到大陸，可以定居在浙江省以外的任何一個省區，仍任國民黨總裁。北京建議撥出江西廬山地區為蔣介石居住與辦公的湯沐邑。

二、蔣經國任台灣省長。台灣除交出外交與軍事外，北京只堅持農業方面必須耕者有其田，其他政務，完全向台灣省政府全權處理，以二十年為期；期滿再行洽商。

三、台灣不得接受美國任何軍事與經濟援助；財政上有困難，由北京照美國支援數額照撥補助。

四、台灣海、空軍併入北京控制。陸軍縮編為四個師，其中一個師駐在廈門、金門地區，三個師駐在台灣。

五、廈門與金門合併為一個自由市。作為北京與台北間的緩衝與聯絡地區。該市市長由軍師長兼任。此一師長由台北徵求北京同意彼任命，其責格應為陸軍中將，政治上為北京所接受。

六、台灣現任文武百官官階、待遇照舊不變。人民生活保證只可提高，不准降低。

曹聚仁從台灣返回香港，再度北上。他坐火車途經金華時，想念尚在蘭溪的妻子王春翠，但因重任在身，無法去看望她。於是，他只得寫詩一首，略表思念之情：

「細雨霏微薄如紗，
橫雲繞處是金華。

山稱南北弓牛背，
塔或有無問井蛙。
意澀怯題八詠壁，
舌乾苦憶白蓮花。
初平叱石渾何事，
歸夢年年不到家。」

國共密談，由於中國大陸的「文革」臨近而終止。

一九七二年七月二十三日，曹聚仁病逝於澳門鏡湖醫院。終年七十有二。他的夫人鄧珂雲及長女、次子在側。

在他的去世後，他的夫人鄧珂雲在曹聚仁的《我與我的世界》一書後記中，隱隱約約寫及他爲國共和談奔走的業績：

「他終於能爲祖國和平統一事業效力而感到自慰。他爲此奔走呼號，竭盡全力，直至生命的最終。」

後來，在一九九三年，他的同齡人夏衍在《隨筆》雜誌發表《懷曹聚仁》一文，寫出了曹聚仁一生的特點：

「他不參加任何黨派，但和左右兩方面都保持著個人的友誼，都有朋友，雖然愛獨來獨往，但他基本上傾向於進步和革命。」

也正因為他「獨來獨往」，又在海峽兩岸領導層中保持「個人的友誼」，所以他成了穿梭於兩岸的頗為恰當的牽線人。

「文革」狂潮中的毛澤東和蔣介石

毛澤東曾說，他的一生只做過兩件大事：一是打敗了蔣介石；二是發動了「文化大革命」。

一九六六年，由毛澤東發動的「文革」狂潮，席捲中國大陸。

前文已經引述過，一九六六年七月八日，毛澤東在給江青的那封信中，談到了蔣介石，講述了蔣介石「滾到一群海島上去」的歷史過程。緊接著，毛澤東在信中斷言：

「中國如發生反共的右派政變，我斷定他們也是不得安寧的，很可能是短命的……」

這樣，毛澤東把中共內部的右派，跟蔣介石緊緊地聯繫在一起。

毛澤東發動「文革」，其矛頭所向是「走資派」。毛澤東說：

「無產階級文化大革命所要解決的根本矛盾，是無產階級和資產階級兩個階級、社會主義和資本主義兩條道路的矛盾。運動的重點，是鬥爭那些黨內走資本主義道路的當權派。」

一九六八年四月十日《人民日報》、《解放軍報》社論《芙蓉國裏盡朝暉》，發表了毛澤東一段「最新指示」，則把「文革」視為國共兩黨鬥爭的繼續：

「無產階級文化大革命，實質上是在社會主義條件下，無產階級反對資產階級和一切剝削階級

的政治大革命，是中國共產黨及其領導下的廣大革命人民群眾和國民黨反動派長期鬥爭的繼續，是無產階級和資產階級階級鬥爭的繼續。」

這麼一來，也就把「走資派」視爲國民黨反動派在中共黨內的代理人。

這麼一來，也就在全國開展「清理階級隊伍」運動，要把那些「國民黨的殘渣餘孽」清理出去。

這麼一來，毛澤東也就把他平生所做的兩件大事聯繫在一起，即「文革」是打敗蔣介石的繼續。

在「文革」中，還經常引用毛澤東一九五五年六月十日在《〈關於胡風反革命集團的第三批材料〉按語》裏的一段關於蔣介石的話：

「在地球上全部剝削階級徹底滅亡之後多少年內，很可能還會有蔣介石王朝的代表人物在各地活動著。這些人中的最死硬份子是永遠不會承認他們的失敗的。」

這麼一來，「文革」也就成了一場繼續和國民黨鬥爭的運動，成了一場繼續和蔣介石鬥爭的運動。

在「文革」歲月，蔣介石成了中國大陸最可憎的人物。一位當年的中學生，曾如此回憶他在「文革」中的奇特經歷：

他與蔣介石毫無瓜葛，只是姓蔣罷了。他剛出生時，很小，像隻貓，父親就給他起名「蔣如貓」。他年歲稍長，就覺得這個名字不好聽，父親按諧音把他的名字改爲「蔣如毛」。不料，「蔣如毛」這名字，在「文革」中闖下大禍。紅衛兵們把他拉上高台，叫他低頭認罪。在批判了他的名字如何反動之後，斥責他道：「以後不許姓蔣，姓蔣的通通改成姓毛。」

那位「蔣如毛」只得從命，從此改名換姓，曰「毛向東」。打那以後，這位「毛向東」也就太平無事。

在批判「蔣如毛」之時，台下另一位中學生心驚肉跳。他叫「金大陸」，有人曾說他的名字取義於「進攻大陸」。後來，他母親作了解釋，他出生時正值一九四九年，他又姓金，取名「金大陸」，乃「金色大陸」之意。雖經母親解釋，紅衛兵們仍十分懷疑。正因為這樣，他生怕鬥罷「蔣如毛」，會接下去鬥他「金大陸」……

這位「金大陸」後來在一九八八年八月二十五日上海《新民晚報》發表《尋找「蔣如毛」》一文，方使人們相信以上「文革」笑話，乃是完全真實的故事。

從「蔣如毛」的故事中，可以看出，當年「文革」中激烈的反蔣情緒。

順便提一筆，在「文革」中，人們憎惡江青，以其諧音稱之為「蔣親」，從中亦可看出，當時在中國大陸對蔣介石的貶責。

自然，在那樣的歲月，國共之間很難找到共同的語言。

在海峽彼岸，「文革」的風潮，激起蔣介石反攻大陸的狂熱之情。

中國大陸在「文革」中，出現大規模的武鬥，出現全國性的混亂局面，鐵路阻斷，生產停滯。蔣介石陷於興奮之中，認為這是他「臥薪嘗膽」多年，終於到來的反攻大陸的最好時機。

一九六六年三月，蔣介石第四次當選總統。他就大陸的「文革」對美國記者說，目前是給予毛澤東「致命打擊的最好時機」。

蔣介石表示，「一日不收復大陸，一日誓不罷休」。

蔣介石主持召開了國民黨九屆三中全會。蔣介石在開幕詞中號召「反攻復國」，在閉幕詞中強調「當前反共形勢，我操必勝」。

這次全會針對大陸「文革」，制定了《大陸重建工作基本方針》。

美國國務卿杜勒斯曾說過一句廣爲流傳的話：他把和平演變的希望，寄託在中國的第三代身上。

由於「文革」的到來，使蔣介石確信，復辟的希望並不那麼遙遠。他斷言，中國大陸正處於「全面混亂」、「全面暴動」、「全面動搖」、「全面崩潰」之中。

這時，蔣介石掛在口頭的一句話是：「揮師北伐，必成必勝。」

於是，一九六七年初，上海的造反派在張春橋、姚文元、王洪文的率領下一舉奪權，毛澤東歡呼：「一月革命勝利萬歲！」；而一九六七年二月七日的台灣《中央日報》則以爲大陸大亂，政權落在造反者手中，也爲之歡呼：「中國歷史上的春天來了！」

台灣駐美大使周書楷這時宣稱：「一九六七年很可能成爲光復大陸的決定年！」

雖說蔣介石爲中國大陸的大動亂而興奮不已，但是，隨著毛澤東漸漸控制了局勢，他的興奮度也就隨之降低，轉爲「靜觀其變」，轉爲譴責「文革」慘絕人寰、生靈塗炭……

那時，毛澤東對蔣介石的稱謂爲「蔣幫」；蔣介石對毛澤東的稱謂爲「毛酋」、「毛共」。

毛澤東和蔣介石都著手安排身後事

毛澤東和蔣介石都是終身領袖：

毛澤東是「終身主席」，自一九四三年三月二十日成爲中共中央主席以來，一直擔任此職，直至他離開人世；

蔣介石是「終身總裁」，自一九三八年四月一日當選國民黨總裁以來，一直擔任此職，直至他離開人世。

光陰荏苒，歲月飛逝。國共雙方的旗手都垂垂老矣。毛澤東和蔣介石不約而同，都在考慮一個問題：由誰接班？由誰繼承？

毛澤東稱之「接班人」；蔣介石稱之「繼承人」。

蔣介石是按照國際慣例，稱之「繼承人」。

毛澤東比蔣介石更爲注意用字遣句，他曾細細推敲過「繼承人」一詞。

他問過那位曾在胡宗南身邊潛伏多年、爲中共立下大功的熊向暉，「繼承人」的英文怎麼寫？

熊向暉答：「Successor。」

毛澤東跟他的英文秘書林克學過一點英文，當即說：「Success我知道，是『成功』的意思。加上ｏｒ，怎麼就變成了『繼承人』？」

熊向暉解釋說，在西方，「成功」意味著有財產，而財產則存在繼承問題，需要指定繼承人。

毛澤東笑道：「我一無土地，二無房產，銀行裏也沒有存款，繼承我什麼呀？『紅領巾』們唱

歌，『我們是共產主義接班人』。我看，還是叫『接班人』好，這是無產階級的說法。」

從此，毛澤東採用「接班人」一詞，不用「繼承人」。

他倆採取的是同一方法：由自己在生前選定接班人、繼承人。

雖說蔣介石比毛澤東年長六歲，但首先考慮接班人問題的是毛澤東。

促使毛澤東早早考慮接班人問題，是由於史達林之死。毛澤東這樣說過：

「共產黨沒有王位繼承法，但也並非不如中國古代皇帝那樣聰明。史達林是立了繼承人的，就是馬林科夫。不過呢，他立的太晚了。史達林生前沒有公開宣布他的繼承人是馬林科夫，也沒有寫遺囑。馬林科夫是個秀才，水平不高。一九五三年史達林嗚乎哀哉，秀才頂不住，於是乎，只好來個三駕馬車。其實，不是三駕馬車，是三馬駕車。三四匹馬駕一輛車，又沒有人拉韁繩，不亂才怪。赫魯雪夫利用機會，陰謀篡權，此人的問題不在於用皮鞋敲桌子，他是兩面派：史達林活著的時候，他歌功頌德；死了，不能講話了，他做秘密報告，把史達林說得一塌糊塗，幫助帝國主義掀起十二級颱風，全世界共產黨搖搖欲墜。這股風也在中國吹，我們有防風林，頂住了。」

毛澤東還曾說，他不見得會等到「壽終正寢」，那屬於正常死亡。因爲「天有不測風雲，人有旦夕禍福」，他也很可能非正常死亡。毛澤東曾列舉了他的五種死法：

「被敵人開槍打死；坐飛機摔死；坐火車翻車翻死；游泳時淹死；生病被細菌殺死。」

正因爲存在著非正常死亡的可能，所以他不能不很早就考慮接班人問題。

毛澤東首次公開談論接班人之事，是在他六十八歲的時候。那是一九六一年九月二十三日，毛澤東在武漢會晤英國蒙哥馬利元帥，答覆他的問題時，說及接班人。翌年，蒙哥馬利在由倫敦考林斯書店出版的《三大洲》一書中，這麼記述毛澤東跟他所談的接班人（蒙哥馬利仍稱之為「繼承人」，因為在英文中沒有「接班人」一詞）：

涉及的問題之一是年齡。我說，自從一九四九年中華人民共和國成立以來的十二年中，他排除了混亂，取得了偉大成就；但是要做的事情仍然很多，他必須健康地活下去，保持精力，以便使這個國家堅定地沿著他所安排的道路前進。他的答覆是有趣的。他說，有一個古老的中國傳說，把七十三歲和八十四歲作為人的一生中的困難年代，誰要是連續闖過這兩關，就能活到一百歲。他本人不想活到七十三歲以上，那就是還有四年。他希望去陪伴卡爾·馬克思，這是他的英雄——幾乎是他的上帝。

我強烈地抗議說，中國人民需要他，他必須至少活到八十四歲這一關。他說，不，他有很多事要同馬克思討論，而在這裏，再有四年就足夠了！我說，如果我知道馬克思在什麼地方，我要就這一問題同他談幾句。這把他逗得大笑！我接著就問到他的繼承人，我舉出幾個例子——印度的尼赫魯，葡萄牙的薩拉查，聯邦德國的阿登納，英國的麥克米倫，法國的戴高樂，誰將繼承他呢？他說，在中國，繼承是清楚的，並且已經確定了——那將是劉少奇。我問，劉以後又是誰呢？他說他不知道，也不過問；他本人將同卡爾·馬克思在一起，他們在中國能夠為自己解決這件事。

毛澤東明明白白告訴蒙哥馬利，劉少奇是他的接班人。

其實，早在一九四五年四月至六月的中共「七大」時，毛澤東已安排劉少奇爲他的副手。也正因爲這樣，一九四五年八月，毛澤東在赴重慶談判之前，花了一整天時間向劉少奇交代諸事——去重慶談判，有可能去了回不來，毛澤東不能不作最壞的打算……

這一回，毛澤東以極爲肯定的語氣，向蒙哥馬利這麼說及劉少奇是他指定的接班人：

「『八大』通過的新黨章，裏頭有一條：必要時，中央委員會設名譽主席一人。爲什麼要有這一條呀？必要時誰當名譽主席呀？就是鄙人。鄙人當名譽主席，誰當主席呀？美國總統出缺，副總統當總統，我們的副主席有六個，排頭的是誰呀？劉少奇，我們不叫第一副主席，他實際上就是第一副主席，主持一線工作。劉少奇不是馬林科夫。前年，中華人民共和國主席換姓了，不再姓毛名澤東，換成姓劉名少奇，是全國人民代表大會選出來的。以前，兩個主席都姓毛，現在，一個姓毛，一個姓劉。過一段時間，兩個主席都姓劉。要是馬克思不請我，我就當那個名譽主席。誰是我的繼承人？何需戰略觀察！這裏頭沒有鐵幕，沒有竹幕，只隔一層紙，不是馬糞紙，不是玻璃紙，是鄉下糊窗子的那種薄薄的紙，一捅就破。」②如此言之鑿鑿，劉少奇是接班人地位似乎鐵定了。

然而風雲變幻莫測。才五年功夫，一九六六年五月十六日由劉少奇主持通過的中共中央《五・一六通知》，提出「赫魯雪夫那樣的人物，他們現正睡在我們的身旁」。這句話是毛澤東寫的，連劉少奇都不知道毛澤東所謂「赫魯雪夫那樣的人物」指的是誰。直至「文革」狂飆怒起，劉少奇這才明白，原來他就是毛澤東所指的「中國赫魯雪夫」！

蔣介石呢？他雖然沒有明確地談論繼承人之事，實際上，一九四九年初，蔣介石在考慮退路時，任命陳誠爲台灣省主席、蔣經國爲國民黨台灣黨部書記，便是安排了繼承人。

相對而言，蔣介石安排的繼承人比毛澤東的接班人穩定。蔣介石在一九五〇年三月復職總統之後，便由陳誠接替閻錫山出任行政院院長，在台灣形成「蔣陳體制」。一九五七年在國民黨「八全」大會，經蔣介石提議，陳誠出任國民黨副總裁。一九六〇年，陳誠又出任中華民國副總統。這樣，陳誠的繼承人地位確定無疑。在國民黨內，人們戲稱陳誠爲「小委員長」。

陳誠自一九二四年在黃埔軍校追隨蔣介石，對蔣介石一直忠心耿耿。經蔣介石一手提拔，從砲兵隊的區隊長直至陞爲國民黨副總裁，兩度出任行政院長，三度當選國民政府副總統，晚年甚至兼副總裁、副總統和行政院長於一身，成爲「一人之下，萬人之上」的人物。無奈，陳誠雖然小蔣介石十歲，卻先蔣介石而去，在一九六五年三月五日死於肝癌。

其實，蔣介石真正內定的接班人，是長子蔣經國。蔣介石所奉行的是中國封建世襲制，即所謂「家天下，父傳子」。人謂：「孫中山奉行的是『天下爲公』，蔣介石奉行的是『天下爲私』。」

就這一點來說，毛澤東比蔣介石開明。毛澤東把長子毛岸英送往朝鮮戰場，一九五〇年十一月二十五日上午十一時，毛岸英死於美軍扔下的炸彈。至今，毛岸英仍安葬在北朝鮮平安道檜倉郡。

蔣介石有意栽培兒子蔣經國，只是兒子畢竟在國民黨內資歷甚淺，一步登天，不孚眾望。蔣介石對蔣經國有一個扶植過程：一九五〇年三月，蔣經國出任國防部政治部主任，此後歷任中國青年反共救國團主任。一九六〇年，蔣經國陞爲陸軍二級上將。國防部副部長。此後出任國防部副部長、部長。

蔣經國的權力不斷膨脹，以至與陳誠之間產生爭權齟齬。陳誠雖是蔣介石「欽定」的繼承人，但在「蔣太子」面前不得不禮讓三分。所幸在蔣經國出任國防部部長的第二個月，陳誠便病故。

也正因為這樣，台灣《傳記文學》雜誌在一九九三年第五期發表《陳誠年譜》時加了前言，稱《年譜》在陳誠去世後不到四個月即已完成，但當時「為了避免觸犯忌諱，不擬發表」，因為在當時有關陳誠的「一切言行，均被視為敏感問題」。其中緣由，便是蔣經國和陳誠的不和。

在陳誠病重之際，便於一九六三年向蔣介石辭去行政院長之職。雖然蔣介石已內定蔣經國為繼承人，但此時尚不能由蔣經國繼陳誠之職。蔣介石提名嚴家淦於一九六三年十二月出任行政院長。一九六六年嚴家淦出任副總統兼行政院長。

嚴家淦實際上是一過渡性人物，雖說他取代陳誠成為台灣的第二號人物。

就在嚴家淦上台之際，毛澤東也更換了第二號人物，即以林彪取代劉少奇。林彪並非過渡性的人物，而是毛澤東指定的新的接班人。為了使林彪成為「鐵定」的接班人，一九六九年四月召開的中共「九大」，史無前例地在中共黨章中載明：

「林彪同志是毛澤東同志的親密戰友和接班人。」

毛澤東的接班人，處於不穩定狀態。就在中共新黨章印行才一年零四個月，在一九七〇年八月末至九月初召開的中共九屆二中全會，林彪的接班人地位就完全垮掉了。會議批判的是陳伯達，實際上矛頭所向是林彪。終於，又過了一年零一個月，一九七一年九月十三日，林彪叛離毛澤東，私自上飛機出逃，摔死於蒙古溫都爾汗。

在此之前，劉少奇因不堪「文革」酷虐，於一九六九年十一月十二日死於河南開封囚室。

毛澤東只得三擇接班人。這一回，毛澤東選定上海年輕的造反派領袖王洪文為接班人。

在一九七三年八月召開的中共「十大」上，王洪文直線上陞成為中共中央副主席，排名於毛澤

東、周恩來之後，成爲中共第三號人物。毛澤東讓王洪文主持中共中央日常工作，處於接班人地位。

在毛澤東選定王洪文稍前，一九七二年六月一日，蔣經國出任台灣行政院長。這樣，蔣介石最終完成了「父傳子」的程序。蔣經國作爲蔣介石的繼承人的地位，已經完全鞏固。

不過，毛澤東很快發現王洪文不適宜於接班。王洪文跟毛澤東的妻子江青以及張春橋、姚文元拉幫結派，毛澤東稱之爲「四人幫」。

毛澤東不得不四擇接班人。他起用原本被作爲「中國第二號走資派」而打倒的鄧小平，給他以中共中央副主席、國務院第一副總理、中共中央軍委副主席兼中國人民解放軍總參謀長這樣黨、政、軍顯赫職位。

鄧小平上台之後，大力整頓，否定了「文革」那「左」的一套，引起江青爲首的「四人幫」極度不滿，也使毛澤東不悅。於是，毛澤東只好五擇接班人。華國鋒作爲「黑馬」，被毛澤東選定爲接班人——雖說江青極力想搶班奪權。

從劉少奇而林彪，而王洪文，而鄧小平，而華國鋒，毛澤東五擇接班人，足以表明中國大陸政爭之激烈。

台灣政治舞台，原本也非風平浪靜，僅從蔣經國和陳誠的權力之爭，便可見一斑。只是由於蔣經國憑藉父親蔣介石之勢力，這才使他的對手們無法跟他較量……

季辛吉密訪北京如同爆炸了原子彈

毛澤東和蔣介石都步入了晚年。然而，毛澤東晚年在台灣扔了一顆「原子彈」，使蔣介石踉踉蹌蹌，使台灣這艘「永不沉沒的戰艦」在太平洋的萬頃波濤中劇烈搖晃……

毛澤東所擲的這顆「原子彈」，是在一九七一年七月十五日「爆炸」。這天晚間七時，美國總統尼克森在洛杉磯通過電視台向全國、全世界宣布一項非同尋常的公告：

周恩來總理和尼克森總統的國家安全事務助理季辛吉博士，於一九七一年七月九日在北京進行了會談。獲悉，尼克森總統曾表示希望訪問中華人民共和國，周恩來總理代表中華人民共和國政府邀請尼克森總統於一九七二年五月以前的適當時間訪問中國。尼克森總統愉快地接受了這一邀請。

中美兩國領導人的會晤，是為了謀求兩國關係的正常化，並就雙方關心的問題交換意見。

與此同時，周恩來總理在北京宣布了同樣內容的公告。

這一公告，成爲全世界當時的頭號新聞。

中美公告以強大的衝擊波，衝擊著台灣，衝擊著蔣介石。

台灣駐美大使沈劍虹聽到消息，幾分鐘說不出話來。良久，才說了一句：「我簡直不相信我的

耳朵！」

台灣總統府秘書長張群說了一句微妙的話：「人類已經走到了走向樂園或墮入地獄的十字路口。」

蔣介石沉默不語。半晌，發出一聲長嘆。

美國一直是蔣介石的外交支柱。退往台灣之初，美國杜魯門總統一度要拋掉台灣，使蔣介石處於風雨飄搖之中。所幸借助於朝鮮戰爭，美國轉變了對台政策，由「拋蔣棄台」轉為「扶蔣保台」，使蔣介石終於度過了危機。

一九五一年五月十八日，美國主管遠東事務的高級官員臘斯克曾說：

「我們承認中國國民政府，不管在它管轄下的土地是如何狹小。」

多少年來，美國一直奉行這樣的政策。雖說自一九五五年八月一日起，中美大使級談判在日內瓦舉行，但是談判曠日持久，比當年的國共談判還要「馬拉松」！這一中美談判從一九五五年起，至一九七〇年中斷，長達十五年之久，總共會談了一百三十六次，開創了談判的世界紀錄！

然而，美國政府畢竟漸漸認識到，不能不置龐大的、廣有影響的中華人民共和國於不顧，堅持「承認中國國民政府，不管在它管轄下的土地是如何狹小」。

在甘迺迪出任美國總統時，他的辦公桌上便放了一部《毛澤東選集》。

尼克森在一九六八年十一月五日當選美國第三十七任總統。雖說他曾以反共著稱，但不能不正視現實。他上任不久，便宣布結束美國軍艦在台灣海峽的永久性遊弋。在他的政府文告中，開始稱中國大陸為中華人民共和國，而不再是過去所用的「赤色中國」、「共產黨中國」。

美國政府的對華政策處於改變之中。毛澤東和周恩來迅速抓住了機會，謀求和美國改善關係。

於是，那位戴著寬邊黑框眼鏡的季辛吉博士，一九七一年七月八日在巴基斯坦演出了戲劇性的一幕。他在巴基斯坦總統葉海亞的晚宴上假裝肚子疼，而明白其中緣由的葉海亞也就當眾宣布：

「季辛吉閣下身體不舒服，不妨在伊斯蘭堡多停留幾天。還是讓我來安排一下吧，到納蒂亞加利山間別墅去休息幾天，你會很快恢復健康的。」

這位季辛吉博士，早在他執教於哈佛大學時，便指定班上的學生研討毛澤東著作。他對毛澤東有著深入的了解。

正是在外界以為季辛吉去「山間別墅」的那些日子裏，季辛吉出人意料地出現在北京！他在裝肚子疼的翌日清晨，便乘他的波音七〇七專機，作那次神秘的飛行……

於是，產生了一九七一年七月十五日那顆震撼台灣島的「原子彈」！

值得順便提一筆的是，就在季辛吉訪問北京之前，海峽兩岸差一點有了一次不尋常的接觸機會：

那是宋子文突然在一九七一年四月病逝。宋子文自一九四九年後，先是去法國，後來定居於美國。

宋子文的葬禮，理所當然，他的三姊妹都應出席。

馬上傳出消息：宋氏三姊妹都要來。

宋慶齡身為中華人民共和國副主席，要去美國，而美國與中華人民共和國尚無外交關係，沒有直航班機，她只得與英國航空公司聯繫，經倫敦飛往美國。

宋美齡在台北。她的專機已由台北飛往檀香山，正準備飛美國。聽說宋慶齡要去，蔣介石怕中「中共統戰圈套」，囑宋美齡返台。

宋慶齡呢，因一時包不到專機，只得作罷。

結果，唯有在美國的宋藹齡出席了宋子文的葬禮。宋慶齡和宋美齡失去了一次見面的機會……

台灣被逐出聯合國成了太平洋中的孤舟

緊接著到來的，便是第二次衝擊波——一九七一年十月二十五日晚間，聯合國大會以七十六票贊成、三十五票反對、十七票棄權的壓倒多數，通過了阿爾巴尼亞、阿爾及利亞等二十三個國家提出的提案，即「恢復中華人民共和國在聯合國的一切合法權利和立即把蔣介石集團的代表從聯合國的一切機構中驅逐出去」。

台灣的外交部長周書楷，悄然地退出了聯合國。

差不多在一夜之間，二十多個國家和蔣介石的中華民國斷交！

毛澤東贏得了巨大的外交勝利：在一九六九年，跟中華人民共和國建交的國家不足五十個，而跟台灣建交的國家多達近七十個，超過了中華人民共和國。

然而，在一九七一年，中華人民共和國進入聯合國之後，「比分」改爲六十九比五十四，毛澤東超過了蔣介石。

到了一九七二年，北京遠遠超過了台灣：承認中華人民共和國的國家多達八十七個，而承認台灣的只有三十九個！

這外交之戰的勢頭，有點像當年國共之間的三大戰役。毛澤東在外交方面大勝蔣介石。台灣，一下子成了太平洋上的孤舟，處於外交「大地震」之中！

蔣介石蒙此沉重打擊，於被逐出聯合國的翌日，發表《告全國同胞書》。蔣介石大罵聯合國「向暴力屈服」、「向邪惡低頭」。不過，蔣介石也承認，如今他不能不在「風雲變幻莫測的海洋中操舟前進」。

蔣介石宣告：

「古人常言，天下之事，在乎人爲……只要大家能夠莊敬自強，處變不驚，慎謀能斷，堅持國家及國民獨立不撓之精神，那就沒有經不起的考驗。」

然而，蔣介石尚未從這兩次衝擊中站穩腳跟，第三次衝擊波又接踵而來。

這第三次衝擊波，便是美國總統尼克森在一九七二年二月二十一日至二十八日，訪問中國大陸一週。雖說這一回不像季辛吉訪問北京那樣突如其來，是在公告中早已宣布了的，但畢竟美國總統前去拜見毛澤東，這不能不對蔣介石構成極大的壓力。

須知，在一九四九年以前，還沒有一位美國總統訪問中國。在蔣介石敗退台灣之後，只有美國總統艾森豪威爾在一九六〇年六月來台灣作了短暫的一天多的訪問。

這一回，尼克森訪問北京，陣營頗爲強大，除了季辛吉之外，還有國務卿羅傑斯。

毛澤東正在病中。然而，毛澤東在病榻上關注著尼克森到達北京的時間。尼克森一行到達北京

才四小時，毛澤東就會晤了他。

新華社的報導寫道：

「毛澤東主席在他的住所會見了美國總統尼克森一行。並同他們進行了一個小時的會談。」

這一報導中，沒有出現「文革」中毛澤東的「專用」形容詞「神采奕奕」、「紅光滿面」之類。

台灣作家梁實秋還敏銳地從發自北京的照片中，發覺毛澤東和尼克森之間，地上放著一隻痰盂。他由此寫了一篇散文《痰盂》。

這些細節，無意之中透露了毛澤東正在病中——雖說在當時是極端保密的。

尼克森眼中的毛澤東和蔣介石

尼克森在擔任美國副總統時，曾於一九五三年十一月訪問過台灣，和蔣介石作過交談。這一回，他又晤會了毛澤東。這樣，尼克森對毛澤東和蔣介石有著一種比較之感。後來，他因他寫了回憶錄《領袖們》一書，其中寫對毛澤東、周恩來、蔣介石作了頗有見地的比較。

尼克森寫道：

半個世紀以來的中國史，在很大程度上是三個人的歷史：一個是毛澤東，一個是周

恩來，還有一個是蔣介石。打敗了蔣家軍隊，毛澤東鞏固了在大陸的統治。中國共產黨人把毛蔣之間的鬥爭，看成是上帝與魔鬼之爭。毛自視為二千多年前統一中國的秦始皇帝的當代化身。他搞個人崇拜，被奉若神明。周恩來則往往不露鋒芒，孜孜不倦地工作，是保持國家機器不斷運轉的赤膽忠心的官員。蔣介石在台灣實行個人專制，不像毛那樣過分自我專大，他維護自己的威嚴，努力使經濟起飛，鼓勵在台人員保持有朝一日返回大陸的希望。

三人中，我認識蔣的時間最長。我把他和蔣夫人看作朋友，不同於另外兩人，我們有私交，那是共同信念和原則的產物。但是毛和周是在中國大陸取得了戰爭勝利的人，而在兩人中，周是得天獨厚的人，對權利的實際情況洞若觀火。現在他們三人都成為古人了，但是周留下的影響，在當代中國將與日俱增。

尼克森比較了毛澤東和蔣介石的手勢，發覺兩人都喜歡「用手一揮」。尼克森於是把毛澤東和蔣介石作了如此比較：

一九七二年，毛向我提起一件事。他講時用手一揮，指的也許僅僅是我們的會晤，也可能指的是整個中國。他說：「我們共同的老朋友蔣介石委員長是不會贊成的。」隔一會兒，又補充了一句：「我們同他來往的歷史，比起你們同他來往的歷史，要長得多。」一九五三年，我同蔣第一次見面時，他談到中國也用手一揮，清楚地表示，他的

話既指孤懸海外的台灣堡壘，也指中國大陸。我覺察到他們兩人在提到自己的國家時，都有點秦始皇帝的口吻。兩人的姿態和講話似乎給人一種感覺，他們的命運同國家的命運是連在一起的。兩個這樣的領袖在歷史中相逢，只會衝突，不會妥協。一個成為征服者，另一個成為被征服者。

在和毛澤東見面時，尼克森跟他當面談起了蔣介石。

尼克森說：「蔣介石稱主席爲匪，不知道主席叫他什麼？」

毛澤東一聽，哈哈大笑起來。周恩來趁這機會，替毛澤東作了答覆：

「一般地說，我們叫他『蔣幫』。有時在報上我們叫他匪，他反過來也叫我們匪。總之，我們互相對罵。」

尼克森這樣寫及他對毛澤東的印象：

毛舉止隨便，說話愛簡略，給我的印象是有成打的問題同時在他腦裏轉動。他講他的意見，心平氣和，語調平淡，在一個規模較小的會場會引人注意，但不是雄辯之材。

即使在說明重大觀點時，他也喜歡語驚四座。「你們上次選舉時，我投了你一票。」他笑著說。我說他準是兩害相權取其輕。「我喜歡右派份子。」他回了我一句，似甚得意。「有人說，你們是右派份子——共和黨是站在右翼——說希恩首相也是右翼的。」我加上戴高樂的名字，毛有點遲疑，說戴高樂另當別論。卻又說，「他們說西德

的基督教民主黨也是右翼的。我比較喜歡右翼人士執掌政權。」我在提到我們恢復外交關係時總結了一句，我說「我認為最重要的一點是應該注意到在美國，至少在目前，是右翼人士能夠採取行動，而左翼人士只會說說而已。」

尼克森也寫下了對蔣介石的印象：

「蔣披一件十分整潔的黑色斗篷，頭剃得光禿禿的，在私人場合，同他那肅穆寡言笑的態度相得益彰。在我說話時，他慣於不假思索地連聲說『好好』，顯得有一點緊張。他雙眼的神采給人自信和執拗的印象。眼眸是漆黑的，有時閃出光芒，在我們交換意見之前，不時環視辦公室各處。在我們談話的整個過程中，就盯著我的眼睛看。」

尼克森甚至還對毛澤東和蔣介石的夫人作了比較。

尼克森在台北和蔣介石談話時，由宋美齡擔任翻譯。在尼克森的印象中，「蔣夫人遠遠不只是她丈夫的翻譯，我認爲蔣夫人的智慧、說服力、道義上的勇氣，單憑這些，就足夠使她成爲一個領導人物。她嫵媚端莊，這樣或多或少地沖淡了蔣那副冷酷的形象。」

尼克森把宋美齡和江青作了如下比較：

「蔣夫人同毛的第四位夫人江青相比，比之蔣毛本人之間的對照更加鮮明。蔣夫人有教養，打扮入時，很有女性的風度，但又是很堅強的人。江青粗野，毫無幽默感，完全沒有女人特點，是一

個不清性別、狂熱共產黨婦女的樣板……我從來沒有見過比她更加冷酷、更加俗氣的人。她為我的訪問安排了一個文化宣傳的節目，我們坐在一起，她沒有一點毛的溫暖熱情，也沒有一點周的翩翩風度。她是如此之緊張，以致手上額上出現了汗珠。她頭一句帶有意見的話，典型的表現她令人討厭的挑釁態度。她問我：『你為什麼到了現在才來中國呢？』」

在世界上，既見過蔣介石、又見過毛澤東的人不少，能夠用尼克森如此敏銳的目光把兩人加以深刻比較的，卻不多見。

尼克森這次訪問中國大陸的成果，凝結於二月二十八日在上海和周恩來所簽署的中美聯合公報，史稱《上海公報》。《上海公報》中的妙筆，是那位「智多星」季辛吉博士想出來的：

「美國政府認識到，在台灣海峽兩邊的所有中國人都認為只有一個中國，台灣是中國的一部分。美國政府對這一立場不提出異議。」

季辛吉巧妙地抓住了毛澤東和蔣介石的共同點——即只有一個中國，在公報中，寫上了這段既不得罪毛澤東、又不得罪蔣介石，卻申明了美國政府的立場。

《上海公報》發表之後，台灣又一次為之震動。台灣人士稱：「《上海公報》之宣布，實是一葉知秋的事，因為它暗示美國與中共的建交是遲早的事了。」

毛澤東派章士釗赴港「重操舊業」

就在尼克森訪問中國大陸之後，一九七三年五月中旬，一架漆著「中國民航」字樣的飛機降落在香港啓德機場，引起了人們的注意。

這架從北京飛來的客機，是出現在香港的第一架中國民航飛機。不過，飛機上所載不是普通的旅客，而是一位九十二歲的老人及其家人。這是他的專機，飛來香港，據說是探親。

顯而易見，這位長者來歷非凡，他當時的職務是中央文史研究館館長，全國政協常委。不過，一位文史館的館長，帶著女兒、兒子、秘書、醫生、護士以及廚師，乘著專機前來香港探親，這派頭未免太大了點：

這位館長，就是當年國共和談時，國民黨方面的代表章士釗。

說是探親，倒也確實有親可探。他的夫人於一九七〇年死於肺炎，另一位殷夫人在香港，已多年未見。他來探親，就是探殷夫人。

其實，年已九旬的他，何必興師動眾乘專機來香港探親，邀殷夫人去北京不就行了嗎？

他非來香港不可，是因爲他另有使命。他還是幹他的「老本行」——國共和談。不過，這一回他不是國民黨代表，卻是毛澤東親自指派的。也正因爲是毛澤東所派，爲了照料年屆高齡的他，給他特地派了專機，還派了那麼一班子人照料他。

屈指算來，當年留下來的國民黨和談首席代表張治中，已於一九六九年四月六日在北京病逝；代表邵力子，一九六七年十二月二十五日病逝；代表黃紹，病死於一九六六年九月……因此，毛澤

東點將，非章士釗莫屬了。

章士釗爲了促進海峽兩岸和解，曾於一九六一年、一九六四年兩度赴港。這一回，毛澤東考慮到，隨著季辛吉、尼克森訪問中國大陸以及台灣被逐出聯合國，台灣正處於動盪之中，需要加強和談工作。正巧，章士釗也有意於此。這樣，毛澤東和周恩來商量，以探親名義，派章士釗飛往香港。

章士釗到了香港之後，通過他的各種老關係，跟台灣國民黨聯繫。不料，他畢竟年事已高，來香港一個半月後，於一九七三年七月一日病逝在那裏。

章士釗去世之後，北京方面倚重屈武，從事張治中、邵力子、章士釗未竟之業。屈武原本是國民黨和談代表團顧問。屈武在國民黨方面，亦廣有影響。他是國民黨元老于右任的女婿，而且跟蔣經國在莫斯科有著同窗之誼。一九四九年初，蔣介石下野之後，張治中兩赴溪口，屈武和他同往，向蔣介石請示和談方針……

于右任在一九四九年到了台灣之後，妻子及女兒仍在大陸。于右任思念妻女，常通過香港友人吳季玉聯繫。

一九六一年三月，于右任在給吳季玉的信中說及，妻子高仲林的八十壽辰即將來臨，十分掛念。正巧，章士釗在香港得知消息，報告了周恩來。周恩來即囑屈武，爲岳母在西安隆重祝壽。事後，屈武託吳季玉轉信給于右任，說是「濂溪先生」關照爲老夫人祝壽。此「濂溪先生」之稱，外人莫知，乃在重慶時于右任和周恩來交往時，對周恩來的隱稱。邵力子知道這一隱稱，囑屈武寫上。

果真，于右任回函，託屈武向「濂溪先生」致謝！

于右任於一九六四年十一月三日病逝在台北。病重之際，他寫下《望大陸》一詩，表達自己對故土的思戀：

「葬我於高山之上兮，望我故鄉；
故鄉不可見兮，永不相忘。
葬我於高山之上兮，望我大陸；
大陸不可見兮，只有痛哭。
天蒼蒼，野茫茫，
山之上，國有殤。」

于右任這首《望大陸》，寫出了多少背井離鄉的國民黨人的濃濃的思鄉情，汨汨思鄉淚！

毛澤東和蔣介石都垂垂老矣

蔣介石和毛澤東都垂垂老矣！

生老病死，他們都由老而病，由病而死。

毛澤東比蔣介石年輕六歲，他先在一九七二年初得病。毛澤東正是在病中會見美國總統尼克森的。會見時，他的腳腫得很厲害，不得不臨時趕做了一雙肥大的圓口黑布鞋。當時他已經一個多月沒有理髮，鬍子老長老長，臨時請理髮師爲他理髮、刮鬍刀。

毛澤東的身體是不錯的，平日無大病，無慢性病。所以，他的保健醫生曾說，給毛澤東當保健醫生相當輕鬆，主要精力用在讓他勞逸結合及調配他的營養上。

在一九七一年夏，毛澤東還巡視大江南北，一路發表講話，身體相當好。

毛澤東是在一九七一年九月十三日「親密戰友」林彪叛離事件之後，給了他極深的精神刺激，身體狀況急劇轉壞。在中共「九大」，林彪作爲毛澤東的接班人，寫入了黨章。才兩年功夫，林彪就從「親密戰友」轉爲謀殺毛澤東的策畫者，最後公開叛離而去……「九·一三」事件之後，毛澤東常常陷於痛苦的沉思之中，明顯地衰老了。

偶然，毛澤東得了感冒，竟然轉爲支氣管炎，再轉爲大葉性肺炎。一九七二年一月中旬，毛澤東突然休克，經醫生搶救，這才脫離危險——這是他一生從未有過的。

當時，周恩來聞訊趕來，緊張地好久下不了車。

也正因爲他患大葉性肺炎，痰很多。所以在他會見尼克森的照片上，會那麼醒目地在他腳邊出現那個痰盂。

毛澤東爲「林彪事件」深受刺激，蔣介石則因季辛吉、尼克森訪問北京，聯合國又逐出台灣代表，這三次衝擊給他刺激頗深。

也就在這時，蔣介石患老年性疾病，即前列腺炎。一九七二年三月，蔣介石動了手術。不料，

從此轉為慢性前列腺炎，一直折磨著他。從此，他的身體每況愈下。

就在一九七二年一月，毛澤東休克；三月，蔣介石動手術；而到了五月，向來身體不錯、每天工作十四小時以上的周恩來，在例行的身體檢查中，發現患癌症！

周恩來在「文革」中，精神抑鬱，以江青為首的「四人幫」不斷折磨著他，使他不斷受刺激。這樣，在一九七二年上半年，毛澤東、蔣介石、周恩來同時「由老而病」了。其中，周恩來最年輕，他比毛澤東小五歲，比蔣介石小十一歲。然而，三人之中，周恩來的病最重。

他們三人同時病倒，除了因為上了歲數，又各自有著各自所受的精神刺激——毛澤東因「林彪事件」，蔣介石因外交失利，周恩來因「四人幫」干擾。精神刺激乃疾病的催化劑。

一九七二年七月，蔣介石也因感冒引起肺炎，和毛澤東的病差不多，不得不住入台北榮民總醫院。「屋漏偏遇連綿雨」。蔣介石的汽車在陽明山士林外的岔道上，又遇意外的車禍。這樣，蔣介石在醫院一住，就住了一年零四個月。

由於蔣介石久不露面，外界對他猜疑紛起。道路傳聞，「蔣公病重，不能視事，已秘密引退，由長子蔣經國掌權，蔣夫人捲款存往美國……」

為了闢謠，一九七三年七月，台灣報紙藉蔣介石的第四個孫子蔣孝勇結婚之際，刊登蔣介石和新婚夫婦的合影，以表明他的健康狀況良好，穩定台灣人心。

不過，毛澤東沒有住院。他生病，對外也嚴格保密。早已和毛澤東分居的江青，在各種場合總要宣傳：「我要報告大家一個好消息，毛主席的身體非常健康。」於是，群眾便高呼：「敬祝毛主席萬壽無疆！萬壽無疆！」

況愈下。

毛澤東在病中，還照常不斷接見外賓，發表談話。所以，外界並不知道他曾一度休克，身體每

蔣介石在從榮民總醫院出來後，身體變得虛弱。一九七四年十二月，蔣介石感染了流行性感冒，再度引發肺炎，又引發心臟病。

毛澤東自一九七四年春開始，發現視力減弱。他是一個手不釋卷的人，又日夜親自批覆文件。視力減弱，對他來說，極爲痛苦。在一九七四年八月，毛澤東被確診爲「老年性白內障」。雖說白內障是老年人常見病，但由於必須等白內障成熟才能動手術，毛澤東在一年多的時間內，蒙受近乎失明的折磨，直至一九七五年七月二十九日，他動了手術，才重見光明。

周恩來在一九七四年三月十一日病重，不得不住入醫院檢查。他因事務冗雜，不得不隨即出院。在四月二十八日、五月十九日、二十三日、二十五日，周恩來四次發生缺氧病狀。

這樣，周恩來終於在一九七四年六月一日，住進北京解放軍三〇五醫院。從此，他在病榻上度過一生最後的歲月。

蔣介石自知不起口授遺囑

一九七四年十月三十一日，蔣介石的八十七歲壽辰——也是他一生中最後一次過生日。

這天，台灣模仿大陸「文革」中人人佩戴毛澤東像章的做法，在這天發行了「蔣總統萬歲」的

紀念章。另外，這天台灣向大陸飄送許多巨型氣球，把一千萬張蔣介石的相片送往大陸。

一九七五年元旦，蔣介石發表了一生中最後的一個新年文告，依然念念不忘光復大陸。

蔣介石在病中，一直寫《病中隨筆》。他寫道：

「國際間變化不測，萬事未可逆料。但吾人已作最惡劣之打算與充分之準備，必能獨立生存於世界。」

顯而易見，蔣介石是針對美國對台政策的大變化而發出的感慨。蔣介石還寫道：

「切勿存有依賴心理和失敗主義，不顧本身之力量專靠看外人之眼色，以免重蹈大陸淪陷之覆轍。」

一九七五年一月九日夜，蔣介石在睡眠中發生心肌缺氧，雖經搶救轉危爲安，但已預示著他的來日不多了。此後，他因肺炎未癒，不時發燒。

三月二十九日，蔣介石自知不久於人世，便仿照孫中山臨終的做法，在台北草山別墅，口授遺囑，由國民黨中央委員會副秘書長秦孝儀筆錄。

蔣介石遺囑如下：

余自束髮以來，即追隨總理革命，無時不以耶穌基督與總理信徒自居，無日不為掃除三民主義之障礙，建設民主憲政之國家，堅苦奮鬥，近二十餘年來，自由基地日益精實壯大，並不斷對大陸共產邪惡……展開政治作戰。反共復國大業，方期日新月盛，全國軍民，全黨同志，絕不可因余之不起，而懷憂喪志！務望一致精誠團結，服從本黨與

政府領導，奉主義為無形之總理，以復國為共同之目標，而中正之精神，自必與我同志、同胞長相左右，實踐三民主義，光復大陸國土，光復民族文化，堅守民主陣容，為余畢生之志事，實亦即海內外軍民同胞一致的革命職志與戰鬥決心。唯願愈益堅此百忍，奮勵自強，非達成國民革命之責任，絕不中止；矢勤矢勇，毋怠勿忽。

中華民國六十四年三月二十九日

蔣中正

四月五日，是中國的清明節。早上，當蔣經國前來請安時，蔣介石已經起床坐在輪椅上，面帶笑容。蔣介石問起張伯苓先生百歲誕辰之事。

張伯苓生於一八七六年，按照中國習慣，一九七五年是他百歲誕辰。張伯苓是周恩來在天津南開學校就讀時的校長，後來任國民參政會副議長、國民政府考試院院長，一九五一年病逝於天津。

到了下午，據醫療小組報告：

「腹部不適，同時小便量減少。醫療小組認爲蔣公心臟功能欠佳，因之血液循環不暢，體內組織可能有積水現象，於是授以少量之利尿劑，此使蔣公排出五百CC之小便。下午四時許，小睡片刻。」

可是，到了晚上八時半，蔣經國前來探望父親時，發覺情況有變。醫療小組的報告如下：

下午八時一刻，病情惡化。醫生發現老人脈搏又突然轉慢，當即施行心臟按摩及人

工呼吸，並注射藥物等急救，一、二分鐘後，心臟跳動及呼吸即恢復正常。但四、五分鐘後，心臟又停止跳動，於是再施行心臟按摩、人工呼吸及藥物急救，然而此次效果不佳，心臟雖時跳時停，呼吸終未恢復，須賴電擊以中止不正常心律，脈搏、血壓已不能測出。

至十一時三十分許，蔣公雙目瞳孔已經放大，急救工作仍繼續施行，曾數次注入心臟刺激劑，最後乃應用電極直接刺入心臟，刺激心臟，但回天乏術。

蔣介石死後，由副總統嚴家淦繼任總統。

四月二十八日，蔣經國出任國民黨中央主席。蔣介石先前所任是國民黨總裁，據蔣經國解釋，自他父親去世沒有再設總裁，以資紀念。這樣，國民黨的最高領袖，也就由孫中山時稱總理，到蔣介石時稱總裁，到蔣經國時稱主席，三易其名。

病危的毛澤東給華國鋒寫了「你辦事，我放心」

對於蔣介石之死，毛澤東反應冷淡，遠不及當年他在保安時聽說張學良拘捕了蔣介石那麼興奮。因爲在西安事變時，蔣介石是毛澤東的頭號大敵；而此時此際，在毛澤東的眼裏，蔣介石只不過是「滾到一群海島上」的「窮寇」罷了。所以，毛澤東只是輕輕說了一句：「哦，他死了。」

在蔣介石死後半年多，一九七六年一月八日，周恩來在北京病逝。

周恩來在人民中間享有極高聲望。這樣，在一九七六年清明節到來的時候，天安門廣場人民英雄紀念碑前，花圈堆積似山。人們一邊含淚悼念周恩來，一邊寫詩諷刺「蔣親」——江青。以江青爲首的「四人幫」下令連夜運走花圈，激怒了北京群眾，由此爆發了「天安門事件」。江青在鎭壓那些懷念周恩來的群眾時，有一荒唐的藉口。江青說，那些花圈不是悼念周恩來，而是悼念蔣介石——因爲這年清明節正是蔣介石逝世一週年的日子！

這時的毛澤東，已是重病纏身。他說話含糊不清，寫字手已發抖。

在一九七五年十月二十一日，季辛吉又一次在北京受到毛澤東接見。當時中美尚未建交，後來成爲美國總統的布西當時擔任美國駐中國聯絡處主任。布西陪同季辛吉一起來到毛澤東的書房，毛澤東一見面，就向他們說了一句驚人的話：

「我不久要歸天了，我已經接到了上帝的請柬。」

布西在他的《布西自傳》中，寫道：「世界上最大的共產黨國家的領袖說出這種話，真使人大吃一驚。」

其實，毛澤東說的是真話。

兩個多月後，即一九七五年除夕，毛澤東接見美國前總統尼克森的女兒朱莉。朱莉這麼寫道：「毛主席被疾病折磨得眉蹙嘴歪，而且是精疲力盡了。」

一九七六年二月，因「水門事件」而下台的尼克森再訪北京，又晤毛澤東。尼克森寫道：

「毛澤東的健康狀況已嚴重惡化了。他的話語聽起來就像是一些單音字組成的嘟噥聲。但是，

他的思想依然那樣敏捷、深邃。我說的話他全能聽懂，但當他想回答時，就說不出話來了。他以爲翻譯聽不懂他的話，就不耐煩地抓起筆記本，寫出他的論點。看到他的這種情況，我感到十分難受。無論別人怎樣看待他，誰也不能否認他已經戰鬥到最後一息了。」

尼克森還寫及病中毛澤東的倔強細節：

「由於帕金森氏病的侵襲，毛澤東的行動當時已很困難。他不再是體魄健壯的人了。這位八十三歲的、步履蹣跚的農民，現在變成了一個拖著步子的老人。毛澤東像晚年的邱吉爾那樣，仍舊非常自尊。我們談話結束時，他的秘書們把他從椅子上扶起來，讓他和我一起朝門口走去。但是，當電視鏡頭和聚光燈對著我們，要錄下我和他最後握手的鏡頭時，毛澤東推開他的助手，獨自站在門口和我們告別。」

在一九七六年五月二十七日，毛澤東最後一次會見外賓——巴基斯坦總理布托。電視中出現的毛澤東，面容憔悴，甚至還出現一閃而過取紙頭揩口角垂下的口水的鏡頭。從那以後，毛澤東再也沒有接待外賓，再也沒有在電視中出現。

六月初，毛澤東突然心肌梗塞，經全力搶救，這才保住了生命。

七月六日，朱德在北京去世。毛澤東嘆道：「朱毛、朱毛，朱已不在，毛將焉附？」

毛澤東在病榻上吟哦南北朝庾信的《枯樹賦》：

「此樹婆娑，垂意盡矣！……昔年種柳，依依漢南；今看搖落，凄愴江潭；樹猶如此，人何以堪！」

自比枯樹，毛澤東不勝感慨。

毛澤東雖知餘日不多，卻未寫遺囑之類。他只是給他最後指定的接班人華國鋒寫了歪歪扭扭的六個字：

「你辦事，我放心。」

他沒有簽名，沒有署明日子，雖說那字仍可看出是「毛體」。

九月二日，毛澤東病情惡化。此時，江青秘密給他打報告，要去山西大寨！

九月三日，江青來到全國農業的「樣板」大寨，在那裏大談所謂「母系社會」：「母系社會就是女人掌權，到了共產主義社會還有女皇，也要女人掌權。」

江青之意，路人皆知：毛澤東眼看著不久於人世，她要當「女皇」了！

相比之下，蔣介石晚年，宋美齡侍奉在側，蔣經國盡心照料，有溫暖的家庭，兒孫繞膝。毛澤東就家庭而言，卻是冷漠、孤獨的。

九月五日，毛澤東病情轉重。中共中央辦公廳通知江青速返北京。江青在大寨跟警衛、大夫打撲克，至夜十一時才上車返京。

九月八日，毛澤東已病危。江青卻在清晨七時前往北京新華印刷廠，請工人們吃文冠果，據說意味著「文官奪權」。

九月八日晚七時十分，毛澤東呼吸變得急促。他低聲地對身邊的護士說：「我很難受，叫醫生來。」

這句話，成爲他畢生的最後一句話。

醫生趕緊給毛澤東的鼻孔裏插輸氧管。毛澤東的呼吸開始平靜，但卻昏迷過去。

中共中央政治局常委們全部趕到，在毛澤東住處的過道裏，觀看電視螢幕顯示的毛澤東心電波曲線。

九月九日零時十分，那曲線在顫動了幾下之後，變成了一根直線。毛澤東的一生，從此畫上了句號。

鄧小平和蔣經國繼續著那盤沒完的棋

從一九七五年四月五日至一九七六年九月九日，短短的一年半時間裏，蔣介石、周恩來、朱德、毛澤東這四位曾經叱吒中國當代歷史風雲的國共主帥，相繼離世。他們的終年分別是：

蔣介石八十八歲；

周恩來七十八歲；

朱德九十歲；

毛澤東八十三歲。

在這四位主帥去世之後，國共雙方都從第一代領袖，轉入第二代領袖。

雖說蔣介石曾是世界「四巨頭」之一，然而他去世時，畢竟只是一個小海島上的領袖。他的死，對於這個小海島如同地震一般。爲他的死，台灣「國喪」一個月。二百五十萬人排起長隊瞻謁他的遺容。

在世界上，對於蔣介石之死，反應冷淡。美國的福特總統最初只打算派農業部長布茲前往台北，出席蔣介石葬禮。後來，台灣輿論憤憤不平，福特才臨時決定改派副總統洛克菲勒前去台灣悼唁。當華盛頓大教堂為蔣介石之逝舉行追悼儀式時，儘管白宮不過一箭之遙，卻沒有任何美國政府高級官員露面。

在蔣介石的葬禮上，顯赫的貴賓只是韓國總理金鐘泌。

毛澤東去世，由於他已是當時世界上舉足輕重的領袖人物，在國內外引起強烈回響。「文革」樹立了毛澤東的絕對權威。「心中最紅最紅的紅太陽」的殞落，中國大陸幾乎被淚水所淹沒。北京規定九日至十八日停止一切娛樂活動。九月十八日下午三時，在天安門廣場，百萬人為毛澤東舉行追悼會。江青一身黑衣黑褲黑頭巾，顯眼地站在天安門城樓上。

毛澤東之死，使中共內部的接班之爭達到高峰，連毛澤東也知自己指定的接班人華國鋒地位不穩，所以說過「在風雨中交班」之類的話，正因為這樣，毛澤東去世之後，中共中央宣布：「不邀請外國政府、兄弟黨和友好人士派代表團或代表來華弔唁。」

蔣介石在生前曾自選墓址。他最初希望死後葬在故鄉溪口母親墓旁。此後又以為奉化城北響鈴崗的地勢高爽，幽靜，選定了崗上的仁湖作為自己身後之地。

一九三六年，蔣介石到南京江寧縣方山視察駐紮那裏的裝甲兵團時，對於那裏發生了興趣。方山，又名天印山，是一死火山，山頂平坦，形如方璽。蔣介石重風水，以為日後倘安臥於方璽之上，當可萬世吉祥。十年之後，蔣介石曾帶風水先生來方山秘密踏勘一番……

不過，蔣介石最後選中南京鍾山南麓的一塊墓地。那裏東鄰中山陵，西毗明孝陵，既有國父之

光，又有帝王之氣。那裏又背倚紫金山，面對紫霞湖，有山色，有湖光，何況「紫」向來爲吉祥之色，所謂「紫氣東來」。

同去的宋美齡也以爲不錯，因爲在西方，紫色乃尊貴之色，在英語中，「出身紫色」即「出身貴族」之意。這樣，蔣介石最後選定了此處作爲墓地。

一九四七年春，那裏先建一亭，蔣介石題寫了「正氣亭」三字。另外，蔣介石還題一聯：「浩氣遠連忠烈塔，紫霞籠罩寶珠峰。」

蔣介石死後，安厝於台北南面六十公里的桃園縣慈湖。他的遺體經過防腐處理，放在黑色大理石石棺之中。據云，他希望有朝一日，能夠從台灣遷往南京，葬入他生前選定的墓地。

毛澤東對於身後事，顯得很豁達，不像蔣介石那樣連墓地都事先自己精心選好。毛澤東曾在一九六一年對英國元帥蒙哥馬利說過：「人死後最好火葬，把骨灰丟到海裏去餵魚！」正因爲這樣，他帶頭在實行火葬的倡議書上簽名。他在生前，也從未考慮過死後葬在哪裏。

不過，毛澤東一死，便「身不由己」了。他的接班人，下令爲他趕製水晶棺。在世界上，只有列寧、孫中山是睡水晶棺的。海南島水晶礦奉命趕製，用十噸一級水晶冶煉，以四天的速度，爲毛澤東特製水晶棺。

毛澤東的遺體，安葬在天安門廣場南面的「毛主席紀念堂」內。華國鋒題寫了橫額。

蔣介石和毛澤東的一生，言論、電文、文告均極多。蔣介石比毛澤東多日記，毛澤東比蔣介石多詩詞。

蔣介石生前，台灣於一九五六年出版了二十四卷。《蔣總統言論彙編》。蔣介石死後，一九八四年台灣出版了《先總統蔣公全集》三冊。一九八五年出版《先總統蔣公思想言論總集》四十卷。

毛澤東生前，只出版《毛澤東選集》四卷。第五卷雖在毛澤東生前已經編定，但毛澤東無意馬上印行。毛澤東死後，於一九七七年四月出版。雖然第五卷的《出版說明》中說，第五卷「以後各卷也將陸續出版」，但此後再也未見印行。其中的原因是由於從第五卷起，所收是毛澤東在一九四九年十月一日之後的著作，很多著作充滿「左」味，已不適合中國大陸現行政策。只是由中共中央文獻研究室編輯了多卷本《建國以來毛澤東文稿》，少量印行，供內部參考之用。

毛澤東和蔣介石的離世，撒下一盤沒有下完的棋。雙方的接班人和繼承人，接著下這盤未完的棋。

在蔣介石死後，蔣經國先是出任國民黨中央主席，接著在一九七八年五月二十日就任中華民國第六屆總統，成了蔣介石名副其實的繼承人。

蔣經國在就任總統當天，宣布三項指示：

一、今後不要有「蔣經國時代」之類名詞出現在報刊上。「今天是一個民主的時代，不應再有個人英雄主義色彩」。

二、今後不要稱他爲領袖。「國民黨只有兩位領袖，一是孫中山先生，一是已故的的蔣介石總裁。除了他們兩人之外，沒有人可以再稱爲領袖。」

三、今後不希望有「萬歲」的口號出現。「只有國家民族的萬歲，只有三民主義及國民黨的萬歲，沒有個人的萬歲。」

在毛澤東去世後不到一個月。北京便爆發了「十月革命」——在十月六日晚，華國鋒、葉劍英、汪東興等一舉擒獲「四人幫」，即江青、張春橋、姚文元、王洪文，結束了「文革」浩劫。

華國鋒只是過渡性的人物。一九七九年九月召開的中共十一屆三中全會，鄧小平成了中共的實際領袖——雖說此時華國鋒仍擔任著中共中央主席。

鄧小平和蔣經國早在一九二五年便結識於莫斯科中山大學。這年底，蔣經國加入共產主義青年團，團小組長爲鄧希賢，亦即後來的鄧小平。他倆是同班同學。由於他倆個子都不高，排隊時，總是站在一起，肩並著肩。想不到，半個多世紀之後，他倆分別成了國共兩黨的第二代領袖。

從此，開始了鄧小平和蔣經國的對奕，鄧小平執紅棋，蔣經國執藍棋，繼續著毛澤東和蔣介石那盤沒有下完的棋……

注釋

①葉飛，《征戰紀事》，上海文藝出版社一九八八年版。

②熊向暉，〈毛澤東主席對蒙哥馬利談「繼承人」〉，載《新中國外交風雲》，世界知識出版社一九九〇年版。

後記

終於寫完了這部五十五萬字的長篇《毛澤東和蔣介石》。

終於寫完了包括《紅色的起點》（**香港版為《中共之初》；台灣版為《大機密》**）、《歷史選擇了毛澤東》（**香港及台灣版均為《毛澤東之初》**）及這本《毛澤東和蔣介石》總共一百二十三萬字的系列篇《紅色三部曲》。

我如釋重負，長長地舒了一口氣。我不由得想起寫作《紅色三部曲》那些日子。我曾應《上海畫報》之約，在該刊一九九三年第二期發表了〈我寫《紅色三部曲》〉一文，現摘錄若干內容於下：

從千里之外飛回上海，坐進書房「沉思齋」，我的身上似乎還散發著重慶的霧氣。我正在寫五十萬多字的長篇《毛澤東和蔣介石》，重慶談判是全書的高潮。我實地踏勘了當年毛澤東下榻的紅岩村，國共談判所在地張治中公館「桂園」以及蔣介石的官邸，採訪了許多當事人，使我下筆之際，充滿了現場感。

這幾年，我正致力於系列長篇《紅色三部曲》的創作，第一部《紅色的起點》和第二部《歷史選擇了毛澤東》，已於一九九一年、一九九二年印行。《毛澤東和蔣介石》是第三部。

我用文學筆調，寫了一九二一年中國共產黨誕生，到一九四九年中華人民共和國成立這二十八

年間的紅色歷程。

為了寫《紅色三部曲》，我奔走於「白髮世界」，尋訪眾多年已耄耋的歷史當事人，並沿著中國革命的紅色之路實地採訪：從上海的中共「一大」紀念館，到嘉興南湖，入「八一起義」的南昌，上井岡山，進瑞金，步入遵義會議會址，走訪延安窯洞……此外，還細細觀察了西安事變發生地和重慶談判的場所。至於北京，則去了一回又一回。

《紅色的起點》和《歷史選擇了毛澤東》在中國大陸均進入了暢銷書排行榜，印數各達十萬冊，一九九二年十月，我前往成都第五屆全國書市簽名售書。一天之內便售出一千二百本《歷史選擇了毛澤東》簽名本。

我正面對歷史而沉思著，我的書齋也因此取名「沉思齋」。

寫作《毛蔣爭霸錄——毛澤東與蔣介石》，早在一九九三年元旦所載我答記者問〈葉永烈笑談《毛蔣爭霸錄——毛澤東與蔣介石》〉一文中，便已談及：「全書共十二章，約四十萬字。」如今，按原計畫寫了十二章，而總字數卻大大超過了。確實，《毛蔣爭霸錄——毛澤東與蔣介石》的內容非常豐富，即使寫成一百萬字，也還「緊巴巴」的。

《毛蔣爭霸錄——毛澤東與蔣介石》與《紅色三部曲》的前兩部不同。前兩部寫的是斷代史：《紅色的起點》寫的是一九二一年中國共產黨的成立，雖說也寫及中共「一大」代表們後來的命運；《歷史選擇了毛澤東》寫的是一九三五年的遵義會議，雖說也寫及遵義會議前後的一些事件。然而，《毛蔣爭霸錄——毛澤東與蔣介石》卻囊括了半個世紀的中國現代史及當代史。

《毛蔣爭霸錄——毛澤東與蔣介石》的時間跨度那麼大，給寫作帶來的困難，比前兩部長篇要

大得多。我不能不作更爲廣泛的採訪，包括國共雙方的人物——而前兩部書的採訪，是在中共人物的一方。我在寫邊構思，一邊要敲打鍵盤，還要不時地去想哪個「碼」，甚爲吃力。到本書完成時，我用電腦的寫作速度已遠遠超過了手寫。從這本書開始，今後我將一直用電腦寫作了。

葉永烈

一九九三年七月三十日，上海

紅色三部曲之3

紅色的纏鬥：毛澤東與蔣介石（下）

作者：葉永烈
發行人：陳曉林
出版所：風雲時代出版股份有限公司
地址：10576台北市民生東路五段178號7樓之3
電話：(02) 2756-0949
傳真：(02) 2765-3799
執行主編：朱墨菲
美術設計：許惠芳
業務總監：張瑋鳳
出版日期：2023年7月
版權授權：葉永烈
ISBN ：978-626-7025-54-3
風雲書網：http://www.eastbooks.com.tw
官方部落格：http://eastbooks.pixnet.net/blog
Facebook：http://www.facebook.com/h7560949
E-mail：h7560949@ms15.hinet.net
劃撥帳號：12043291
戶名：風雲時代出版股份有限公司

風雲發行所：33373桃園市龜山區公西村2鄰復興街304巷96號
電話：(03) 318-1378
傳真：(03) 318-1378
法律顧問：永然法律事務所 李永然律師
北辰著作權事務所 蕭雄淋律師

行政院新聞局局版台業字第3595號 營利事業統一編號22759935

定價：450元

國家圖書館出版品預行編目資料

紅色的纏鬥：毛澤東與蔣介石 ／ 葉永烈 著. -- 初版. --
臺北市：風雲時代出版股份有限公司，2022.02
面；公分 （紅色三部曲；3）

ISBN 978-626-7025-53-6（上冊：平裝）
ISBN 978-626-7025-54-3（下冊：平裝）

1.CST：毛澤東 2.CST：蔣中正 3.CST：傳記 4.CST：民國史
628 110022458